学ぶ人は、変えてく人だ。

目の前にある問題はもちろん、

人生の問いや、

社会の課題を自ら見つけ、

挑み続けるために、人は学ぶ。

「学び」で、

少しずつ世界は変えてゆける。

いつでも、どこでも、誰でも、

学ぶことができる世の中へ。

旺文社

でる順×分野別

漢検問題集

五訂版

3級

旺文社

目次

編集協力 株式会社友人社
校正 株式会社ことば舎・鈴木充美・宮川咲
装丁デザイン ライトパブリシティ（大野瑞生）
本文デザイン 伊藤幸恵・作間達也
本文イラスト 三木謙次

漢字検定（漢検）とは

本書が目指す「漢字検定（漢検）」とは、公益財団法人日本漢字能力検定協会が主催する「日本漢字能力検定」のことです。漢字検定は1級から、準1級・準2級を含む10級までの12段階に分かれています。

●受検資格

年齢・学歴などにかかわらず、だれが何級を受検してもかまいません。検定時間が異なれば4つの級まで受検できます。受検には個人受検・団体受検・漢検CBT受検の3つがあります（詳しくは10ページ）。

●出題対象となる漢字

漢字検定では、それぞれの級に定められた出題範囲があります。それぞれの級で新たに出題対象となる漢字を配当漢字といい、当該級はそれ以下の級の配当漢字も出題範囲に含まれることが原則です。

3級では、4級までの配当漢字1339字と、3級の配当漢字284字を含めた1623字が出題の対象となります。

●問い合わせ先

公益財団法人　日本漢字能力検定協会

本　部	〒605－0074 京都府京都市東山区祇園町南側551番地 TEL. 075－757－8600 FAX. 075－532－1110
東京事務所	〒108－0023 東京都港区芝浦3丁目17－11　天翔田町ビル6階
URL	https://www.kanken.or.jp/

●漢字検定3級の審査基準

程度	常用漢字のうち約1600字を理解し、文章の中で適切に使える。
領域・内容	**《読むことと書くこと》** 小学校学年別漢字配当表のすべての漢字と、その他の常用漢字約600字の読み書きを習得し、文章の中で適切に使える。 ・音読みと訓読みとを正しく理解していること ・送り仮名や仮名遣いに注意して正しく書けること ・熟語の構成を正しく理解していること ・熟字訓、当て字を理解していること（乙女／おとめ、風邪／かぜ など） ・対義語、類義語、同音・同訓異字を正しく理解していること **《四字熟語》** 四字熟語を理解している。 **《部首》** 部首を識別し、漢字の構成と意味を理解している。

●漢字検定3級の採点基準

字の書き方	正しい筆画で明確に書きましょう。くずした字や乱雑な書き方は採点の対象外です。
字種・字体・読み	2～10級の解答は、内閣告示「常用漢字表」（平成22年）によります。旧字体での解答は不正解となります。
仮名遣い	内閣告示「現代仮名遣い」によります。
送り仮名	内閣告示「送り仮名の付け方」によります。
部首	『漢検要覧　2～10級対応』（公益財団法人日本漢字能力検定協会）収録の「部首一覧表と部首別の常用漢字」によります。
合格基準	合格のめやすは、正答率70%程度です。200点満点ですから、140点以上とれれば合格の可能性大です。

●おもな対象学年と出題内容　※ 2023 年 2 月現在

級＼内容	レベル	漢字の書取	誤字訂正	同音・同訓異字	四字熟語	対義語・類義語	送り仮名	熟語の構成	部首・部首名	筆順・画数	漢字の読み	検定時間	検定料
2	高校卒業・大学・一般程度	○	○	○	○	○	○	○	○		○	60 分	4500 円
		《対象漢字数》 2136 字（準 2 級までの対象漢字 1951 字＋ 2 級配当漢字 185 字） ※高等学校で習う読みを含む											
準2	高校在学程度	○	○	○	○	○	○	○	○		○	60 分	3500 円
		《対象漢字数》 1951 字（3 級までの対象漢字 1623 字＋準 2 級配当漢字 328 字） ※高等学校で習う読みを含む											
3	中学校卒業程度	○	○	○	○	○	○	○	○		○	60 分	3500 円
		《対象漢字数》 1623 字（4 級までの対象漢字 1339 字＋ 3 級配当漢字 284 字） ※中学校で習う読みを含む ※高等学校で習う読みは含まない											
4	中学校在学程度	○	○	○	○	○	○	○	○		○	60 分	3500 円
		《対象漢字数》 1339 字（5 級までの対象漢字 1026 字＋ 4 級配当漢字 313 字） ※中学校で習う読みを含む ※高等学校で習う読みは含まない											
5	小学校 6 年生修了程度	○	○	○	○	○	○	○	○	○	○	60 分	3000 円
		《対象漢字数》 1026 字（6 級までの対象漢字 835 字＋ 5 級配当漢字 191 字） ※中学校で習う読みは含まない											

※内容は変更されることがありますので、日本漢字能力検定協会のホームページをご確認ください。

本書の特長

特長① 「でる順」×「分野別」で効果的に学習

合格に必要な実力養成のために、過去の検定試験で実際に出題された漢字を約18年分、独自に分析し、ABCの三段階での「でる順」に分け、さらにその中を分野別で構成しました。同じ配当漢字でも、出題用例ごとに頻度を分析しましたので、効果的な学習が可能です。

特長② 実践的な漢字資料付き――別冊付録

「3級配当漢字表」「おもな特別な読み、熟字訓・当て字」「中学校で習う読み」「部首一覧」を、見やすい形で別冊に収録しています。また配当漢字表では、その漢字がどの分野でねらわれやすいのか、ひと目でわかるように、アイコンを付けてあります。

学習の基礎資料としてはもちろん、別冊に収録しているので持ち運びもしやすく、検定会場での直前チェックにも使えます。

特長③ 本番対策にもしっかり対応

予想問題（3回分）

検定試験の対策として、本番形式の予想問題を3回分収録しています。

ダウンロード特典

模擬試験2回分（解答付き）と原寸大解答用紙を無料でダウンロードできます。

［ダウンロード特典のご利用方法］

以下のURLまたはQRコードからアクセスし、「漢検」カテゴリの該当級をダウンロードしてください。

URL：https://www.obunsha.co.jp/support/tokuten/

※サービスは予告なく終了する場合があります。

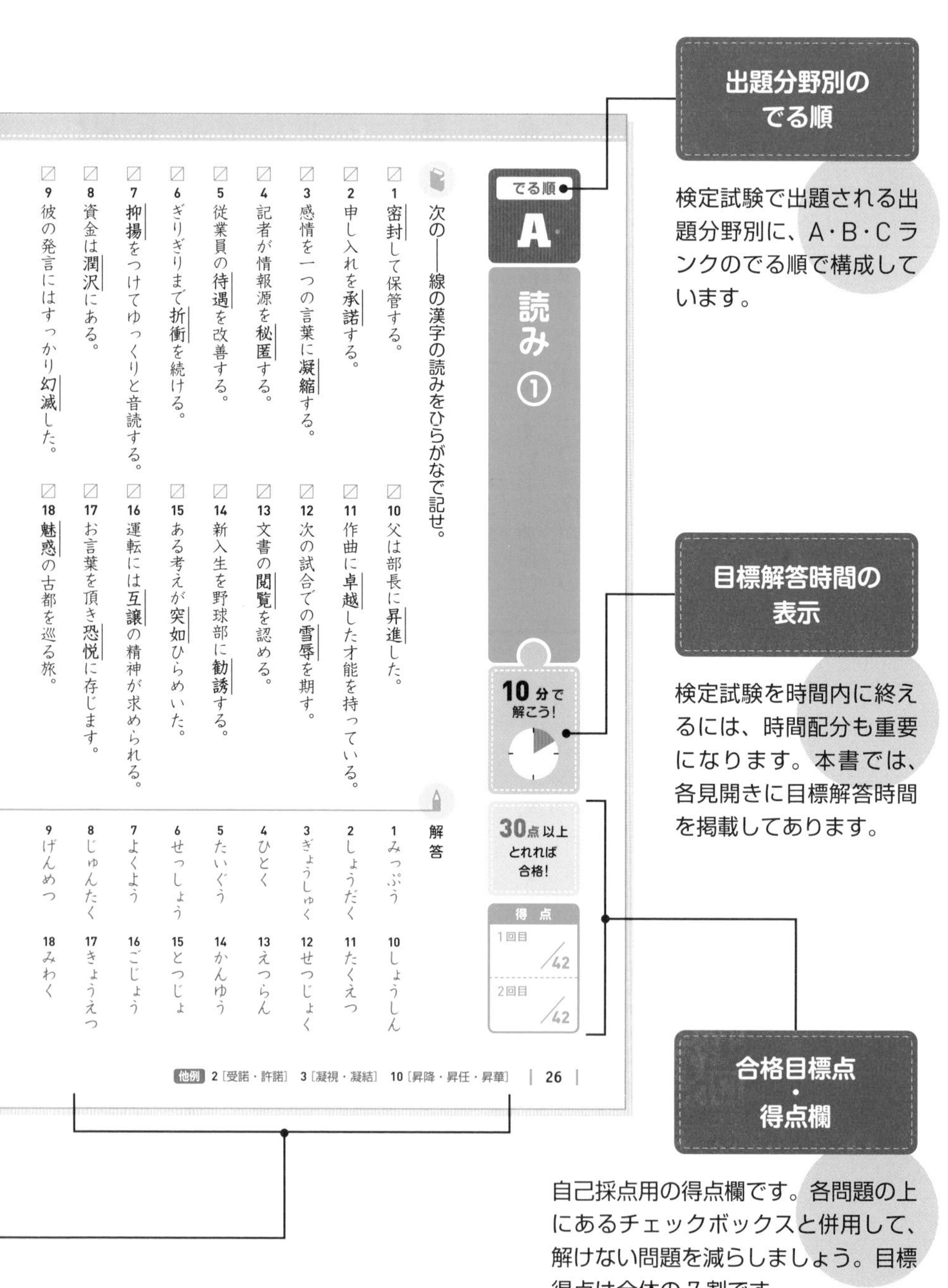

でる順 A

読み①

10分で解こう！

30点以上とれれば合格！

得点 1回目 /42 2回目 /42

次の——線の漢字の読みをひらがなで記せ。

1 密封して保管する。
2 申し入れを承諾する。
3 感情を一つの言葉に凝縮する。
4 記者が情報源を秘匿する。
5 従業員の待遇を改善する。
6 ぎりぎりまで折衝を続ける。
7 抑揚をつけてゆっくりと音読する。
8 資金は潤沢にある。
9 彼の発言にはすっかり幻滅した。
10 父は部長に昇進した。
11 作曲に卓越した才能を持っている。
12 次の試合での雪辱を期す。
13 文書の閲覧を認める。
14 新入生を野球部に勧誘する。
15 ある考えが突如ひらめいた。
16 運転には互譲の精神が求められる。
17 お言葉を頂き恐悦に存じます。
18 魅惑の古都を巡る旅。

解答

1 みっぷう
2 しょうだく
3 ぎょうしゅく
4 ひとく
5 たいぐう
6 せっしょう
7 よくよう
8 じゅんたく
9 げんめつ
10 しょうしん
11 たくえつ
12 せつじょく
13 えつらん
14 かんゆう
15 とつじょ
16 ごじょう
17 きょうえつ
18 みわく

他例 2［受諾・許諾］ 3［凝視・凝結］ 10［昇降・昇任・昇華］

| 26 |

出題分野別のでる順

検定試験で出題される出題分野別に、A・B・Cランクのでる順で構成しています。

目標解答時間の表示

検定試験を時間内に終えるには、時間配分も重要になります。本書では、各見開きに目標解答時間を掲載してあります。

合格目標点・得点欄

自己採点用の得点欄です。各問題の上にあるチェックボックスと併用して、解けない問題を減らしましょう。目標得点は全体の7割です。

Aランク…… 検定試験で必ずといっていいほど出題される最重要問題
Bランク…… 検定試験でよくねらわれる合否を左右する重要問題
Cランク…… 出題される頻度は低いものの実力に差をつける問題

19 大都会に埋没する。
20 悪条件を克服して勝った。
21 人生の岐路に立つ。
22 計画の概要を説明する。
23 オリンピックを開催する。
24 祖父が危篤におちいる。
25 血統書には純粋の秋田犬とある。
26 焦点を絞って話す。
27 友人の立場を擁護する。
28 暫定予算を審議する。
29 人間社会から隔絶した孤島。
30 虚勢を張った大声にすぎない。

31 式場に花嫁が入ってくる。
32 出発の時間が迫り慌ただしい。
33 基本的な確認を怠る。
34 町の発展を促す事業を起こす。
35 手足が凍えるような寒さだ。
36 敵の目を欺く行動をする。
37 セーターのほころびを繕う。
38 家賃の支払いが半年も滞る。
39 福祉活動に携わる。
40 わずかな差で負けて悔しい。
41 どこかに迷子のねこが潜んでいる。
42 外国の任地に赴く。

19 まいぼつ
20 こくふく
21 きろ
22 がいよう
23 かいさい
24 きとく
25 じゅんすい
26 しょうてん
27 ようご
28 ざんてい
29 かくぜつ
30 きょせい
31 はなよめ
32 あわ
33 おこた
34 うなが
35 こご
36 あざむ
37 つくろ
38 とどこお
39 たずさ
40 くや
41 ひそ
42 おもむ

27 他例 24［篤実］ 25［抜粋］ 29［間隔・隔年］

赤色シートで消える解答

解答は赤い字で書かれており、付属の赤色シートでかくすことができます。このシートを使えば、同じページの中にある解答を気にすることなく学習できます。

充実した解説

学習の手助けになるように解説を充実させました。解答欄はもとより、ページの欄外にも解説を入れてあり、わざわざ辞書を使わなくてもポイントを押さえた学習が可能です。確実な実力を養成するためにも、しっかり確認しておきましょう。

漢字検定を受検する方法は、大きく分けて3つあります。公開会場で受ける「個人受検」と、コンピューターを使って受検する「漢検CBT」、学校や企業・塾などで一定人数以上がまとまって受ける「団体受検」です。それぞれの主な流れを見てみましょう。

公開会場

検定日　原則として毎年、6月・10月・翌年2月の日曜日の年3回。申し込み期間は、検定日の約3か月前から約1か月前。

検定会場　全国主要都市および海外主要都市。

インターネットで申し込み

日本漢字能力検定協会(以下漢検協会)のホームページ(https://www.kanken.or.jp/)の申し込みフォームにアクセスし、必要事項を入力。

コンビニで申し込み

指定のコンビニに設置された端末機で申し込み。

取り扱い書店で申し込み

取り扱い書店で願書を手に入れ、書店で検定料を支払って書店払込証書を入手。

団体受検

(準会場受検)

設置条件を満たしている学校や団体が、自ら団体受検用の会場と責任者を設け実施する受検方法です。2級～10級の準会場での志願者が合計10人以上ならば申し込みが可能で、協会が指定する日程(年間で13日程度)の中から検定日を選択することができます。

※申し込み方法に関する詳しい情報は、日本漢字能力検定協会のホームページをご確認下さい。

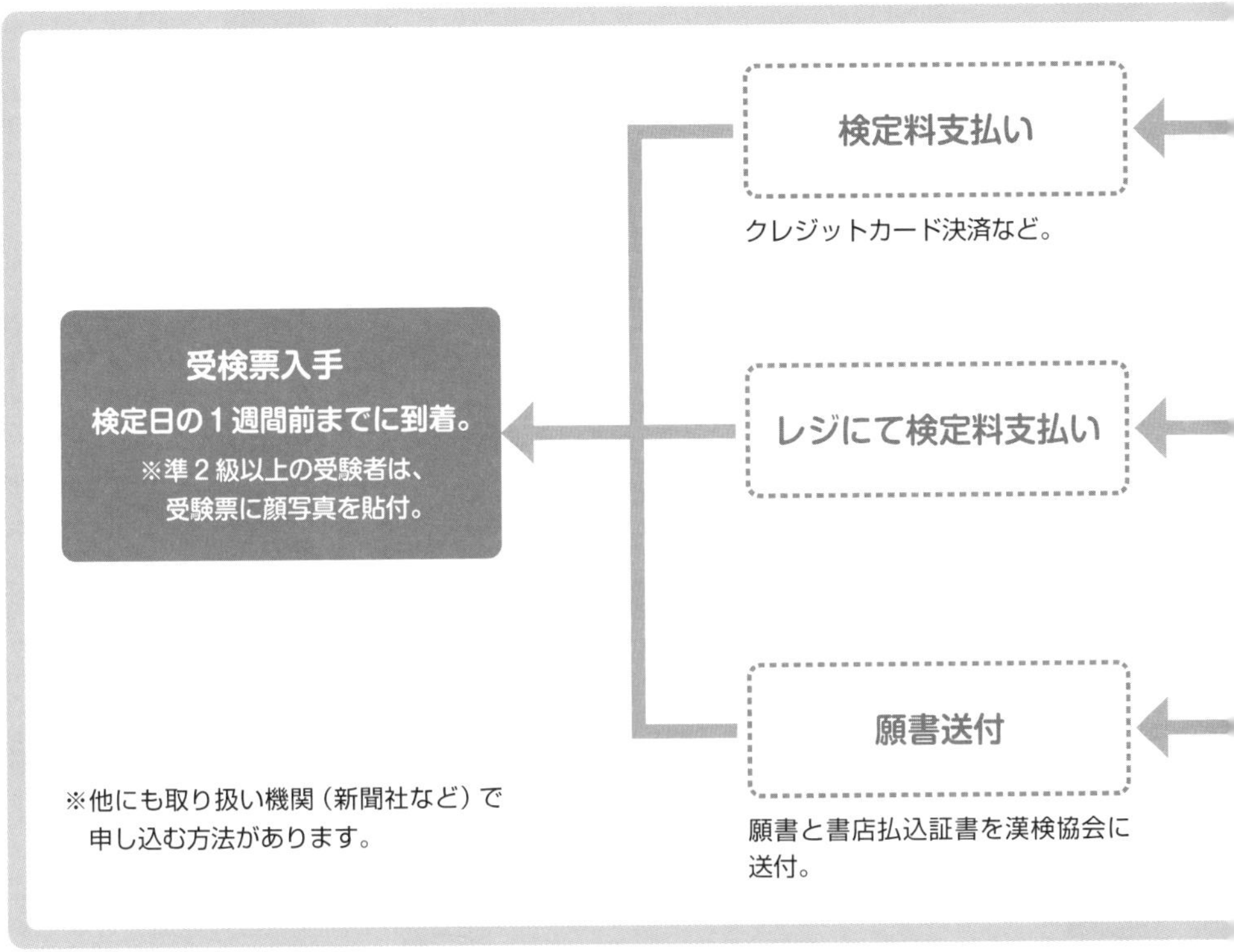

検定料支払い

クレジットカード決済など。

受検票入手

検定日の１週間前までに到着。

※準２級以上の受験者は、
受験票に顔写真を貼付。

レジにて検定料支払い

願書送付

願書と書店払込証書を漢検協会に送付。

※他にも取り扱い機関（新聞社など）で申し込む方法があります。

漢検 CBT （コンピューター・ベースド・テスティング）

漢検 CBT は、コンピューターを使って受検するシステムのことです。

合格すると従来の検定試験と同じ資格を取得することができます。漢検 CBT で受検できるのは 2 ～ 7 級で、検定料は従来の検定試験と同じ、申し込みはインターネットからのみです。通常の（紙での）検定試験とのちがいは、実施回数です。検定試験が年 3 回であるのに対し、漢検 CBT は、試験会場によっては日曜祝日も実施しており、都合のよい日程で受検できます。試験会場は 47 都道府県、150 箇所以上に設置されています。また、合否の結果が約 10 日でわかるのでスピーディといえます。

漢字検定　合格までの道

自分の学習レベルと審査基準を照らし合わせて、受検級を決めましょう。受検日を決めたら、『でる順×分野別　漢検問題集』で勉強を始めましょう！

三か月前

まずは最低限！

合格に最低限必要とされるＡランクの問題を確実に解けるようにしよう！

確かな合格力を！

Ａランクが一通り終わったら、Ｂランク・Ｃランクにステップアップ！

申し込みを忘れずに！

申し込み期間は三か月前から一か月前。忘れないように、早めに申し込んでおこう！

一か月前

一週間前

受検票をゲット！

一週間前までに受検票が送られてくる。受検会場・検定時間をしっかり確認しておこう！

直前で実力チェック！

巻末の予想問題で自分の弱点を確認！　全３回収録されているので、定期的に解いてみよう！模擬試験（２回分）も無料でダウンロードできるので活用しよう！

合格の通知！

検定日の約30日後から漢検ホームページで合否結果を確認できる。また、約40日後に、合格者には合格証書・合格証明書と検定結果通知が、不合格者には検定結果通知が郵送される。

試験本番は落ち着いて！

別冊を使って最後の確認を。試験本番では今までがんばった自分を信じて、あわてずしっかりと問題を解こう！
とめ・はねなどははっきりと！ 時間が余ったら、見直すことも忘れずに。

一か月後　試験当日　前日

次の級へチャレンジ！

合格したら、次の級の受検を考えよう！
今回と同じ方法で勉強すれば、きっと大丈夫!!
まずは巻末の準２級チャレンジテストで力だめし！

忘れ物は厳禁！

試験当日には、
①受検票　②消しゴム　③筆記用具（HB・B・2Bのえんぴつ、またはシャープペンシル）
を必ず持っていこう！
万年筆やボールペンは不可で、腕時計・ルーペは持ち込み可となっている。

合格の目安は7割

漢字検定3級は、200点満点中の70%（140点）程度で合格とされます。

「読み」「同音・同訓異字」「書き取り」を確実におさえる

【資料1】でわかるように、「読み」「同音・同訓異字」「書き取り」の問題の配点が全体の50%を占めており、この3ジャンルをしっかりとおさえることが合格の必須条件です。

その他のジャンルもまんべんなく7割以上の得点を目標として、苦手な分野は集中して学習しましょう。

【資料1】 各ジャンルの配点

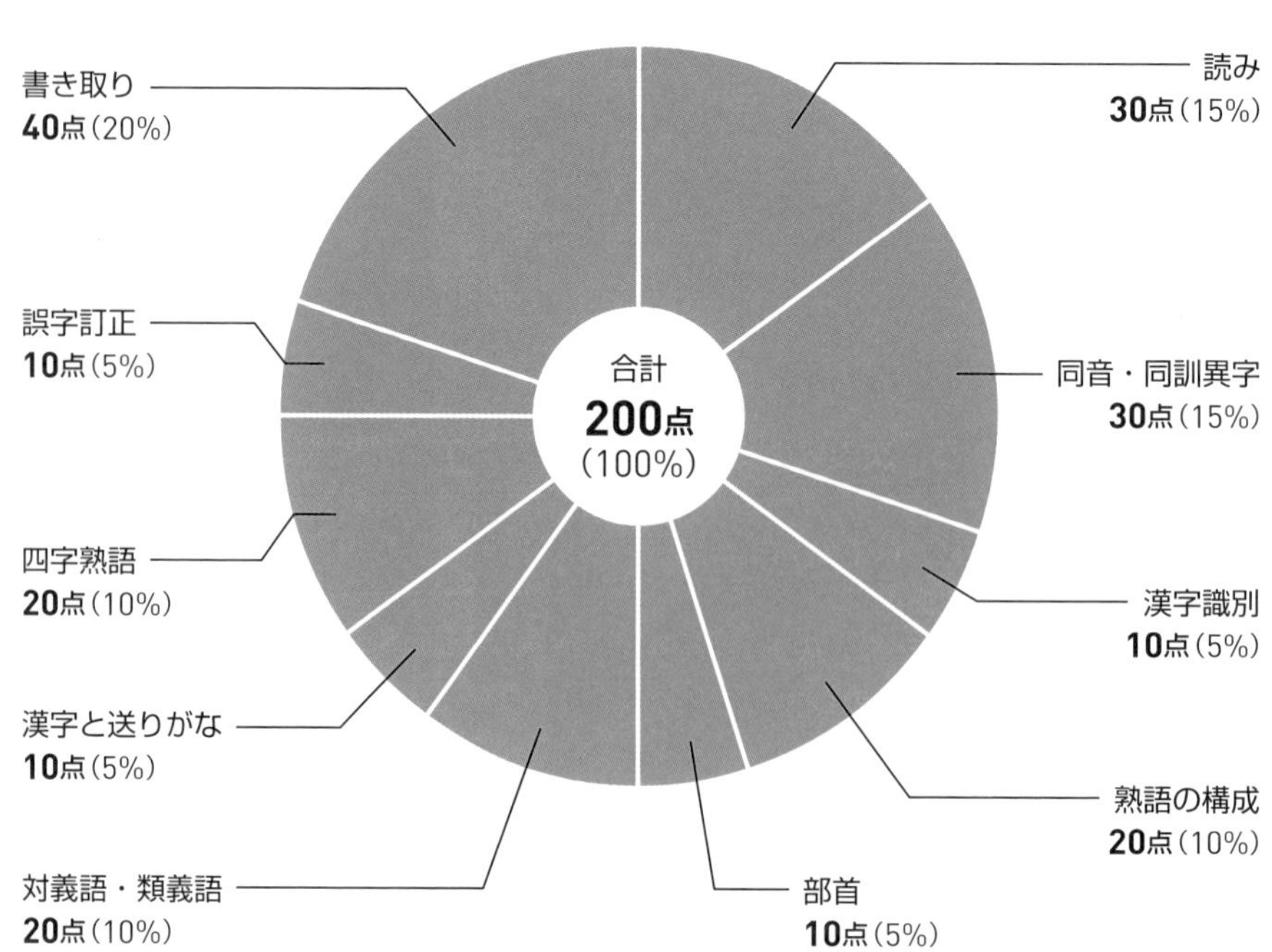

（資料1・2…公益財団法人　日本漢字能力検定協会の2016～2020年刊行資料をもとに作成）

各ジャンルの正答率

【資料2】は合格者と受検者全体の正答率の平均ですが、合格者の平均はおおよそ7割を超えているのに対して、受検者全体の平均では「対義語・類義語」「漢字と送りがな」「四字熟語」「誤字訂正」などが大きく落ち込んでおり、合否を分ける大きなポイントとなりそうです。各分野の正答率を参考に、今後の対策をしっかり立てましょう。

時間配分を意識する

全部で120問あるので、時間配分を意識することも大切です。一つの設問に時間をかけすぎないように注意し、わからない設問を飛ばして進める場合は、マークシートの記入欄のズレに注意しましょう。見直しの時間を5~10分程度確保することも忘れずに。

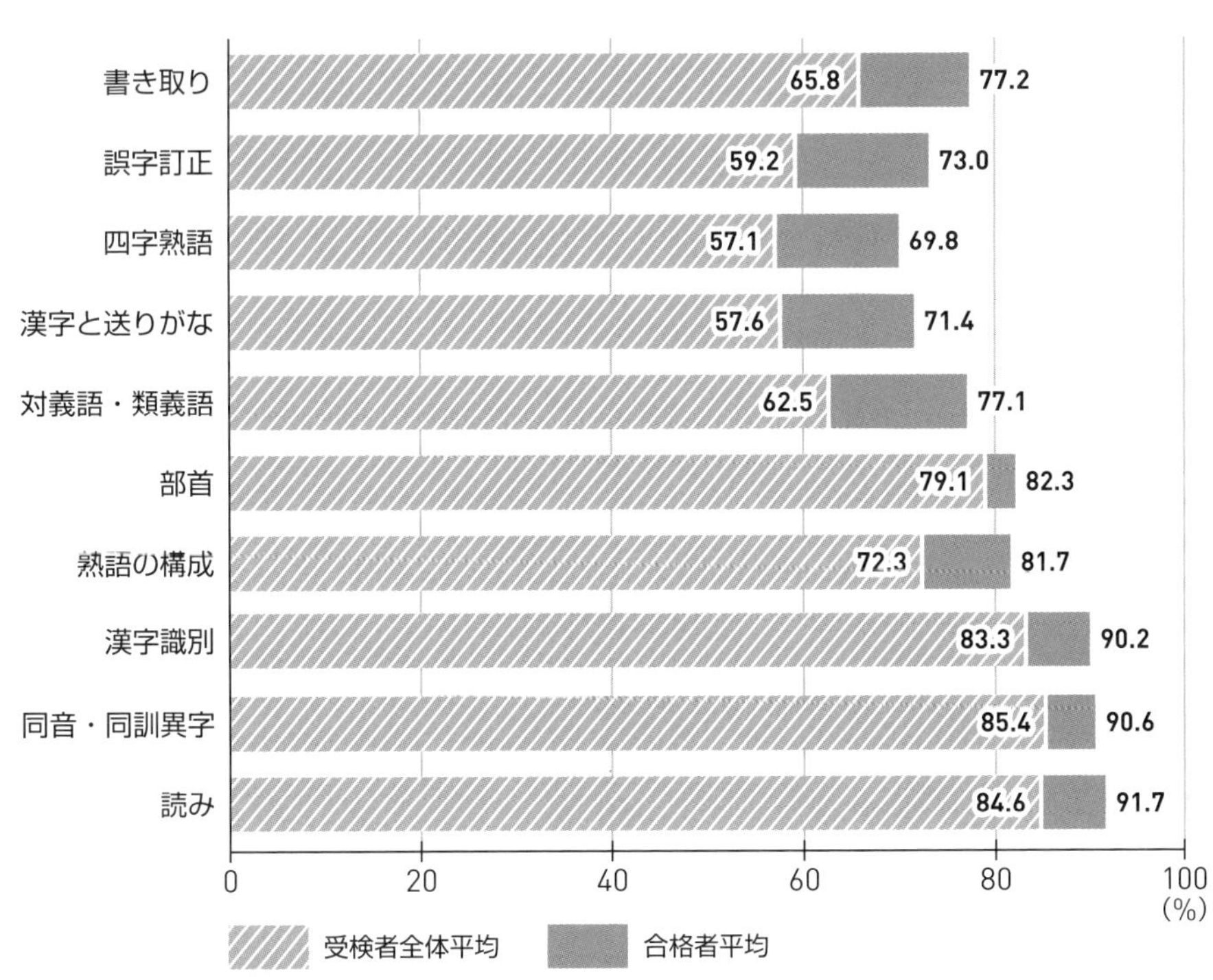

読み

配点　1点×30問

出題傾向

短文中の漢字の読みを答える問題。出題は音読み・訓読みともに、3級配当漢字284字が中心です。また、小学校で習う教育漢字1026字のうち中学校で習う読み211字も要注意。最近の出題では、音読み（主に二字熟語）が約20問、訓読み（主に一字訓）が約10問出題されるパターンが多いです。

※本書では、問題番号1～30を音読み、31～42を訓読みで構成しています。

攻略のポイント

●3級配当漢字の読みを確実にチェック

3級配当漢字が出題の中心なので、別冊に収録されている「3級配当漢字表」を、用例を含めて確実にチェックしておきましょう。

●中学校で習う読みをチェック

小学校で学ぶ教育漢字で、中学校で習う読みには、意外に難しくて容易に読めないものがたくさんあります。

例　本望（ほんもう）→（「モウ」が中学校で習う読み）

●特別な読み、熟字訓・当て字をチェック

特別な読みや熟字訓・当て字は、別冊に一覧があります。数も多くないのでしっかり覚えましょう。

例　芝生（しばふ）　田舎（いなか）　若人（わこうど）

●現代仮名遣いのルールを守る

仮名遣いは内閣告示「現代仮名遣い」によります。「じ」と「ぢ」、「ず」と「づ」の使い分けなど、意外に間違って覚えている場合もあります。読みがわかっていても正確に答えられなければ不正解です。

●複数の読み方がある熟語は文脈を理解する

複数の読み方を持つ熟語の場合、読み方を変えると意味まで変わるものもあります。文脈を理解して、それに合う読み方をしましょう。

例　分別┬（ふんべつ）…道理をわきまえていること
　　　　└（ぶんべつ）…種類ごとに分けること

同音・同訓異字

配点　2点×15問

出題傾向

3つの短文中にある同じ読みで異なる漢字を、選択肢(せんたくし)からそれぞれ選んで答える問題。出題は3級配当漢字が中心です。最近の出題では、同音異字が12問（4組）、同訓異字が3問（1組）出題されるパターンが多いです。

攻略のポイント

●漢字を使い分ける力が必要

漢字を使い分けるためには漢字の意味を知ることが近道です。同じ読みの漢字は複数あるので、日ごろから同じ読みの漢字には注目して、意味も確認しましょう。問題の短文をしっかり読み、その文脈にあった熟語を選ぶことが必要です。

例　噴火…火山が火山灰や溶岩などをふき出すこと
　　興奮…感情が高まること
　　古墳…古代の墳墓

漢字の識別

配点　2点×5問

出題傾向

3つの空欄に共通する漢字を選択肢から選んで、熟語を完成させる問題です。3級配当漢字を中心に出題されます。

攻略のポイント

●熟語力が問われる

熟語は2字とは限らず3字の熟語も出題されます。3つの空欄のうち、2つの空欄にあてはまるからといって早とちりすると、間違いになる場合もあるので要注意です。さらに、選択した漢字が必ずしも同じ読み方とは限らないのも注意すべきポイントです。

例　口癖(くちぐせ)・習癖(しゅうへき)・潔癖(けっぺき)

熟語の構成

配点　2点×10問

出題傾向

二字熟語を構成する上下の漢字が、次にあげる5つのうち、どの関係で結びついているのかを問う問題。**ア**～**オ**の5つの分類が出題されます。

ア　同じような意味の漢字を重ねたもの
イ　反対または対応の意味を表す字を重ねたもの
ウ　上の字が下の字を修飾しているもの
エ　下の字が上の字の目的語・補語になっているもの
オ　上の字が下の字の意味を打ち消しているもの

攻略のポイント

●熟語の構成の見分け方

漢字の意味や熟語の意味をふまえて、簡単な言葉に言いかえるのがポイントです。

▼**アとイ**→2つの漢字がそれぞれ並列の関係になっているので、それぞれの漢字の意味がわかれば簡単に解けます。

例　**ア**　暗黒…暗い・黒い
　　イ　開閉…開く・閉じる

▼**ウ**→2種類の組み合わせがありますが、文章の形にすればわかります。

①下の字が名詞の場合
例　幼児…幼い子供　　荒地…荒れた土地

②下の字が動詞の場合
例　精読…くわしく読む　　激動…激しく動く

▼**エ**→下の字に「を」「に」を付けて文章を作ってみるとよいでしょう。

例　洗顔…顔「を」洗う　　従軍…軍「に」従う

▼**オ**→打ち消しを意味する漢字「不・未・無・非」が上に付くので、すぐにわかります。

部首

配点　1点×10問

出題傾向

問題となる漢字の部首を選択肢(せんたくし)から選ぶ問題。3級配当漢字を中心に出題されます。「さんずい」「てへん」などの一般的な部首の漢字よりは、「相」(部首は目)、「窓」(部首は穴)などのように判別の難しい漢字がねらわれます。

攻略のポイント

●部首は『漢検要覧　2〜10級対応』に準拠

部首の分類は漢和辞典によって異なる場合があります。漢字検定では、部首の分類は『漢検要覧　2〜10級対応』(公益財団法人日本漢字能力検定協会)収録の「部首一覧表と部首別の常用漢字」に従わなければなりません(本書は、この一覧に準拠しています)。

●間違いやすい部首は意識して覚える

間違いやすい部首には、次のようなものがあります。

①部首が複数考えられる漢字

例　憲→宀？　心？(心が部首)

②部首の見当がつかない漢字

例　九→乙　背→肉　舎→舌

③漢字自体が部首の漢字

例　骨→骨　鼻→鼻　飛→飛

対義語・類義語

配点　2点×10問

対義語は、2つの語が正反対の関係にあるもの（輸入と輸出）と、正反対ではなくても対の関係にあるもの（青年と老人）をいいます。類義語は、2つの語の意味する範囲が同じもの（永遠と永久）と、意味する範囲が一部重なったり近い関係にあったりするもの（先生と教師）をいいます。

出題傾向

問題の熟語に対して、対義語・類義語となる語の空欄1字を選択肢（せんたくし）のひらがなから選んで漢字に直す問題。問題の熟語を構成するのは3・4・5級配当漢字が中心です。

攻略のポイント

●対義語の構成を理解する

①上の字がそれぞれ同じもの

例　最高↕最低　歓迎↕歓送　屋内↕屋外

②下の字がそれぞれ同じもの

例　帰路↕往路　空腹↕満腹　雑然↕整然

③上下の字がそれぞれ対応しているもの

例　邪悪↕善良　上昇↕下降　分離↕統合

④上下の字がどちらも対応していないもの

例　地獄↕極楽　妨害↕協力　義務↕権利

●類義語の構成を理解する

①上の字がそれぞれ同じもの

例　改良＝改善　風習＝風俗　発展＝発達

②下の字がそれぞれ同じもの

例　体験＝経験　武器＝兵器　運命＝宿命

③上の字か下の字が同じもの

例　企画＝画策　解説＝説明　警護＝護衛

④同じ字がないもの

例　準備＝用意　承知＝納得　集中＝専念

送り仮名

配点　2点×5問

出題傾向

問題文中のカタカナを、漢字1字と送り仮名に直して書く問題。3・4・5級配当漢字を書かせる出題が中心ですが、教育漢字の中学校で習う読みにも注意しましょう。

攻略のポイント

●送り仮名の主な原則

送り仮名の付け方は、内閣告示「送り仮名の付け方」によります。主な原則を頭に入れておきましょう。

① 活用のある語は、活用語尾を送る

例　従う→従わない　従います　従えば　従え

【例外】

▼語幹が「し」で終わる形容詞は「し」から送ります

例　厳しい　激しい　難しい

▼活用語尾の前に「か」「やか」「らか」を含む形容動詞は、その音節から送ります

例　暖かだ　健やかだ　明らかだ

② 副詞・連体詞・接続詞は、最後の音節を送る

例　必ず　少し　再び　全く　最も

●字数の多い語はねらわれやすい

字数の多い語や先述した中学校で習う読みは、特にねらわれやすいのでチェックしておきましょう。

例　浴びせる　喜ばしい　散らかる　試される
温める　承る　著しい　疑わしい
確かめる

四字熟語

配点　2点×10問

出題傾向

問題文中で使われている四字熟語のうち、カタカナになっている部分を漢字2字に直し、四字熟語を完成させる問題。出題される四字熟語は典拠のあるものを中心に、「責任回避」のような一般用語も出題されます。解答となる2字は3・4・5級配当漢字が中心です。

攻略のポイント

●四字熟語の構成を理解する

①数字が使われているもの

例　三寒四温　千変万化

②上の2字と下の2字が似た意味で対応しているもの

例　明朗快活…明朗（明るい）＝快活（元気）

③上の2字と下の2字が反対の意味で対応しているもの

例　針小棒大…針小（小さい）↕棒大（大きい）

④上の2字も下の2字もそれぞれの漢字が反対語で、さらに上の2字と下の2字が対になっているもの

例　利害得失…「利↕害」―「得↕失」

⑤上の2字と下の2字が主語と述語の関係のもの

例　本末転倒…本末「が」転倒「する」

⑥上の2字と下の2字が修飾・被修飾の関係、または連続しているもの

例　我田引水…我が田へ水を引く

⑦4つの字が対等なもの

例　花鳥風月…花＝鳥＝風＝月

誤字訂正

配点　2点×5問

出題傾向

問題文中の漢字のうち、間違って使われている漢字1字を正しい漢字に書き直す問題。3・4・5級配当漢字を中心に出題されます。

攻略のポイント

●誤字の見つけ方

誤字を見つけるためには、文章を1字ずつ、じっくり読むことが大切です。あやしいと思う漢字が見つかったときは、漢字の意味と文脈を照らし合わせて考えるようにしましょう。誤字の種類としては次のパターンがあります。

①形が似ている漢字

例 卒・率　復・腹・複

②形も意味も違う漢字

例 賞・唱・傷・承・象・障

許容の範囲

印刷物は一般的に明朝(みんちょう)活字と呼ばれる字体のものが多く、楷書(かいしょ)体とは活字デザイン上若干の違いがあります。検定試験では、画数の変わってしまう書き方は不正解ですが、「とめる・はねる」「つける・はなす」など、解答として許容されるものがあります。

以下、明朝体と楷書体の差異に関する例の一部を抜粋します。検定試験ではどちらで書いても正解となります。

①長短に関する例

無→無＝無

②方向に関する例

主→主＝主

③つけるか、はなすかに関する例

月→月＝月

④はらうか、とめるかに関する例

骨→骨＝骨

⑤はねるか、とめるかに関する例

糸→糸＝糸

⑥その他

令→令＝令

書き取り

配点　2点×20問

出題傾向

問題文中のカタカナを漢字で書く問題。３・４・５級配当漢字を中心として、音読み、訓読み、熟字訓・当て字、特別な読みなど、すべての読みに対応して出題されます。教育漢字の中学校で習う読みにも注意しましょう。最近の出題では、音読み（主に二字熟語）が約10問、訓読み（主に一字訓）が約10問出題されるパターンが多いです。

※本書では、問題番号1～21を音読み、22～42を訓読みで構成しています。

攻略のポイント

●正しく明確に書く

「とめる・はねる」「突き出す・突き出さない」「つける・はなす」「画の長短」など、正しい筆画で明確に書くことが求められます。くずした字や乱雑な書き方は採点の対象外です。

例

- 牛…とめる（平　車）
- 京…はねる（守　可）
- 令…つける（全　命）
- 分…はなす（穴　公）
- 君…突き出す（事　書）
- 急…突き出さない（当　雪）
- 末…上が長い（士　志）
- 未…上が短い（土　夫）

●中学校で習う読みは要注意

教育漢字の中学校で習う読みは、他の問題同様、よくねらわれます。別冊の一覧で確認しておきましょう。

例　割愛（かつあい）→（「カツ」が中学校で習う読み）

でる順 A ランク

検定試験で必ずといっていいほど
出題される最重要問題

読み①

10分で解こう！

30点以上とれれば合格！

得点 1回目 /42 2回目 /42

次の――線の漢字の読みをひらがなで記せ。

1 密封して保管する。
2 申し入れを承諾する。
3 感情を一つの言葉に凝縮する。
4 記者が情報源を秘匿する。
5 従業員の待遇を改善する。
6 ぎりぎりまで折衝を続ける。
7 抑揚をつけてゆっくりと音読する。
8 資金は潤沢にある。
9 彼の発言にはすっかり幻滅した。
10 父は部長に昇進した。
11 作曲に卓越した才能を持っている。
12 次の試合での雪辱を期す。
13 文書の閲覧を認める。
14 新入生を野球部に勧誘する。
15 ある考えが突如ひらめいた。
16 運転には互譲の精神が求められる。
17 お言葉を頂き恐悦に存じます。
18 魅惑の古都を巡る旅。

解答

1 みっぷう
2 しょうだく
3 ぎょうしゅく
4 ひとく
5 たいぐう
6 せっしょう
7 よくよう
8 じゅんたく
9 げんめつ
10 しょうしん
11 たくえつ
12 せつじょく
13 えつらん
14 かんゆう
15 とつじょ
16 ごじょう
17 きょうえつ
18 みわく

他例 2［受諾・許諾］ 3［凝視・凝結］ 10［昇降・昇任・昇華］

□ 19 大都会に**埋没**する。
□ 20 悪条件を**克服**して勝った。
□ 21 人生の**岐路**に立つ。
□ 22 計画の**概要**を説明する。
□ 23 オリンピックを**開催**する。
□ 24 祖父が**危篤**におちいる。
□ 25 血統書には**純粋**の秋田犬とある。
□ 26 **焦点**を絞って話す。
□ 27 友人の立場を**擁護**する。
□ 28 **暫定**予算を審議する。
□ 29 人間社会から**隔絶**した孤島。
□ 30 **虚勢**を張った大声にすぎない。

□ 31 式場に**花嫁**が入ってくる。
□ 32 出発の時間が迫り**慌**ただしい。
□ 33 基本的な確認を**怠**る。
□ 34 町の発展を**促**す事業を起こす。
□ 35 手足が**凍**えるような寒さだ。
□ 36 敵の目を**欺**く行動をする。
□ 37 セーターのほころびを**繕**う。
□ 38 家賃の支払いが半年も**滞**る。
□ 39 福祉活動に**携**わる。
□ 40 わずかな差で負けて**悔**しい。
□ 41 どこかに迷子のねこが**潜**んでいる。
□ 42 外国の任地に**赴**く。

---

19 まいぼつ
20 こくふく
21 きろ
22 がいよう
23 かいさい
24 きとく
25 じゅんすい
26 しょうてん
27 ようご
28 ざんてい
29 かくぜつ
30 きょせい

31 はなよめ
32 あわ
33 おこた
34 うなが
35 こご
36 あざむ
37 つくろ
38 とどこお
39 たずさ
40 くや
41 ひそ
42 おもむ

他例 24［篤実］ 25［抜粋］ 29［間隔・隔年］

でる順 A

読み②

10分で解こう！

30点以上とれれば合格！

得点 1回目 /42 2回目 /42

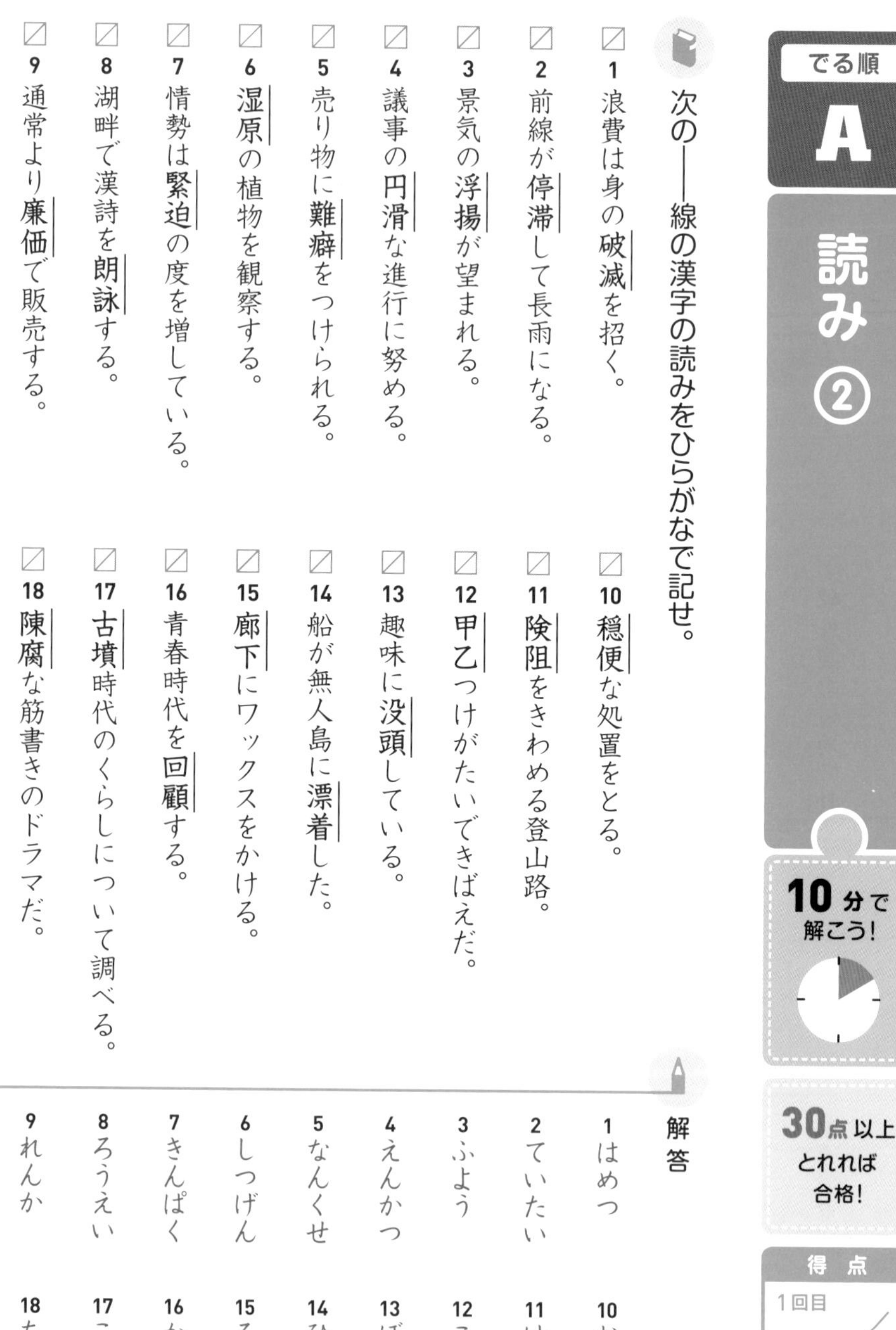

次の——線の漢字の読みをひらがなで記せ。

1 浪費は身の破滅を招く。
2 前線が停滞して長雨になる。
3 景気の浮揚が望まれる。
4 議事の円滑な進行に努める。
5 売り物に難癖をつけられる。
6 湿原の植物を観察する。
7 情勢は緊迫の度を増している。
8 湖畔で漢詩を朗詠する。
9 通常より廉価で販売する。
10 穏便な処置をとる。
11 険阻をきわめる登山路。
12 甲乙つけがたいできばえだ。
13 趣味に没頭している。
14 船が無人島に漂着した。
15 廊下にワックスをかける。
16 青春時代を回顧する。
17 古墳時代のくらしについて調べる。
18 陳腐な筋書きのドラマだ。

解答

1 はめつ
2 ていたい
3 ふよう
4 えんかつ
5 なんくせ
6 しつげん
7 きんぱく
8 ろうえい
9 れんか
10 おんびん
11 けんそ
12 こうおつ
13 ぼっとう
14 ひょうちゃく
15 ろうか
16 かいこ
17 こふん
18 ちんぷ

他例 2［沈滞・滞留・滞納］ 4［潤滑・滑走路］ 5［潔癖・習癖］

19 権力を掌握する。
20 予算が膨大になる。
21 悔恨の念に涙を流す。
22 一点差で惜敗する。
23 ボールが放物線の軌道を描く。
24 他の追随を許さない成績だ。
25 物語がいよいよ佳境に入る。
26 目的の完遂に向けて努力する。
27 犯人は覆面をして侵入した。
28 オリーブから油分を抽出する。
29 茶室に香炉が置いてある。
30 先生が作文を添削する。

31 あくまで初志を貫く。
32 テレビを見ていると気が紛れる。
33 緩やかな長い坂を登る。
34 妹は粘り強い性格の持ち主です。
35 髪に潤いを与えるトリートメント。
36 今年一年の目標を掲げて紙に書く。
37 満腹になって眠気を催す。
38 理想と現実には隔たりがある。
39 凝った造りの部屋に目を見張る。
40 手でぞうきんを絞る。
41 ひそかに進めていた企てが露見する。
42 慰めようもないぐらい落ち込む。

---

19 しょうあく
20 ぼうだい
21 かいこん
22 せきはい
23 きどう
24 ついずい
25 かきょう
26 かんすい
27 ふくめん
28 ちゅうしゅつ
29 こうろ
30 てんさく

31 つらぬ
32 まぎ
33 ゆる
34 ねば
35 うるお
36 かか
37 もよお
38 へだ
39 こ
40 しぼ
41 くわだ
42 なぐさ

他例 20［膨張］ 21［悔悟・後悔］ 意味 25［佳境＝味わいの深い部分］

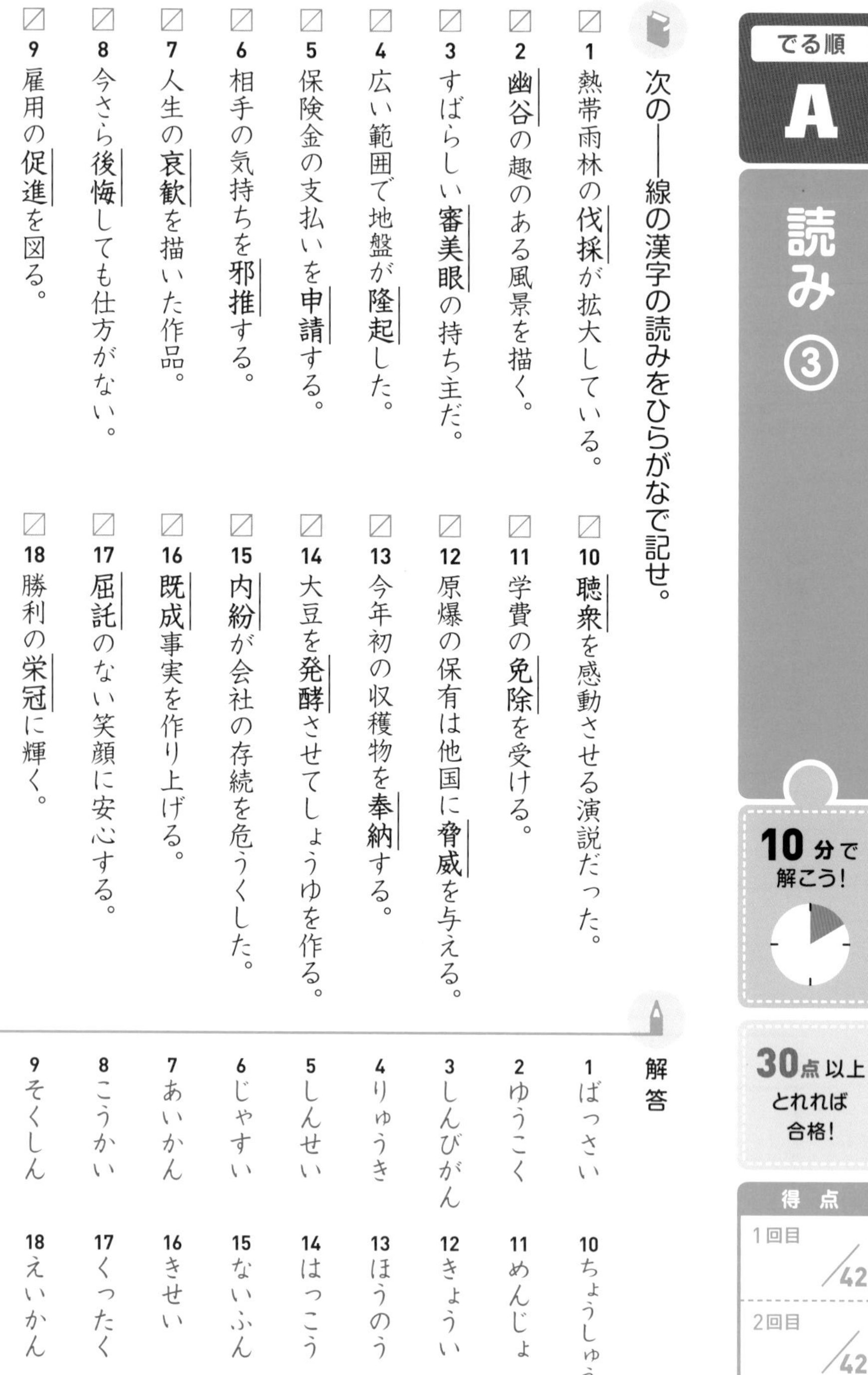

でる順 A

読み ③

10分で解こう!

30点以上とれれば合格!

得点 1回目 /42 2回目 /42

次の――線の漢字の読みをひらがなで記せ。

1 熱帯雨林の伐採が拡大している。
2 幽谷の趣のある風景を描く。
3 すばらしい審美眼の持ち主だ。
4 広い範囲で地盤が隆起した。
5 保険金の支払いを申請する。
6 相手の気持ちを邪推する。
7 人生の哀歓を描いた作品。
8 今さら後悔しても仕方がない。
9 雇用の促進を図る。
10 聴衆を感動させる演説だった。
11 学費の免除を受ける。
12 原爆の保有は他国に脅威を与える。
13 今年初の収穫物を奉納する。
14 大豆を発酵させてしょうゆを作る。
15 内紛が会社の存続を危うくした。
16 既成事実を作り上げる。
17 屈託のない笑顔に安心する。
18 勝利の栄冠に輝く。

解答

1 ばっさい
2 ゆうこく
3 しんびがん
4 りゅうき
5 しんせい
6 じゃすい
7 あいかん
8 こうかい
9 そくしん
10 ちょうしゅう
11 めんじょ
12 きょうい
13 ほうのう
14 はっこう
15 ないふん
16 きせい
17 くったく
18 えいかん

他例 2［幽玄］ 3［審議］ 10［傾聴］ 11［免税・免許］ 14［酵母］

19 選手に激励の言葉を贈る。
20 果敢な攻撃で得点した。
21 傷口に消毒薬を塗布する。
22 会社との話し合いが決裂した。
23 冗談を言っては皆を笑わせていた。
24 若手棋士が三回戦まで勝ち残った。
25 粘着テープでしっかりと留める。
26 獲物を追い猟師は山に分け入る。
27 古いプラグは漏電の危険がある。
28 物資がなく耐乏生活を強いられる。
29 自然の摂理に従う。
30 彼の秘密を暴露する。

31 危険を伴う大変難しい工事。
32 自らの出世の妨げになる行為。
33 かんなで板を削る。
34 主人公は彫りの深い顔つきの少女だ。
35 幼少期を顧みる。
36 希望で胸が膨らむ。
37 参加者は速やかに集合してください。
38 幻のチョウを追い続ける。
39 彼女は実に話術が巧みで感心する。
40 大会運営のボランティアを募る。
41 憂いをたたえた目で見つめた。
42 損失の穴埋めに苦労する。

19 げきれい
20 かかん
21 とふ
22 けつれつ
23 じょうだん
24 きし
25 ねんちゃく
26 りょうし
27 ろうでん
28 たいぼう
29 せつり
30 ばくろ

31 ともな
32 さまた
33 けず
34 ほ
35 かえり
36 ふく
37 すみ
38 まぼろし
39 たく
40 つの
41 うれ
42 あなう

他例 19［精励］ 29［摂生・摂取］

でる順 **A**

読み ④

10分で解こう!

30点以上とれれば合格!

得点	
1回目	/42
2回目	/42

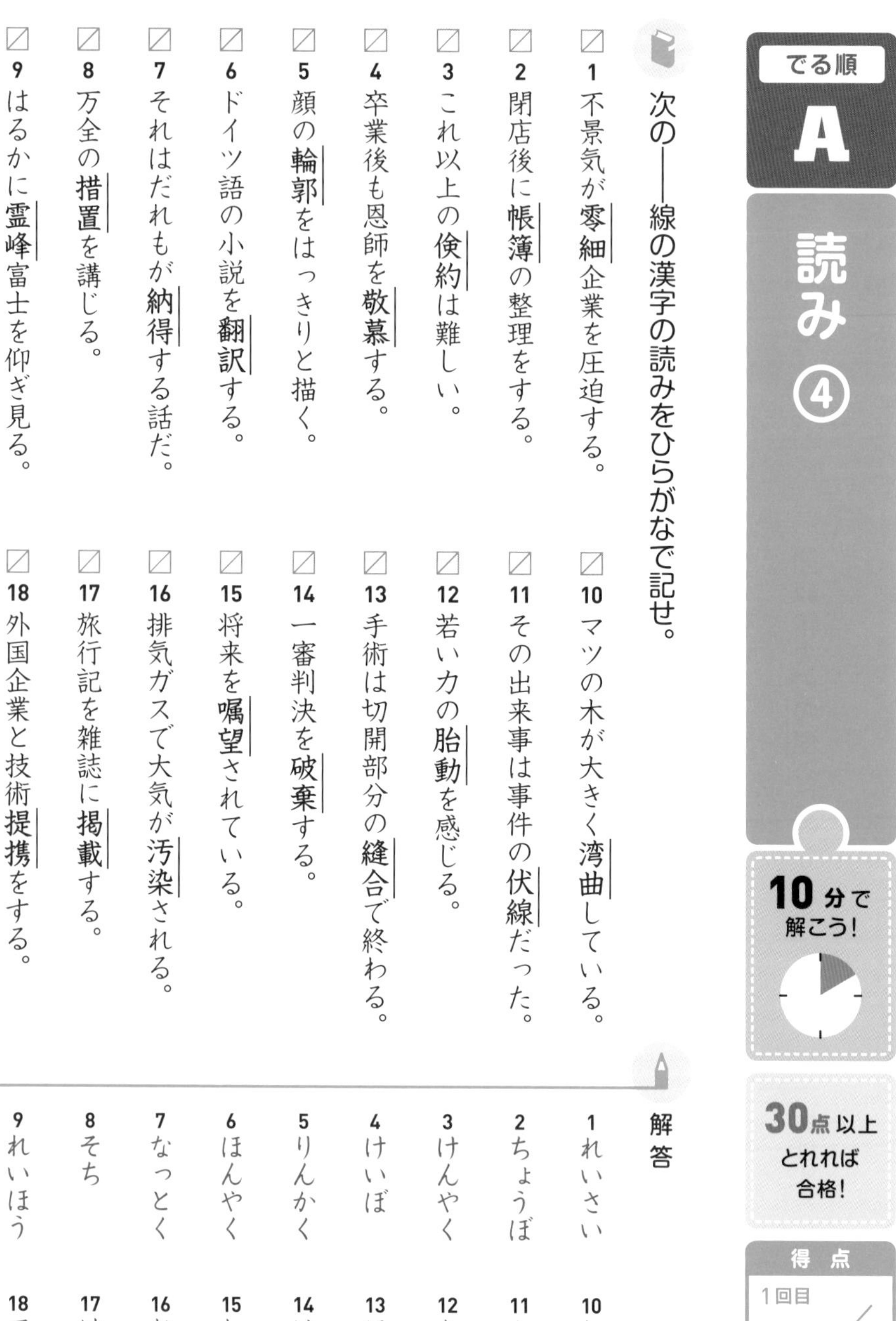

次の——線の漢字の読みをひらがなで記せ。

1 不景気が**零細**企業を圧迫する。

2 閉店後に**帳簿**の整理をする。

3 これ以上の**倹約**は難しい。

4 卒業後も恩師を**敬慕**する。

5 顔の**輪郭**をはっきりと描く。

6 ドイツ語の小説を**翻訳**する。

7 それはだれもが**納得**する話だ。

8 万全の**措置**を講じる。

9 はるかに**霊峰**富士を仰ぎ見る。

10 マツの木が大きく**湾曲**している。

11 その出来事は事件の**伏線**だった。

12 若い力の**胎動**を感じる。

13 手術は切開部分の**縫合**で終わる。

14 一審判決を**破棄**する。

15 将来を**嘱望**されている。

16 排気ガスで大気が**汚染**される。

17 旅行記を雑誌に**掲載**する。

18 外国企業と技術**提携**をする。

解答

1 れいさい

2 ちょうぼ

3 けんやく

4 けいぼ

5 りんかく

6 ほんやく

7 なっとく

8 そち

9 れいほう

10 わんきょく

11 ふくせん

12 たいどう

13 ほうごう

14 はき

15 しょくぼう

16 おせん

17 けいさい

18 ていけい

他例 1［零落］ 7［滞納・納豆］ 8［措辞］ 11［潜伏］

19 全力で疾走して一番になる。
20 滝に打たれて心身を鍛錬する。
21 ホテルの娯楽施設を整備する。
22 モズが甲高い声で鳴く。
23 情け容赦のないやり方だ。
24 修学旅行を契機に親しくなる。
25 事情も勘案して決める。
26 決議を採択する。
27 空き巣の巧妙な手口に注意。
28 社会的信用が失墜した。
29 殊勝な心がけに感心する。
30 慈善コンサートを開く。

31 母に言いつけると兄に脅された。
32 思わぬところから秘密が漏れる。
33 弱い者いじめをする人を憎む。
34 冷淡な仕打ちを恨む。
35 手が足りずアルバイトを雇う。
36 愚かな行いは慎むようにしたい。
37 木の葉が水面に漂う。
38 ケーキを飽きるほど食べたい。
39 古新聞をひもで縛る。
40 大統領が回顧録を著す。
41 場内は華やいだ空気に包まれた。
42 友人を心から励ます。

---

19 しっそう
20 たんれん
21 ごらく
22 かん
23 ようしゃ
24 けいき
25 かんあん
26 さいたく
27 こうみょう
28 しっつい
29 しゅしょう
30 じぜん

31 おど
32 も
33 にく
34 うら
35 やと
36 おろ
37 ただよ
38 あ
39 しば
40 あらわ
41 はな
42 はげ

他例 25［勘定・勘弁］ 27［精巧］ 28［墜落］ 29［特殊］

でる順 A

同音・同訓異字 ①

15分で解こう！

21点以上とれれば合格！

得点 1回目 /30 2回目 /30

次の――線のカタカナにあてはまる漢字をそれぞれのア〜オから一つ選び、記号を記せ。

1 菊の花がホウ香を放つ。
2 定期的にホウ画の名作を上映する。
3 植物のホウ子を調べる。
（ア 芳 イ 胞 ウ 法 エ 方 オ 邦）

4 来月から新たな条例がシ行される。
5 委員会にシ問する。
6 社会福シに力を尽くす。
（ア 諮 イ 歯 ウ 施 エ 使 オ 祉）

7 無ボウな運転をしてはいけない。
8 ビタミンが欠ボウする。
9 野次を飛ばし演説をボウ害する。
（ア 亡 イ 謀 ウ 乏 エ 暴 オ 妨）

10 女優の名演技に観客はトウ酔した。
11 路面がトウ結して滑りやすくなる。
12 天然トウは根絶された。
（ア 痘 イ 陶 ウ 等 エ 凍 オ 島）

解答

1 ア 芳香（ほうこう）
2 オ 邦画（ほうが）
3 イ 胞子（ほうし）
4 ウ 施行（しこう）
5 ア 諮問（しもん）
6 オ 福祉（ふくし）
7 イ 無謀（むぼう）
8 ウ 欠乏（けつぼう）
9 オ 妨害（ぼうがい）
10 イ 陶酔（とうすい）
11 エ 凍結（とうけつ）
12 ア 天然痘（てんねんとう）

他例 1［奉・縫・飽］ 4［旨・刺］ 7［膨・房・某］

13 逃走した容疑者がタイ捕された。
14 赤ちゃんのタイ動を感じる。
15 タイ慢な仕事ぶりをとがめる。
（ア 怠　イ 待　ウ 胎　エ 逮　オ 体）

16 人工衛星のキ道修正に成功した。
17 登山ルートの分キ点に差しかかる。
18 選挙でキ権する。
（ア 木　イ 軌　ウ 岐　エ 棄　オ 気）

19 多数の読者がケイ発された本。
20 新聞に投書がケイ載される。
21 旅をケイ機に語学に興味がわく。
（ア 経　イ 啓　ウ 契　エ 掲　オ 型）

22 暴徒の襲撃をソ止する。
23 当局のソ置に任せる。
24 食べ物をソ末にしてはいけない。
（ア 祖　イ 粗　ウ 措　エ 訴　オ 阻）

25 調理の前に包丁をトぐ。
26 急速な進歩をトげる。
27 ビデオで成長記録をトる。
（ア 解　イ 撮　ウ 説　エ 研　オ 遂）

28 まぶしい光が目をイる。
29 解決するには時間がイる。
30 昔ながらの方法で鉄びんをイる。
（ア 意　イ 要　ウ 射　エ 入　オ 鋳）

---

13 エ 逮捕（たいほ）
14 ウ 胎動（たいどう）
15 ア 怠慢（たいまん）

16 イ 軌道（きどう）
17 ウ 分岐（ぶんき）
18 エ 棄権（きけん）

19 イ 啓発（けいはつ）
20 エ 掲載（けいさい）
21 ウ 契機（けいき）

22 オ 阻止（そし）
23 ウ 措置（そち）
24 イ 粗末（そまつ）

25 エ 研（と）ぐ
26 オ 遂（と）げる
27 イ 撮（と）る

28 ウ 射（い）る
29 イ 要（い）る
30 オ 鋳（い）る

他例 16［奇・既・忌］ 19［携・刑・憩］ 22［礎・素］ 25［溶く・執る］

でる順 A

同音・同訓異字 ②

15分で解こう!

21点以上とれれば合格!

得点 1回目 /30 2回目 /30

次の――線のカタカナにあてはまる漢字をそれぞれのア～オから一つ選び、記号を記せ。

1 子どもたちの純スイな心。
2 昼食に雑スイを食べる。
3 彼は自己陶スイした話し方をする。
（ア 粋　イ 推　ウ 垂　エ 炊　オ 酔）

4 心の動ヨウを隠せない。
5 敵のヨウ赦のない攻撃。
6 人権をヨウ護する。
（ア 揺　イ 曜　ウ 擁　エ 洋　オ 容）

7 自説を強コウに主張する。
8 植物の葉やくきなどには気コウがある。
9 犯人の身柄をコウ束する。
（ア 講　イ 硬　ウ 孔　エ 拘　オ 公）

10 三分間カクで発車する。
11 輪カクのはっきりした顔。
12 ジャガイモを収カクする。
（ア 隔　イ 角　ウ 穫　エ 格　オ 郭）

解答

1 ア 純粋（じゅんすい）
2 エ 雑炊（ぞうすい）
3 オ 陶酔（とうすい）
4 ア 動揺（どうよう）
5 オ 容赦（ようしゃ）
6 ウ 擁護（ようご）
7 イ 強硬（きょうこう）
8 ウ 気孔（きこう）
9 エ 拘束（こうそく）
10 ア 間隔（かんかく）
11 オ 輪郭（りんかく）
12 ウ 収穫（しゅうかく）

13 書式のテイ裁を整える。
14 辞書の改テイ版を買う。
15 大テイのことでは驚かない。
(ア 帝 イ 低 ウ 体 エ 訂 オ 抵)

16 権力をショウ握する。
17 ライバルの出現にショウ燥する。
18 後頭部にショウ撃を受ける。
(ア 衝 イ 称 ウ 焦 エ 掌 オ 照)

19 申し込みの手続きが完リョウした。
20 湖の向こうに丘リョウが広がる。
21 古代の狩リョウ道具を発掘する。
(ア 猟 イ 陵 ウ 両 エ 漁 オ 了)

22 事情をカン案して決定する。
23 悪徳商法への注意をカン起する。
24 後半に果カンに攻めて勝利した。
(ア 喚 イ 館 ウ 漢 エ 勘 オ 敢)

25 心を引きシめる。
26 観客の多くは若者でシめられる。
27 自分の首をシめるようなことだ。
(ア 脂 イ 志 ウ 締 エ 占 オ 絞)

28 アきるほど図鑑をながめている。
29 正月に河原でたこをアげる。
30 帰宅途中に夕立にアった。
(ア 揚 イ 遭 ウ 編 エ 飽 オ 当)

---

13 ウ 体裁(ていさい)
14 エ 改訂(かいてい)
15 オ 大抵(たいてい)
16 エ 掌握(しょうあく)
17 ウ 焦燥(しょうそう)
18 ア 衝撃(しょうげき)
19 オ 完了(かんりょう)
20 イ 丘陵(きゅうりょう)
21 ア 狩猟(しゅりょう)
22 エ 勘案(かんあん)
23 ア 喚起(かんき)
24 オ 果敢(かかん)
25 ウ 締(し)める
26 エ 占(し)め
27 オ 絞(し)める
28 エ 飽(あ)きる
29 ア 揚(あ)げる
30 イ 遭(あ)った

他例 25［強いる・敷く］ 28［挙げる・浴びる］

同音・同訓異字 ③

15分で解こう!

21点以上とれれば合格!

次の――線のカタカナにあてはまる漢字をそれぞれの**ア**～**オ**から一つ選び、記号を記せ。

1 カ空の動物が登場する童話を読む。
2 豪カなシャンデリア。
3 カ敢に攻め込む。
（**ア** 架 **イ** 華 **ウ** 貨 **エ** 果 **オ** 課）

4 冬物一ソウの大特売。
5 山道で激しい雷雨にソウ遇する。
6 ソウ方の主張を聞く。
（**ア** 双 **イ** 層 **ウ** 遭 **エ** 掃 **オ** 想）

7 祖父のレイ前に花を供える。
8 レイ下五度まで気温が下がる。
9 毎朝なわとびをレイ行する。
（**ア** 励 **イ** 冷 **ウ** 零 **エ** 礼 **オ** 霊）

10 取引のガイ況を知らせる。
11 娘の成長した姿を見て感ガイ深い。
12 彼女のガイ博な知識に驚いた。
（**ア** 慨 **イ** 該 **ウ** 街 **エ** 概 **オ** 外）

解答

1	2	3	4	5	6	7	8	9	10	11	12
ア	イ	エ	エ	ウ	ア	オ	ウ	ア	エ	ア	イ
架空(かくう)	豪華(ごうか)	果敢(かかん)	一掃(いっそう)	遭遇(そうぐう)	双方(そうほう)	霊前(れいぜん)	零下(れいか)	励行(れいこう)	概況(がいきょう)	感慨(かんがい)	該博(がいはく)

13 食費をケン約する。
14 早く出かけたほうがケン明だ。
15 兄弟で服をケン用している。
（ア 兼　イ 倹　ウ 賢　エ 県　オ 剣）

16 ジョウ談を真に受ける。
17 近所の薬局でジョウ剤を買う。
18 これ以上はジョウ歩できない。
（ア 冗　イ 嬢　ウ 譲　エ 城　オ 錠）

19 海中から金カイが発見された。
20 いまさら後カイしても遅い。
21 カイ道沿いは昔の趣がある。
（ア 貝　イ 街　ウ 階　エ 塊　オ 悔）

22 開発の予算はジュン沢にある。
23 交通規則をジュン守する。
24 教科書にジュン拠した問題集。
（ア 順　イ 準　ウ 巡　エ 遵　オ 潤）

25 送別会の趣向をコらす。
26 魚をコがしてしまった。
27 声帯の限界をコえている歌声。
（ア 凝　イ 濃　ウ 混　エ 超　オ 焦）

28 大きなスイカをサげて帰ってくる。
29 危険をサけて通る。
30 何気ない一言が二人の仲をサく。
（ア 割　イ 提　ウ 避　エ 裂　オ 咲）

---

13 イ 倹約（けんやく）
14 ウ 賢明（けんめい）
15 ア 兼用（けんよう）
16 ア 冗談（じょうだん）
17 オ 錠剤（じょうざい）
18 ウ 譲歩（じょうほ）
19 エ 金塊（きんかい）
20 オ 後悔（こうかい）
21 イ 街道（かいどう）
22 オ 潤沢（じゅんたく）
23 エ 遵守（じゅんしゅ）
24 イ 準拠（じゅんきょ）
25 ア 凝（こ）らす
26 オ 焦（こ）がして
27 エ 超（こ）えて
28 イ 提（さ）げて
29 ウ 避（さ）けて
30 エ 裂（さ）く

他例 25［肥える］　意味 23［遵守＝法律や規則・道徳・習慣を守り、従うこと］

でる順 **A**

同音・同訓異字 ④

15分で解こう!

21点以上とれれば合格!

次の――線のカタカナにあてはまる漢字をそれぞれの**ア**～**オ**から一つ選び、記号を記せ。

1 歌でチョウ衆を魅了した。
2 時代をチョウ越した作品。
3 彼は有名なチョウ刻家です。
（**ア** 聴　**イ** 超　**ウ** 彫　**エ** 庁　**オ** 兆）

4 湖ハンでキャンプをする。
5 夫人同ハンで参加する。
6 南風を受けてハン走するヨット。
（**ア** 帆　**イ** 班　**ウ** 畔　**エ** 販　**オ** 伴）

7 現場の状況と証言とがフ合する。
8 夫が単身フ任することになった。
9 彼女は才能を自フしている。
（**ア** 符　**イ** 府　**ウ** 赴　**エ** 負　**オ** 婦）

10 王を城の地下室にユウ閉する。
11 専門家がこの事態をユウ慮する。
12 保険の勧ユウを断る。
（**ア** タ　**イ** 幽　**ウ** 遊　**エ** 誘　**オ** 憂）

解答

1 **ア** 聴衆（ちょうしゅう）
2 **イ** 超越（ちょうえつ）
3 **ウ** 彫刻（ちょうこく）

4 **ウ** 湖畔（こはん）
5 **オ** 同伴（どうはん）
6 **ア** 帆走（はんそう）

7 **ア** 符合（ふごう）
8 **ウ** 赴任（ふにん）
9 **エ** 自負（じふ）

10 **イ** 幽閉（ゆうへい）
11 **オ** 憂慮（ゆうりょ）
12 **エ** 勧誘（かんゆう）

□ 13 鉄をチュウ造する。
□ 14 無差別にチュウ出する。
□ 15 チュウ車禁止の場所。
（ア 虫　イ 忠　ウ 駐　エ 抽　オ 鋳）

□ 16 学生時代に放ロウの旅をした。
□ 17 長い回ロウを渡って本堂に行く。
□ 18 ロウ電する危険性が高まった。
（ア 漏　イ 浪　ウ 老　エ 廊　オ 楼）

□ 19 エン天下で野球をする。
□ 20 エン熟の域に達する。
□ 21 勝利の祝エンに招かれる。
（ア 円　イ 園　ウ 援　エ 炎　オ 宴）

□ 22 大会が開サイされる。
□ 23 不良サイ権を処理する。
□ 24 色サイ豊かな料理。
（ア 再　イ 催　ウ 際　エ 債　オ 彩）

□ 25 屋敷へのウち入りを企てた。
□ 26 部品の加工をウけ負っている。
□ 27 卒業式でタイムカプセルをウめる。
（ア 請　イ 打　ウ 埋　エ 討　オ 浮）

□ 28 当たった宝くじをお金にカえる。
□ 29 買いたい衝動にカり立てられる。
□ 30 服をハンガーにカける。
（ア 掛　イ 刈　ウ 貸　エ 換　オ 駆）

---

13 オ　鋳造（ちゅうぞう）
14 エ　抽出（ちゅうしゅつ）
15 ウ　駐車（ちゅうしゃ）

16 イ　放浪（ほうろう）
17 エ　回廊（かいろう）
18 ア　漏電（ろうでん）

19 エ　炎天下（えんてんか）
20 ア　円熟（えんじゅく）
21 オ　祝宴（しゅくえん）

22 イ　開催（かいさい）
23 エ　債権（さいけん）
24 オ　色彩（しきさい）

25 エ　討（う）ち入（い）り
26 ア　請（う）け負（お）って
27 ウ　埋（う）める

28 エ　換（か）える
29 オ　駆（か）り立（た）て
30 ア　掛（か）ける

意味 23［債権＝貸した金銭や物品などの返済を請求する権利］

でる順 **A**

漢字の識別 ①

15分で解こう！

17点以上とれれば合格！

得点
1回目 /24
2回目 /24

三つの□に共通する漢字を入れて熟語を作れ。漢字は後の□から一つ選び、記号を記せ。

1 悲□・□願・□歓

2 遠□・□離・□世

3 勧□・□致・□惑

4 □像・配□者・□発

5 添□・□減・□除

ア 水　イ 景　ウ 険　エ 隔　オ 哀
カ 誘　キ 偶　ク 削　ケ 心　コ 気

6 □立・□護・抱□

7 沈□・□入・□伏

8 □迫・□縮・□張

9 □行・激□・奮□

10 □望・委□・□託

ア 潜　イ 励　ウ 来　エ 歩　オ 擁
カ 緊　キ 会　ク 止　ケ 単　コ 嘱

解答

1 オ　悲哀（ひあい）・哀願（あいがん）・哀歓（あいかん）
2 エ　遠隔（えんかく）・隔離（かくり）・隔世（かくせい）
3 カ　勧誘（かんゆう）・誘致（ゆうち）・誘惑（ゆうわく）
4 キ　偶像（ぐうぞう）・配偶者（はいぐうしゃ）・偶発（ぐうはつ）
5 ク　添削（てんさく）・削減（さくげん）・削除（さくじょ）
6 オ　擁立（ようりつ）・擁護（ようご）・抱擁（ほうよう）
7 ア　沈潜（ちんせん）・潜入（せんにゅう）・潜伏（せんぷく）
8 カ　緊迫（きんぱく）・緊縮（きんしゅく）・緊張（きんちょう）
9 イ　励行（れいこう）・激励（げきれい）・奮励（ふんれい）
10 コ　嘱望（しょくぼう）・委嘱（いしょく）・嘱託（しょくたく）

意味　1［哀願＝人の同情心に訴えて、頼み願うこと］

11 停□・□在・□納

12 円□・□車・□降

13 □駆・□走・□風

14 □鎖・密□・□建的

15 交□・□誤・□覚

16 強□・□直・□筆

17 □権・放□・□却

ア 棄	イ 滑	ウ 錯
エ 封	オ 人	カ 台
キ 角	ク 暴	ケ 疾
コ 設	サ 冷	シ 硬
ス 金	セ 滞	ソ 置

18 □亡・幻□・点□

19 □号・音□・切□

20 平□・□便・□当

21 □盛・□起・興□

22 埋□・□落・□収

23 □屈・□下・□劣

24 □慮・回□・□問

ア 穏	イ 隆	ウ 没
エ 顧	オ 程	カ 常
キ 転	ク 上	ケ 難
コ 符	サ 日	シ 滅
ス 滞	セ 想	ソ 卑

---

11 セ　停滞（ていたい）・滞在（たいざい）・滞納（たいのう）

12 イ　円滑（えんかつ）・滑車（かっしゃ）・滑降（かっこう）

13 ケ　疾駆（しっく）・疾走（しっそう）・疾風（しっぷう）

14 エ　封鎖（ふうさ）・密封（みっぷう）・封建的（ほうけんてき）

15 ウ　交錯（こうさく）・錯誤（さくご）・錯覚（さっかく）

16 シ　強硬（きょうこう）・硬直（こうちょく）・硬筆（こうひつ）

17 ア　棄権（きけん）・放棄（ほうき）・棄却（ききゃく）

18 シ　滅亡（めつぼう）・幻滅（げんめつ）・点滅（てんめつ）

19 コ　符号（ふごう）・音符（おんぷ）・切符（きっぷ）

20 ア　平穏（へいおん）・穏便（おんびん）・穏当（おんとう）

21 イ　隆盛（りゅうせい）・隆起（りゅうき）・興隆（こうりゅう）

22 ウ　埋没（まいぼつ）・没落（ぼつらく）・没収（ぼっしゅう）

23 ソ　卑屈（ひくつ）・卑下（ひげ）・卑劣（ひれつ）

24 エ　顧慮（こりょ）・回顧（かいこ）・顧問（こもん）

意味　24［顧問＝指導助言をする役目。また、その人］

でる順 A

漢字の識別 ②

15分で解こう!

17点以上とれれば合格!

得点 1回目 /24 2回目 /24

三つの□に共通する漢字を入れて熟語を作れ。漢字は後の[ ]から一つ選び、記号を記せ。

1 潜□・□線・屈□

2 □除・□斥・□出

3 陰□・□略・共□

4 □設・□策・□行

5 □曲・港□・□岸

ア 排　イ 湾　ウ 施　エ 謀　オ 水
カ 有　キ 歩　ク 町　ケ 建　コ 伏

6 追□・□筆・□想

7 重□・□魂・□圧

8 □採・征□・討□

9 □腐・□述・□列

10 □没・□蔵・□葬

ア 整　イ 豆　ウ 精　エ 随　オ 参
カ 伐　キ 陳　ク 埋　ケ 鎮　コ 記

解答

1 コ 潜伏(せんぷく)・伏線(ふくせん)・屈伏(くっぷく)

2 ア 排除(はいじょ)・排斥(はいせき)・排出(はいしゅつ)

3 エ 陰謀(いんぼう)・謀略(ぼうりゃく)・共謀(きょうぼう)

4 ウ 施設(しせつ)・施策(しさく)・施行(しこう)

5 イ 湾曲(わんきょく)・港湾(こうわん)・湾岸(わんがん)

6 エ 追随(ついずい)・随筆(ずいひつ)・随想(ずいそう)

7 ケ 重鎮(じゅうちん)・鎮魂(ちんこん)・鎮圧(ちんあつ)

8 カ 伐採(ばっさい)・征伐(せいばつ)・討伐(とうばつ)

9 キ 陳腐(ちんぷ)・陳述(ちんじゅつ)・陳列(ちんれつ)

10 ク 埋没(まいぼつ)・埋蔵(まいぞう)・埋葬(まいそう)

意味 6［追随＝あとに付き従うこと］ 9［陳腐＝ありふれていて、古くさいこと］

11 □弱・老□・□微

12 □楽・喜□・満□

13 □価・清□・破□恥

14 発□・□母・□素

15 採□・選□・□一

16 □成・□進・催□

17 □税・□許・赦□

ア 子　イ 衰　ウ 小　エ 廉　オ 心
カ 促　キ 少　ク 悦　ケ 者　コ 給
サ 択　シ 声　ス 酵　セ 送　ソ 免

18 □越・□抜・食□

19 魅□・□承・完□

20 □沢・利□・□滑

21 満□・□煙・□茶

22 内□・□争・□失

23 □燥・□慮・□点

24 申□・□願・要□

ア ロ　イ 喫　ウ 紛　エ 戦　オ 焦
カ 円　キ 了　ク 請　ケ 合　コ 詳
サ 料　シ 卓　ス 惑　セ 潤　ソ 乱

---

11 イ 衰弱(すいじゃく)・老衰(ろうすい)・衰微(すいび)

12 ク 悦楽(えつらく)・喜悦(きえつ)・満悦(まんえつ)

13 エ 廉価(れんか)・清廉(せいれん)・破廉恥(はれんち)

14 ス 発酵(はっこう)・酵母(こうぼ)・酵素(こうそ)

15 サ 採択(さいたく)・選択(せんたく)・択一(たくいつ)

16 カ 促成(そくせい)・促進(そくしん)・催促(さいそく)

17 ソ 免税(めんぜい)・免許(めんきょ)・赦免(しゃめん)

18 シ 卓越(たくえつ)・卓抜(たくばつ)・食卓(しょくたく)

19 キ 魅了(みりょう)・了承(りょうしょう)・完了(かんりょう)

20 セ 潤沢(じゅんたく)・利潤(りじゅん)・潤滑(じゅんかつ)

21 イ 満喫(まんきつ)・喫煙(きつえん)・喫茶(きっさ)

22 ウ 内紛(ないふん)・紛争(ふんそう)・紛失(ふんしつ)

23 オ 焦燥(しょうそう)・焦慮(しょうりょ)・焦点(しょうてん)

24 ク 申請(しんせい)・請願(せいがん)・要請(ようせい)

意味 18［卓抜＝他よりはるかにすぐれていること］

でる順 A

漢字の識別 ③

三つの□に共通する漢字を入れて熟語を作れ。漢字は後の[ ]から一つ選び、記号を記せ。

1 傾□・傍□・□衆
2 □闘・勇□・果□
3 奇□・□獣・□談
4 □促・開□・主□
5 常□・□在・□留

ア 聴　イ 観　ウ 怪　エ 大　オ 敢
カ 駐　キ 催　ク 当　ケ 実　コ 人

6 □行・野□・□声
7 □結・□傷・解□
8 □閉・□霊・□玄
9 □了・□力・□惑
10 □閣・高□・鐘□

ア 生　イ 楼　ウ 幽　エ 凍　オ 蛮
カ 美　キ 答　ク 完　ケ 校　コ 魅

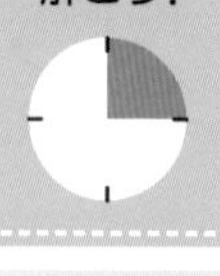

15分で解こう！

17点以上とれれば合格！

得点
1回目 /24
2回目 /24

解答

1 ア 傾聴（けいちょう）・傍聴（ぼうちょう）・聴衆（ちょうしゅう）
2 オ 敢闘（かんとう）・勇敢（ゆうかん）・果敢（かかん）
3 ウ 奇怪（きかい）・怪獣（かいじゅう）・怪談（かいだん）
4 キ 催促（さいそく）・開催（かいさい）・主催（しゅさい）
5 カ 常駐（じょうちゅう）・駐在（ちゅうざい）・駐留（ちゅうりゅう）
6 オ 蛮行（ばんこう）・野蛮（やばん）・蛮声（ばんせい）
7 エ 凍結（とうけつ）・凍傷（とうしょう）・解凍（かいとう）
8 ウ 幽閉（ゆうへい）・幽霊（ゆうれい）・幽玄（ゆうげん）
9 コ 魅了（みりょう）・魅力（みりょく）・魅惑（みわく）
10 イ 楼閣（ろうかく）・高楼（こうろう）・鐘楼（しょうろう）

意味 1［傾聴＝耳を傾けて熱心に聴き入ること］ 10［楼閣＝高くそびえている建物］

ア 虚	イ 利	ウ 白	エ 奪	オ 疑
カ 刑	キ 譲	ク 喚	ケ 一	コ 迫
サ 概	シ 断	ス 審	セ 長	ソ 色

11 気□・□略・□念

12 □議・□判・不□

13 分□・□歩・□渡

14 空□・□栄・□脱

15 □回・争□・強□

16 □罰・求□・減□

17 召□・□起・□問

ア 死	イ 術	ウ 立	エ 除	オ 伸
カ 密	キ 山	ク 国	ケ 携	コ 遊
サ 沈	シ 巧	ス 惜	セ 揚	ソ 崩

18 □行・□帯・連□

19 □壊・雪□・□落

20 哀□・□別・□敗

21 □妙・技□・精□

22 屈□・追□・□縮

23 排□・掃□・□籍

24 抑□・浮□・掲□

---

11 サ　気概（きがい）・概略（がいりゃく）・概念（がいねん）

12 ス　審議（しんぎ）・審判（しんぱん）・不審（ふしん）

13 キ　分譲（ぶんじょう）・譲歩（じょうほ）・譲渡（じょうと）

14 ア　空虚（くうきょ）・虚栄（きょえい）・虚脱（きょだつ）

15 エ　奪回（だっかい）・争奪（そうだつ）・強奪（ごうだつ）

16 カ　刑罰（けいばつ）・求刑（きゅうけい）・減刑（げんけい）

17 ク　召喚（しょうかん）・喚起（かんき）・喚問（かんもん）

18 ケ　携行（けいこう）・携帯（けいたい）・連携（れんけい）

19 ソ　崩壊（ほうかい）・雪崩（なだれ）・崩落（ほうらく）

20 ス　哀惜（あいせき）・惜別（せきべつ）・惜敗（せきはい）

21 シ　巧妙（こうみょう）・技巧（ぎこう）・精巧（せいこう）

22 オ　屈伸（くっしん）・追伸（ついしん）・伸縮（しんしゅく）

23 エ　排除（はいじょ）・掃除（そうじ）・除籍（じょせき）

24 セ　抑揚（よくよう）・浮揚（ふよう）・掲揚（けいよう）

意味 21［精巧＝仕組みが細かく、たくみにできていること］　24［掲揚＝旗などを高く掲げること］

でる順 A

熟語の構成①

10分で解こう!

26点以上とれれば合格!

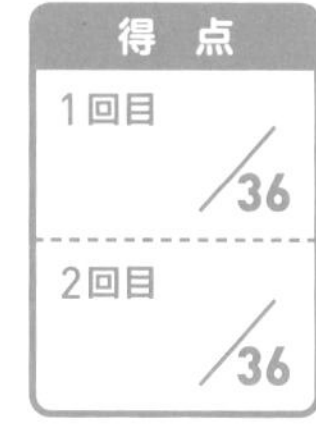

◎ 熟語の構成のしかたには次のようなものがある。

ア 同じような意味の漢字を重ねたもの……(岩石)
イ 反対または対応の意味を表す字を重ねたもの……(高低)
ウ 上の字が下の字を修飾しているもの……(洋画)
エ 下の字が上の字の目的語・補語になっているもの……(着席)
オ 上の字が下の字の意味を打ち消しているもの……(非常)

次の熟語は右のア~オのどれにあたるか、一つ選び、記号を記せ。

1 愛憎
2 墜落
3 精粗
4 捕鯨
5 緩急
6 超越

解答

1 イ 愛憎(あいぞう) 「愛する」↔「憎む」と解釈。
2 ア 墜落(ついらく) どちらも「おちる」の意。
3 イ 精粗(せいそ) 「細かい」↔「粗い」と解釈。
4 エ 捕鯨(ほげい) 「捕る↑鯨を」と解釈。
5 イ 緩急(かんきゅう) 「のろい」↔「はやい」と解釈。
6 ア 超越(ちょうえつ) どちらも「こえる」の意。
7 イ 虚実(きょじつ) 「うそ」↔「まこと」と解釈。
8 ア 選択(せんたく) どちらも「えらぶ」の意。
9 イ 屈伸(くっしん) 「曲げる」↔「伸ばす」と解釈。
10 ア 幼稚(ようち) どちらも「おさない」の意。
11 イ 正邪(せいじゃ) 「正しい」↔「悪い」と解釈。
12 ア 滅亡(めつぼう) どちらも「ほろびる・なくなる」の意。
13 イ 哀歓(あいかん) 「悲しみ」↔「喜び」と解釈。
14 オ 不審(ふしん) 「明らかでない」と解釈。
15 イ 出没(しゅつぼつ) 「あらわれる」↔「かくれる」と解釈。
16 ア 孤独(こどく) どちらも「ひとり」の意。

□ 7 虚実
□ 8 選択
□ 9 屈伸
□ 10 幼稚
□ 11 正邪
□ 12 滅亡
□ 13 哀歓
□ 14 不審
□ 15 出没
□ 16 孤独

□ 17 尊卑
□ 18 未了
□ 19 吉凶
□ 20 慰霊
□ 21 抑揚
□ 22 排他
□ 23 乾湿
□ 24 暫定
□ 25 未踏
□ 26 栄辱

□ 27 欠乏
□ 28 賢愚
□ 29 不穏
□ 30 添削
□ 31 濫用
□ 32 炊飯
□ 33 犠牲
□ 34 盛衰
□ 35 不遇
□ 36 起伏

---

17 イ　尊卑（そんぴ）「尊い」↔「いやしい」と解釈。
18 オ　未了（みりょう）「まだ終わっていない」と解釈。
19 イ　吉凶（きっきょう）「良いこと」↔「悪いこと」と解釈。
20 エ　慰霊（いれい）「慰める↑霊を」と解釈。
21 イ　抑揚（よくよう）「抑える」↔「揚げる」と解釈。
22 エ　排他（はいた）「退ける↑他を」と解釈。
23 イ　乾湿（かんしつ）「乾く」↔「湿る」と解釈。
24 ウ　暫定（ざんてい）「一時的に↓定める」と解釈。
25 オ　未踏（みとう）「まだ踏み入れていない」と解釈。
26 イ　栄辱（えいじょく）「栄誉」↔「恥辱」と解釈。
27 ア　欠乏（けつぼう）どちらも「足りない」の意。
28 イ　賢愚（けんぐ）「賢い」↔「愚か」と解釈。
29 オ　不穏（ふおん）「穏やかではない」と解釈。
30 イ　添削（てんさく）「添える」↔「削る」と解釈。
31 ウ　濫用（らんよう）「むやみに↓用いる」と解釈。
32 エ　炊飯（すいはん）「炊く↑飯を」と解釈。
33 ア　犠牲（ぎせい）どちらも「いけにえ」の意。
34 イ　盛衰（せいすい）「盛ん」↔「衰える」と解釈。
35 オ　不遇（ふぐう）「ふさわしい扱いでない」と解釈。
36 イ　起伏（きふく）「盛り上がる」↔「低くなる」と解釈。

でる順 A

熟語の構成 ②

10分で解こう!

26点以上とれれば合格!

◎熟語の構成のしかたには次のようなものがある。

ア 同じような意味の漢字を重ねたもの……（岩石）
イ 反対または対応の意味を表す字を重ねたもの……（高低）
ウ 上の字が下の字を修飾しているもの……（洋画）
エ 下の字が上の字の目的語・補語になっているもの……（着席）
オ 上の字が下の字の意味を打ち消しているもの……（非常）

次の熟語は右の**ア**～**オ**のどれにあたるか、一つ選び、記号を記せ。

1 邪悪
2 撮影
3 緩慢
4 換気
5 娯楽
6 安穏

解答

1 **ア** 邪悪（じゃあく） どちらも「よこしまなわるいもの」の意。
2 **エ** 撮影（さつえい） 「撮る←すがたを」と解釈。
3 **ア** 緩慢（かんまん） どちらも「ゆっくり」の意。
4 **エ** 換気（かんき） 「換える←空気を」と解釈。
5 **ア** 娯楽（ごらく） どちらも「たのしい」の意。
6 **ア** 安穏（あんのん） どちらも「やすらか」の意。
7 **オ** 未遂（みすい） 「まだ遂げていない」と解釈。
8 **エ** 棄権（きけん） 「すてる←権利を」と解釈。
9 **ア** 波浪（はろう） どちらも「なみ」の意。
10 **ウ** 疾走（しっそう） 「はやく→走る」と解釈。
11 **オ** 不吉（ふきつ） 「よいことがない」と解釈。
12 **ア** 脅威（きょうい） どちらも「おびやかす」の意。
13 **イ** 伸縮（しんしゅく） 「伸びる」↔「縮む」と解釈。
14 **ア** 錯誤（さくご） どちらも「あやまり」の意。
15 **オ** 不滅（ふめつ） 「滅びることがない」と解釈。
16 **ア** 休憩（きゅうけい） どちらも「やすむ」の意。

7 未遂
8 棄権
9 波浪
10 疾走
11 不吉
12 脅威
13 伸縮
14 錯誤
15 不滅
16 休憩

17 免職
18 喫茶
19 後悔
20 訪欧
21 徐行
22 討伐
23 愚問
24 昇降
25 海賊
26 締結

27 解雇
28 芳香
29 譲位
30 賞罰
31 鎮魂
32 未完
33 除湿
34 佳境
35 駐車
36 傍聴

---

17 エ　免職（めんしょく）「免じる←職を」と解釈。
18 エ　喫茶（きっさ）「のむ←茶を」と解釈。
19 ウ　後悔（こうかい）「後になって→悔やむ」と解釈。
20 エ　訪欧（ほうおう）「訪れる←欧州を」と解釈。
21 ウ　徐行（じょこう）「ゆっくり→行く」と解釈。
22 ア　討伐（とうばつ）どちらも「敵をうつ」の意。
23 ウ　愚問（ぐもん）「愚かな→質問」と解釈。
24 イ　昇降（しょうこう）「昇る」↔「降りる」と解釈。
25 ウ　海賊（かいぞく）「海の→盗賊」と解釈。
26 ア　締結（ていけつ）どちらも「しめくくる」の意。
27 エ　解雇（かいこ）「解く←雇用を」と解釈。
28 ウ　芳香（ほうこう）「かんばしい→香り」と解釈。
29 エ　譲位（じょうい）「譲る←位を」と解釈。
30 イ　賞罰（しょうばつ）「ほめる」↔「罰する」と解釈。
31 エ　鎮魂（ちんこん）「しずめる←魂を」と解釈。
32 オ　未完（みかん）「まだ終わらない」と解釈。
33 エ　除湿（じょしつ）「除く←湿気を」と解釈。
34 ウ　佳境（かきょう）「よい→所」と解釈。
35 エ　駐車（ちゅうしゃ）「とめる←車を」と解釈。
36 ウ　傍聴（ぼうちょう）「そばで→聴く」と解釈。

でる順 A

熟語の構成 ③

10分で解こう!

26点以上とれれば合格!

◎熟語の構成のしかたには次のようなものがある。

ア 同じような意味の漢字を重ねたもの……（岩石）
イ 反対または対応の意味を表す字を重ねたもの……（高低）
ウ 上の字が下の字を修飾しているもの……（洋画）
エ 下の字が上の字の目的語・補語になっているもの……（着席）
オ 上の字が下の字の意味を打ち消しているもの……（非常）

次の熟語は右の**ア**～**オ**のどれにあたるか、一つ選び、記号を記せ。

☐ 1 催眠
☐ 2 去就
☐ 3 合掌
☐ 4 既知
☐ 5 基礎
☐ 6 廉価

解答

1 **エ** 催眠（さいみん） 「催す←眠りを」と解釈。
2 **イ** 去就（きょしゅう） 「去る」↔「とどまる」と解釈。
3 **エ** 合掌（がっしょう） 「合わせる←手のひらを」と解釈。
4 **ウ** 既知（きち） 「既に→知っている」と解釈。
5 **ア** 基礎（きそ） どちらも「もと」の意。
6 **ウ** 廉価（れんか） 「安い→値段」と解釈。
7 **ア** 悦楽（えつらく） どちらも「たのしむ」の意。
8 **エ** 排尿（はいにょう） 「排出する←尿を」と解釈。
9 **ア** 変換（へんかん） どちらも「かわる」の意。
10 **エ** 脱獄（だつごく） 「ぬけ出す←監獄を」と解釈。
11 **ア** 夢幻（むげん） どちらも「まぼろし」の意。
12 **イ** 出納（すいとう） 「支出」↔「収入」と解釈。
13 **エ** 赴任（ふにん） 「赴く←任地に」と解釈。
14 **イ** 粗密（そみつ） 「粗い」↔「こまかい」と解釈。
15 **ア** 摂取（せっしゅ） どちらも「とる」の意。
16 **エ** 昇格（しょうかく） 「あがる←格が」と解釈。

□ 7 悦楽

□ 8 排尿

□ 9 変換

□ 10 脱獄

□ 11 夢幻

□ 12 出納

□ 13 赴任

□ 14 粗密

□ 15 摂取

□ 16 昇格

□ 17 未知

□ 18 減刑

□ 19 潜水

□ 20 無謀

□ 21 狩猟

□ 22 登壇

□ 23 硬貨

□ 24 終了

□ 25 聴講

□ 26 衝突

□ 27 裸眼

□ 28 遭遇

□ 29 遵法

□ 30 金塊

□ 31 択一

□ 32 恥辱

□ 33 養豚

□ 34 鶏舎

□ 35 倹約

□ 36 免税

---

17 オ　未知（みち）「まだ知らない」と解釈。

18 エ　減刑（げんけい）「減らす↑刑を」と解釈。

19 エ　潜水（せんすい）「潜る↑水に」と解釈。

20 オ　無謀（むぼう）「深い考えがない」と解釈。

21 ア　狩猟（しゅりょう）どちらも「かる」の意。

22 エ　登壇（とうだん）「登る↑壇上に」と解釈。

23 ウ　硬貨（こうか）「硬い↓お金」と解釈。

24 ア　終了（しゅうりょう）どちらも「おわり」の意。

25 エ　聴講（ちょうこう）「聴く↑講演を」と解釈。

26 ア　衝突（しょうとつ）どちらも「つきあたる」の意。

27 ウ　裸眼（らがん）「はだかの（眼鏡などを使わない）↓目」と解釈。

28 ア　遭遇（そうぐう）どちらも「出会う」の意。

29 エ　遵法（じゅんぽう）「守る↑法を」と解釈。

30 ウ　金塊（きんかい）「金の↓塊」と解釈。

31 エ　択一（たくいつ）「選択する↑一つを」と解釈。

32 ア　恥辱（ちじょく）どちらも「恥」の意。

33 エ　養豚（ようとん）「飼う↑豚を」と解釈。

34 ウ　鶏舎（けいしゃ）「にわとりの↓小屋」と解釈。

35 ア　倹約（けんやく）どちらも「むだを省く」の意。

36 エ　免税（めんぜい）「免じる↑税を」と解釈。

でる順 A

熟語の構成 ④

26点以上とれれば合格!

得点
1回目 /36
2回目 /36

◎熟語の構成のしかたには次のようなものがある。

ア 同じような意味の漢字を重ねたもの……（岩石）
イ 反対または対応の意味を表す字を重ねたもの……（高低）
ウ 上の字が下の字を修飾しているもの……（洋画）
エ 下の字が上の字の目的語・補語になっているもの……（着席）
オ 上の字が下の字の意味を打ち消しているもの……（非常）

次の熟語は右のア～オのどれにあたるか、一つ選び、記号を記せ。

1 昇天
2 因果
3 岐路
4 攻防
5 陰謀
6 存亡

解答

1 エ 昇天（しょうてん） 「昇る」←「天に」と解釈。
2 イ 因果（いんが） 「原因」↕「結果」と解釈。
3 ウ 岐路（きろ） 「わかれる」→「みち」と解釈。
4 イ 攻防（こうぼう） 「攻める」↕「防ぐ」と解釈。
5 ウ 陰謀（いんぼう） 「陰で」→「謀（はか）る」と解釈。
6 イ 存亡（そんぼう） 「あること」↕「ないこと」と解釈。
7 エ 惜春（せきしゅん） 「惜しむ」←「春を」と解釈。
8 ア 排斥（はいせき） どちらも「しりぞける」の意。
9 エ 換言（かんげん） 「換える」←「言葉を」と解釈。
10 イ 長幼（ちょうよう） 「年長」↕「幼年」と解釈。
11 ア 怪奇（かいき） どちらも「あやしい」の意。
12 ウ 暖炉（だんろ） 「暖める」→「炉」と解釈。
13 エ 喫煙（きつえん） 「吸う」←「タバコを」と解釈。
14 イ 呼応（こおう） 「呼ぶ」↕「こたえる」と解釈。
15 ア 喜悦（きえつ） どちらも「よろこぶ」の意。
16 イ 功罪（こうざい） 「手柄」↕「罪」と解釈。

7 惜春
8 排斥
9 換言
10 長幼
11 怪奇
12 暖炉
13 喫煙
14 呼応
15 喜悦
16 功罪

17 未明
18 概観
19 湿潤
20 濃淡
21 粘膜
22 移籍
23 稚魚
24 粗食
25 濫発
26 遭難

27 丘陵
28 鎮痛
29 未熟
30 隔世
31 隠匿
32 解凍
33 需給
34 霊魂
35 引率
36 主催

---

17 オ 未明（みめい）「まだ明けていない」と解釈。
18 ウ 概観（がいかん）「だいたいの↓様子」と解釈。
19 ア 湿潤（しつじゅん）どちらも「しめる」の意。
20 イ 濃淡（のうたん）「濃い」↔「薄い」と解釈。
21 ウ 粘膜（ねんまく）「粘る↓膜」と解釈。
22 エ 移籍（いせき）「移す↑籍を」と解釈。
23 ウ 稚魚（ちぎょ）「幼い↓魚」と解釈。
24 ウ 粗食（そしょく）「粗末な↓食物」と解釈。
25 ウ 濫発（らんぱつ）「むやみに↓はなつ」と解釈。
26 エ 遭難（そうなん）「遭う↑難に」と解釈。
27 ア 丘陵（きゅうりょう）どちらも「おか」の意。
28 エ 鎮痛（ちんつう）「しずめる↑痛みを」と解釈。
29 オ 未熟（みじゅく）「まだ熟さない」と解釈。
30 エ 隔世（かくせい）「隔てる↑世代を」と解釈。
31 ア 隠匿（いんとく）どちらも「かくす」の意。
32 エ 解凍（かいとう）「解く↑凍結を」と解釈。
33 イ 需給（じゅきゅう）「需要」↔「供給」と解釈。
34 ア 霊魂（れいこん）どちらも「たましい」の意。
35 ア 引率（いんそつ）どちらも「導く」の意。
36 ウ 主催（しゅさい）「中心になって↓催す」と解釈。

でる順 **A**

熟語の構成 ⑤

26点以上
とれれば
合格！

得点
1回目　／36
2回目　／36

◎熟語の構成のしかたには次のようなものがある。

ア 同じような意味の漢字を重ねたもの……（岩石）
イ 反対または対応の意味を表す字を重ねたもの……（高低）
ウ 上の字が下の字を修飾しているもの……（洋画）
エ 下の字が上の字の目的語・補語になっているもの……（着席）
オ 上の字が下の字の意味を打ち消しているもの……（非常）

次の熟語は右の**ア**～**オ**のどれにあたるか、一つ選び、記号を記せ。

☐ 1 佳作
☐ 2 侵犯
☐ 3 債務
☐ 4 免責
☐ 5 栄冠
☐ 6 塗料

解答

1 **ウ** 佳作（かさく）「すぐれた→作品」と解釈。
2 **ア** 侵犯（しんぱん）どちらも「おかす」の意。
3 **ウ** 債務（さいむ）「借金をかえす→義務」と解釈。
4 **エ** 免責（めんせき）「免じる←責任を」と解釈。
5 **ウ** 栄冠（えいかん）「はえある→冠」と解釈。
6 **ウ** 塗料（とりょう）「塗る→材料」と解釈。
7 **ア** 開拓（かいたく）どちらも「ひらく」の意。
8 **ウ** 孤島（ことう）「ひとつだけの→島」と解釈。
9 **エ** 養鶏（ようけい）「飼う←鶏を」と解釈。
10 **ウ** 概算（がいさん）「おおよその→計算」と解釈。
11 **ア** 山岳（さんがく）どちらも「やま」の意。
12 **ア** 奇怪（きかい）どちらも「あやしい」の意。
13 **エ** 禁猟（きんりょう）「禁ずる←猟を」と解釈。
14 **ウ** 厳禁（げんきん）「厳しく→禁じる」と解釈。
15 **ウ** 帆船（はんせん）「帆をかけた→船」と解釈。
16 **ア** 空虚（くうきょ）どちらも「むなしい」の意。

7 開拓
8 孤島
9 養鶏
10 概算
11 山岳
12 奇怪
13 禁猟
14 厳禁
15 帆船
16 空虚

17 廉売
18 彼我
19 常駐
20 往復
21 慈雨
22 必携
23 応募
24 怪盗
25 愛称
26 惜別

27 慕情
28 抑圧
29 晩鐘
30 投獄
31 暫時
32 未納
33 既成
34 浮沈
35 気孔
36 未詳

---

17 ウ　廉売（れんばい）「安く」→「売る」と解釈。
18 イ　彼我（ひが）「相手」↔「自分」と解釈。
19 ウ　常駐（じょうちゅう）「常に」→「駐在する」と解釈。
20 イ　往復（おうふく）「ゆく」↔「もどる」と解釈。
21 ウ　慈雨（じう）「めぐみの」→「雨」と解釈。
22 ウ　必携（ひっけい）「必ず」→「携える」と解釈。
23 エ　応募（おうぼ）「応じる」←「募集に」と解釈。
24 ウ　怪盗（かいとう）「得体の知れない」→「盗賊」と解釈。
25 ウ　愛称（あいしょう）「愛らしい」→「呼び名」と解釈。
26 エ　惜別（せきべつ）「惜しむ」←「別れを」と解釈。
27 ウ　慕情（ぼじょう）「慕う」→「気持ち」と解釈。
28 ア　抑圧（よくあつ）どちらも「おさえつける」の意。
29 ウ　晩鐘（ばんしょう）「夕方の」→「鐘」と解釈。
30 エ　投獄（とうごく）「いれる」←「監獄に」と解釈。
31 ウ　暫時（ざんじ）「しばらくの」→「時間」と解釈。
32 オ　未納（みのう）「まだ納めない」と解釈。
33 ウ　既成（きせい）「既に」→「成立している」と解釈。
34 イ　浮沈（ふちん）「浮く」↔「沈む」と解釈。
35 ウ　気孔（きこう）「気体の」→「とおりあな」と解釈。
36 オ　未詳（みしょう）「まだ詳しくない」と解釈。

でる順 A

熟語の構成 ⑥

10分で解こう!

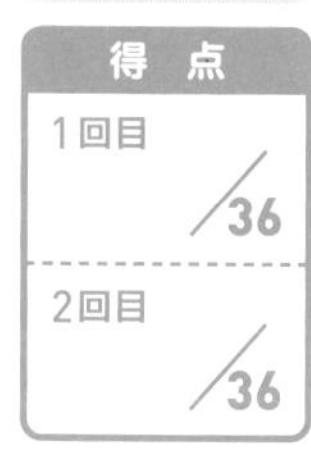

26点以上とれれば合格!

得点
1回目 /36
2回目 /36

◎熟語の構成のしかたには次のようなものがある。

ア 同じような意味の漢字を重ねたもの……（岩石）
イ 反対または対応の意味を表す字を重ねたもの……（高低）
ウ 上の字が下の字を修飾しているもの……（洋画）
エ 下の字が上の字の目的語・補語になっているもの……（着席）
オ 上の字が下の字の意味を打ち消しているもの……（非常）

次の熟語は右のア～オのどれにあたるか、一つ選び、記号を記せ。

1 湖畔
2 無為
3 濃紺
4 祝宴
5 清濁
6 怪獣

解答

1 ウ 湖畔（こはん） 「湖の→ほとり」と解釈。
2 オ 無為（むい） 「なすことがない」と解釈。
3 ウ 濃紺（のうこん） 「濃い→紺色」と解釈。
4 ウ 祝宴（しゅくえん） 「お祝いの→宴会」と解釈。
5 イ 清濁（せいだく） 「清らか」↔「濁っている」と解釈。
6 ウ 怪獣（かいじゅう） 「得体の知れない→獣」と解釈。
7 ウ 書架（しょか） 「書物の→たな」と解釈。
8 ウ 深紅（しんく） 「深い→紅色」と解釈。
9 エ 翻意（ほんい） 「ひるがえす←意志を」と解釈。
10 オ 不沈（ふちん） 「沈まない」と解釈。
11 イ 任免（にんめん） 「任せる」↔「やめさせる」と解釈。
12 ウ 厳封（げんぷう） 「厳重に→封をする」と解釈。
13 オ 未決（みけつ） 「まだ決まっていない」と解釈。
14 ア 墳墓（ふんぼ） どちらも「はか」の意。
15 ア 貧乏（びんぼう） どちらも「まずしい・とぼしい」の意。
16 ウ 賢者（けんじゃ） 「賢い→者」と解釈。

7 書架
8 深紅
9 翻意
10 不沈
11 任免
12 厳封
13 未決
14 墳墓
15 貧乏
16 賢者

17 装飾
18 辛勝
19 鍛錬
20 雅俗
21 魔法
22 無粋
23 互譲
24 未開
25 休刊
26 偶発

27 優劣
28 伴奏
29 処世
30 円卓
31 勉励
32 呼吸
33 吉兆
34 奇遇
35 哀楽
36 在籍

---

17 ア 装飾(そうしょく) どちらも「かざる」の意。
18 ウ 辛勝(しんしょう) 「かろうじて→勝つ」と解釈。
19 ア 鍛錬(たんれん) どちらも「きたえる」の意。
20 イ 雅俗(がぞく) 「上品」↔「下品」と解釈。
21 ウ 魔法(まほう) 「ふしぎな→術」と解釈。
22 オ 無粋(ぶすい) 「粋ではない」と解釈。
23 ウ 互譲(ごじょう) 「互いに→譲る」と解釈。
24 オ 未開(みかい) 「まだ開かれていない」と解釈。
25 エ 休刊(きゅうかん) 「休む←刊行を」と解釈。
26 ウ 偶発(ぐうはつ) 「偶然に→発生する」と解釈。
27 イ 優劣(ゆうれつ) 「優れる」↔「劣る」と解釈。
28 ウ 伴奏(ばんそう) 「伴って→演奏する」と解釈。
29 エ 処世(しょせい) 「処する←世に」と解釈。
30 ウ 円卓(えんたく) 「円形の→卓」と解釈。
31 ア 勉励(べんれい) どちらも「はげむ」の意。
32 イ 呼吸(こきゅう) 「はく」↔「吸う」と解釈。
33 ウ 吉兆(きっちょう) 「よい→きざし」と解釈。
34 ウ 奇遇(きぐう) 「思いがけない→出会い」と解釈。
35 イ 哀楽(あいらく) 「かなしい」↔「楽しい」と解釈。
36 エ 在籍(ざいせき) 「存在する←籍が」と解釈。

でる順 A

部首 ①

10分で解こう!

17点以上とれれば合格!

得点 1回目 /24 2回目 /24

次の漢字の部首をア～エから一つ選び、記号で記せ。

1 慨（ア 忄 イ 旡 ウ 日 エ ノ）

2 暫（ア 車 イ 斤 ウ 日 エ 曰）

3 窒（ア 宀 イ 穴 ウ 土 エ 至）

4 翻（ア 釆 イ 米 ウ 羽 エ 田）

5 克（ア 十 イ 口 ウ 一 エ 儿）

6 墨（ア 里 イ 土 ウ 黒 エ 灬）

7 房（ア 一 イ 尸 ウ 戸 エ 方）

8 殴（ア 匚 イ 殳 ウ 几 エ 又）

9 葬（ア 艹 イ 歹 ウ 匕 エ 廾）

10 衝（ア 彳 イ 行 ウ 十 エ 里）

解答

1 ア りっしんべん 例 怪 慌 悦

2 ウ ひ 例 晶 暦 景

3 イ あなかんむり 例 突 窓 究

4 ウ はね 例 翼 翌 習

5 エ ひとあし にんにょう 例 免 党 兆

6 イ つち 例 墾 墜 垂

7 ウ とだれ とかんむり 出題範囲では房と扇のみ

8 イ るまた ほこづくり 例 殿 段 殺

9 ア くさかんむり 例 華 菊 藩

10 イ ぎょうがまえ ゆきがまえ 例 衛 術 街

11 衰（ア 亠　イ 口　ウ 一　エ 衣）

12 超（ア 土　イ 走　ウ 刀　エ 口）

13 顧（ア 尸　イ 戸　ウ 隹　エ 頁）

14 髄（ア ノ　イ 月　ウ 辶　エ 骨）

15 冠（ア 冖　イ 二　ウ 儿　エ 寸）

16 匠（ア 一　イ 匚　ウ ノ　エ 斤）

17 卑（ア ノ　イ 田　ウ 十　エ 白）

18 厘（ア 厂　イ 田　ウ ノ　エ 里）

19 宴（ア 丶　イ 宀　ウ 日　エ 女）

20 掌（ア 小　イ 冖　ウ 口　エ 手）

21 昇（ア 日　イ ノ　ウ 一　エ 廾）

22 某（ア 一　イ 日　ウ 十　エ 木）

23 畜（ア 亠　イ 幺　ウ 田　エ 丶）

24 疾（ア 广　イ 疒　ウ 亠　エ 矢）

---

11 **エ** ころも　例 袋 裂 襲

12 **イ** そうにょう　例 赴 越 趣

13 **エ** おおがい　例 項 頼 頂

14 **エ** ほねへん　出題範囲では髄のみ

15 **ア** わかんむり　例 冗 写

16 **イ** はこがまえ　出題範囲では匠のみ

17 **ウ** じゅう　例 卓 卒 南

18 **ア** がんだれ　例 厚 原

19 **イ** うかんむり　例 審 寂 寝

20 **エ** て　例 撃 承 挙

21 **ア** ひ　例 是 曇 普

22 **エ** き　例 架 棄 桑

23 **ウ** た　例 甲 畳 異

24 **イ** やまいだれ　例 痘 癖 療

注意 19［宀 と ⺮ の例をおさえる］

でる順 A

部首 ②

10分で解こう!

17点以上とれれば合格!

次の漢字の部首をア～エから一つ選び、記号で記せ。

1 遭（ア 一 イ 曰 ウ 丶 エ 辶）
2 膨（ア 月 イ 士 ウ 豆 エ 彡）
3 蛮（ア 八 イ 赤 ウ 虫 エ 亠）
4 裂（ア 歹 イ 刂 ウ 亠 エ 衣）
5 痘（ア 疒 イ 广 ウ 亠 エ 豆）
6 赴（ア 土 イ 走 ウ ト エ 疋）
7 魔（ア 广 イ 麻 ウ 鬼 エ ム）
8 企（ア ノ イ 人 ウ 丨 エ 止）
9 励（ア 一 イ 厂 ウ 力 エ 方）
10 卸（ア ノ イ 二 ウ 止 エ 卩）

解答

1 エ しんにょう しんにゅう 例 遇 導 遂
2 ア にくづき 例 肝 胞 膜
3 ウ むし 例 蚕 虫
4 エ ころも 例 衰 袋 襲
5 ア やまいだれ 例 疾 療 疲
6 イ そうにょう 例 超 越 趣
7 ウ おに 例 魂 鬼
8 イ ひとやね 例 介 余 倉
9 ウ ちから 例 勘 勧 劣
10 エ わりふ ふしづくり 例 却 即 卵

注意 7［魔の部首は「广」ではない］

11 吏（ア 一　イ 口　ウ ノ　エ 人）

12 契（ア 一　イ 大　ウ 刀　エ 丰）

13 彫（ア 冂　イ 彡　ウ 口　エ 土）

14 敢（ア 耳　イ 攵　ウ 二　エ 工）

15 虐（ア 虍　イ 厂　ウ ト　エ 匚）

16 街（ア 彳　イ 土　ウ 行　エ 二）

17 辛（ア 亠　イ 辛　ウ 立　エ 十）

18 逮（ア 一　イ 亅　ウ 隶　エ 辶）

19 郭（ア 亠　イ 口　ウ 子　エ 阝）

20 乳（ア 爫　イ 子　ウ ノ　エ 乚）

21 倣（ア 亻　イ 攵　ウ 方　エ 又）

22 募（ア 艹　イ 日　ウ 大　エ 力）

23 墾（ア 爫　イ ノ　ウ 艮　エ 土）

24 帝（ア 立　イ 巾　ウ 冖　エ 亠）

---

11 **イ** くち　例 哀 吉 啓

12 **イ** だい　例 奪 奉 奇

13 **イ** さんづくり　例 影 彩 形

14 **イ** のぶん ぼくづくり　例 攻 敏 敷

15 **ア** とらがしら とらかんむり　例 出題範囲では虐と虚のみ

16 **ウ** ぎょうがまえ ゆきがまえ　例 衝 衛 術

17 **イ** からい　例 出題範囲では辛と辞のみ

18 **エ** しんにょう しんにゅう　例 違 迎 込

19 **エ** おおざと　例 郊 邪 邦

20 **エ** おつ　例 出題範囲では乳と乱のみ

21 **ア** にんべん　例 佳 伐 伏

22 **エ** ちから　例 勤 効 務

23 **エ** つち　例 墜 塗 墨

24 **イ** はば　例 幕 常 布

注意 22［募の部首は「艹」ではない］

でる順 A

部首③

10分で解こう！

17点以上とれれば合格！

得点	
1回目	/24
2回目	/24

次の漢字の部首をア～エから一つ選び、記号で記せ。

☐ 1 慕（ア 艹　イ 日　ウ 大　エ ⺗）

☐ 2 遵（ア 辶　イ 一　ウ 酉　エ 寸）

☐ 3 既（ア 日　イ 尢　ウ ノ　エ 旡）

☐ 4 癖（ア 疒　イ 尸　ウ 口　エ 辛）

☐ 5 墜（ア 阝　イ 一　ウ 豕　エ 土）

☐ 6 藩（ア 艹　イ 氵　ウ ノ　エ 田）

☐ 7 啓（ア 戸　イ 尸　ウ 攵　エ 口）

☐ 8 髪（ア 髟　イ 彡　ウ 又　エ 長）

☐ 9 塗（ア 氵　イ 人　ウ 土　エ 示）

☐ 10 卓（ア 一　イ 丨　ウ 日　エ 十）

解答

1 エ したごころ　例 出題範囲では慕のみ

2 ア しんにょう しんにゅう　例 遇 遂 遭

3 エ なし ぶ すでのつくり　例 出題範囲では既のみ

4 ア やまいだれ　例 疾 療 痛

5 エ つち　例 堅 執 壁

6 ア くさかんむり　例 葬 苗 芳

7 エ くち　例 哀 哲 吏

8 ア かみがしら　例 出題範囲では髪のみ

9 ウ つち　例 墾 墨 垂

10 エ じゅう　例 卑 協 博

注意 1［慕の部首は「艹」ではない］

11 籍（ア ⺮　イ ｜　ウ 二　エ 日）

12 婆（ア 氵　イ 皮　ウ 女　エ 又）

13 審（ア 宀　イ 冖　ウ 釆　エ 田）

14 封（ア 土　イ 寸　ウ 十　エ 一）

15 尿（ア 尸　イ 水　ウ 亅　エ 口）

16 廊（ア 广　イ 良　ウ 日　エ 阝）

17 我（ア 一　イ 廾　ウ 戈　エ ノ）

18 獄（ア 犭　イ 言　ウ 口　エ 大）

19 貫（ア 口　イ 一　ウ 毋　エ 貝）

20 虚（ア 虍　イ ノ　ウ 八　エ 一）

21 術（ア 彳　イ 口　ウ 二　エ 行）

22 賊（ア 貝　イ 一　ウ 戈　エ 十）

23 壱（ア 士　イ 冖　ウ 一　エ 匕）

24 辱（ア 辰　イ 厂　ウ 寸　エ 一）

---

11 **ア** たけかんむり　例 篤 符 簿

12 **ウ** おんな　例 威 姿 妻

13 **ア** うかんむり　例 宴 寂 寝

14 **イ** すん　例 寿 尋 射

15 **ア** かばね しかばね　例 屈 尽 尾

16 **ア** まだれ　例 廉 床 庁

17 **ウ** ほこづくり ほこがまえ　例 戒 戯 成

18 **ア** けものへん　例 猟 狩 猛

19 **エ** かい こがい　例 貴 賃 貧

20 **ア** とらがしら とらかんむり　出題範囲では虚と虐のみ

21 **エ** ぎょうがまえ ゆきがまえ　例 衝 衛 街

22 **ア** かいへん　例 贈 販 賦

23 **ア** さむらい　例 士 声 売

24 **ア** しんのたつ　出題範囲では辱と農のみ

部首 ④

次の漢字の部首をア～エから一つ選び、記号で記せ。

1 閲（ア 門　イ 八　ウ 口　エ 儿）
2 雇（ア 戸　イ 一　ウ 隹　エ 尸）
3 魂（ア 二　イ ム　ウ 鬼　エ 儿）
4 伐（ア ノ　イ 弋　ウ 戈　エ 亻）
5 免（ア ノ　イ 口　ウ 儿　エ し）
6 嘱（ア 口　イ 尸　ウ 冂　エ ノ）
7 勘（ア 一　イ 匚　ウ 八　エ 力）
8 婿（ア 女　イ 止　ウ 疋　エ 月）
9 掛（ア 扌　イ 土　ウ 士　エ ト）
10 斗（ア 一　イ 丨　ウ 十　エ 斗）

10分で解こう!

17点以上とれれば合格!

解答

1 ア もんがまえ　例 闘 閣 閉
2 ウ ふるとり　例 隻 雄 離
3 ウ おに　例 魔 鬼
4 エ にんべん　例 侍 伸 促
5 ウ ひとあし にんにょう　例 克 党 児
6 ア くちへん　例 喚 喫 吹
7 エ ちから　例 募 励 勧
8 ア おんなへん　例 如 嬢 妨
9 ア てへん　例 換 掲 携
10 エ とます　例 斜 料

11 斥（ア ノ　イ 一　ウ 斤　エ 氏）

12 辞（ア 十　イ 舌　ウ 立　エ 辛）

13 概（ア 木　イ 丨　ウ 丶　エ 旡）

14 殊（ア 歹　イ 夕　ウ 牛　エ 木）

15 焦（ア 隹　イ 丨　ウ 一　エ 灬）

16 罰（ア 罒　イ 言　ウ 口　エ 刂）

17 処（ア ノ　イ 夂　ウ し　エ 几）

18 袋（ア 亻　イ 丶　ウ 亠　エ 衣）

19 骨（ア 骨　イ 月　ウ 冖　エ 冂）

20 酵（ア 酉　イ 土　ウ ノ　エ 子）

21 霊（ア 一　イ ⻗　ウ 二　エ 八）

22 鶏（ア ノ　イ 爫　ウ 鳥　エ 灬）

23 乏（ア ノ　イ 丶　ウ 一　エ 乙）

24 削（ア ⺌　イ 月　ウ ノ　エ 刂）

---

11 **ウ** きん　例 出題範囲では斥と斤のみ

12 **エ** からい　例 出題範囲では辞と辛のみ

13 **ア** きへん　例 杯 柄 欄

14 **ア** かばねへん いちたへん がつへん　例 殖 残 死

15 **エ** れんが れっか　例 為 煮 烈

16 **ア** あみがしら あみめ よこめ　例 署 罪 置

17 **エ** つくえ　例 出題範囲では処と凡のみ

18 **エ** ころも　例 衰 裂 襲

19 **ア** ほね　例 出題範囲では骨のみ

20 **ア** とりへん　例 酔 酸 配

21 **イ** あめかんむり　例 零 霧 露

22 **ウ** とり　例 鳥 鳴

23 **ア** の はらいぼう　例 久 乗

24 **エ** りっとう　例 刑 刺 到

でる順 A

部首⑤

10分で解こう!

17点以上とれれば合格!

得点
1回目 /24
2回目 /24

次の漢字の部首をア〜エから一つ選び、記号で記せ。

1 哲（ア扌 イノ ウ口 エ斤）
2 欧（ア匚 イノ ウ人 エ欠）
3 孔（ア子 イ一 ウ亅 エし）
4 慈（ア一 イハ ウ心 エ幺）
5 塊（ア土 イし ウム エ鬼）
6 遂（アハ イ一 ウ豕 エ辶）
7 戯（ア虍 イ弋 ウノ エ戈）
8 欺（ア目 イハ ウ欠 エ人）
9 簿（ア氵 イ⺮ ウ田 エ寸）
10 菊（ア艹 イノ ウ勹 エ米）

解答

1 ウ くち 例 哀 吉 啓
2 エ あくび かける 例 歓 欲 欠
3 ア こへん 例 孤 孫
4 ウ こころ 例 慰 忌 愚
5 ア つちへん 例 坑 壇 墳
6 エ しんにょう しんにゅう 例 遇 遵 遭
7 エ ほこづくり ほこがまえ 例 戒 我 戦
8 ウ あくび かける 例 次 歌
9 イ たけかんむり 例 籍 篤 符
10 ア くさかんむり 例 苗 芳 茂

11 邪（ア 二　イ 亅　ウ 牙　エ 阝）

12 酔（ア 口　イ 酉　ウ 几　エ 十）

13 載（ア 土　イ 戈　ウ 弋　エ 車）

14 華（ア 十　イ 二　ウ 艹　エ 一）

15 冗（ア 几　イ ノ　ウ 一　エ 冖）

16 喫（ア 口　イ 人　ウ 刀　エ 大）

17 夏（ア 一　イ ノ　ウ 日　エ 夂）

18 就（ア 亠　イ 口　ウ 犬　エ 尢）

19 嬢（ア 一　イ 女　ウ 亠　エ 八）

20 岳（ア 一　イ 二　ウ ノ　エ 山）

21 戦（ア ⺍　イ 戈　ウ 田　エ 丶）

22 廉（ア 丶　イ ノ　ウ 广　エ 八）

23 慌（ア ハ　イ 忄　ウ 艹　エ 巛）

24 暦（ア 厂　イ 一　ウ 木　エ 日）

---

11 **エ** おおざと　例 郭 郊 郎

12 **イ** とりへん　例 酵 酸 配

13 **エ** くるま　例 輝 輩 軍

14 **ウ** くさかんむり　例 菓 荒 薪

15 **エ** わかんむり　例 冠 写

16 **ア** くちへん　例 喚 嘱 嘆

17 **エ** すいにょう ふゆがしら　例 出題範囲では夏と変のみ

18 **エ** だいのまげあし　例 出題範囲では就のみ

19 **イ** おんなへん　例 嫁 娯 如

20 **エ** やま　例 崩 岸 島

21 **イ** ほこづくり ほこがまえ　例 戯 成

22 **ウ** まだれ　例 廊 床 座

23 **イ** りっしんべん　例 怪 悔 恨

24 **エ** ひ　例 旨 旬 暮

注意 24［暦の部首は「厂」ではない］

部首⑥

次の漢字の部首をア〜エから一つ選び、記号で記せ。

1 欲（ア ハ　イ 谷　ウ 口　エ 欠）
2 漏（ア 氵　イ 尸　ウ 冂　エ 雨）
3 甲（ア 口　イ 田　ウ 十　エ 丨）
4 蔵（ア 艹　イ 戈　ウ 臣　エ 厂）
5 慰（ア 尸　イ 示　ウ 寸　エ 心）
6 窓（ア 宀　イ 八　ウ 穴　エ 大）
7 農（ア 辰　イ ノ　ウ 一　エ 日）
8 老（ア 一　イ 匕　ウ 土　エ 耂）
9 義（ア 羊　イ 亅　ウ 丶　エ 戈）
10 膜（ア 艹　イ 月　ウ 日　エ 大）

解答

1 エ あくび・かける　例 欧 欺 歓
2 ア さんずい　例 滑 湿 潤
3 イ た　例 異 留 申
4 ア くさかんむり　例 華 菊 藩
5 エ こころ　例 憩 慈 怠
6 ウ あなかんむり　例 室 突 究
7 ア しんのたつ　例 出題範囲では農と辱のみ
8 エ おいかんむり・おいがしら　例 者 考
9 ア ひつじ　例 群 着 美
10 イ にくづき　例 肝 胎 胆

得点
1回目 /24
2回目 /24

11 悦（ア 忄　イ 口　ウ 儿　エ 丨）

12 興（ア 口　イ 臼　ウ 一　エ 八）

13 遇（ア 日　イ 田　ウ 辶　エ 冂）

14 郊（ア 亠　イ 八　ウ 丨　エ 阝）

15 零（ア 一　イ 雨　ウ 人　エ 丶）

16 驚（ア 艹　イ 攵　ウ 馬　エ 灬）

17 催（ア ノ　イ 亻　ウ 山　エ 隹）

18 吉（ア 一　イ 十　ウ 士　エ 口）

19 餓（ア 人　イ 飠　ウ 戈　エ 艮）

20 喚（ア 口　イ 丶　ウ 一　エ 大）

21 墓（ア 艹　イ 日　ウ 大　エ 土）

22 圏（ア 匚　イ 口　ウ 己　エ 巻）

23 賢（ア 臣　イ 匚　ウ 又　エ 貝）

24 幻（ア 厶　イ 丶　ウ 幺　エ 亅）

---

11 **ア** りっしんべん　例 悔 悟 惜

12 **イ** うす　例 出題範囲では興のみ

13 **ウ** しんにょう しんにゅう　例 遂 遭 逮

14 **エ** おおざと　例 郭 邪 邦

15 **イ** あめかんむり　例 霊 需 震

16 **ウ** うま　例 出題範囲では驚と馬のみ

17 **イ** にんべん　例 偶 倹 債

18 **エ** くち　例 哀 哲 吏

19 **イ** しょくへん　例 飽 飾 飼

20 **ア** くちへん　例 喫 叫 吐

21 **エ** つち　例 塗 垂 報

22 **イ** くにがまえ　例 困 因 団

23 **エ** かい こがい　例 賛 資 賀

24 **ウ** よう いとがしら　例 幽 幾 幼

でる順 A

対義語・類義語 ①

15分で解こう!

20点以上とれれば合格!

得点 1回目 /28 2回目 /28

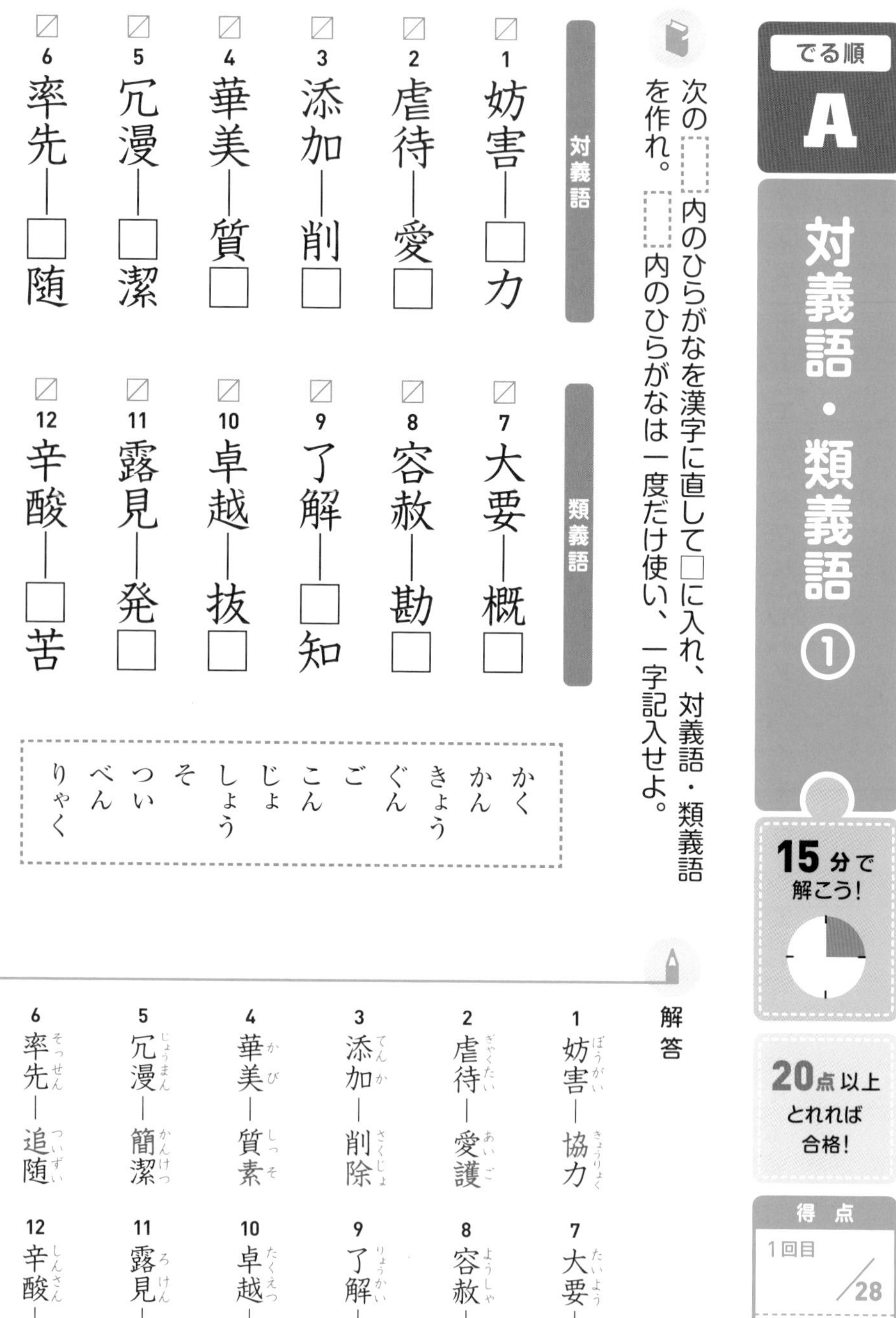

次の□内のひらがなを漢字に直して□に入れ、対義語・類義語を作れ。□内のひらがなは一度だけ使い、一字記入せよ。

対義語

1 妨害—□力
2 虐待—愛□
3 添加—削□
4 華美—質□
5 冗漫—□潔
6 率先—□随

類義語

7 大要—概□
8 容赦—勘□
9 了解—□知
10 卓越—抜□
11 露見—発□
12 辛酸—□苦

かく　かん　きょう　ぐん　ご　こん　じょ　しょう　そ　つい　べん　りゃく

解答

1 妨害(ぼうがい)—協力(きょうりょく)
2 虐待(ぎゃくたい)—愛護(あいご)
3 添加(てんか)—削除(さくじょ)
4 華美(かび)—質素(しっそ)
5 冗漫(じょうまん)—簡潔(かんけつ)
6 率先(そっせん)—追随(ついずい)
7 大要(たいよう)—概略(がいりゃく)
8 容赦(ようしゃ)—勘弁(かんべん)
9 了解(りょうかい)—承知(しょうち)
10 卓越(たくえつ)—抜群(ばつぐん)
11 露見(ろけん)—発覚(はっかく)
12 辛酸(しんさん)—困苦(こんく)

対義語

13 違反—遵□
14 促進—抑□
15 興隆—衰□
16 辛勝—惜□
17 倹約—浪□
18 栄達—零□
19 修繕—破□
20 精密—粗□

類義語

21 憂慮—心□
22 鼓舞—□励
23 該当—□合
24 潤沢—□富
25 虚構—架□
26 魂胆—意□
27 辛抱—□慢
28 回顧—□憶

がくうげきざつしゅうせいそんたいついてきとうはいぱいひほうらく

---

13 違反（いはん）—遵守（じゅんしゅ）
14 促進（そくしん）—抑制（よくせい）
15 興隆（こうりゅう）—衰退（すいたい）
16 辛勝（しんしょう）—惜敗（せきはい）
17 倹約（けんやく）—浪費（ろうひ）
18 栄達（えいたつ）—零落（れいらく）
19 修繕（しゅうぜん）—破損（はそん）
20 精密（せいみつ）—粗雑（そざつ）

21 憂慮（ゆうりょ）—心配（しんぱい）
22 鼓舞（こぶ）—激励（げきれい）
23 該当（がいとう）—適合（てきごう）
24 潤沢（じゅんたく）—豊富（ほうふ）
25 虚構（きょこう）—架空（かくう）
26 魂胆（こんたん）—意図（いと）
27 辛抱（しんぼう）—我慢（がまん）
28 回顧（かいこ）—追憶（ついおく）

他例 18［栄華—零落］

でる順 A

対義語・類義語 ②

15分で解こう!

20点以上とれれば合格!

得点 1回目 /28 2回目 /28

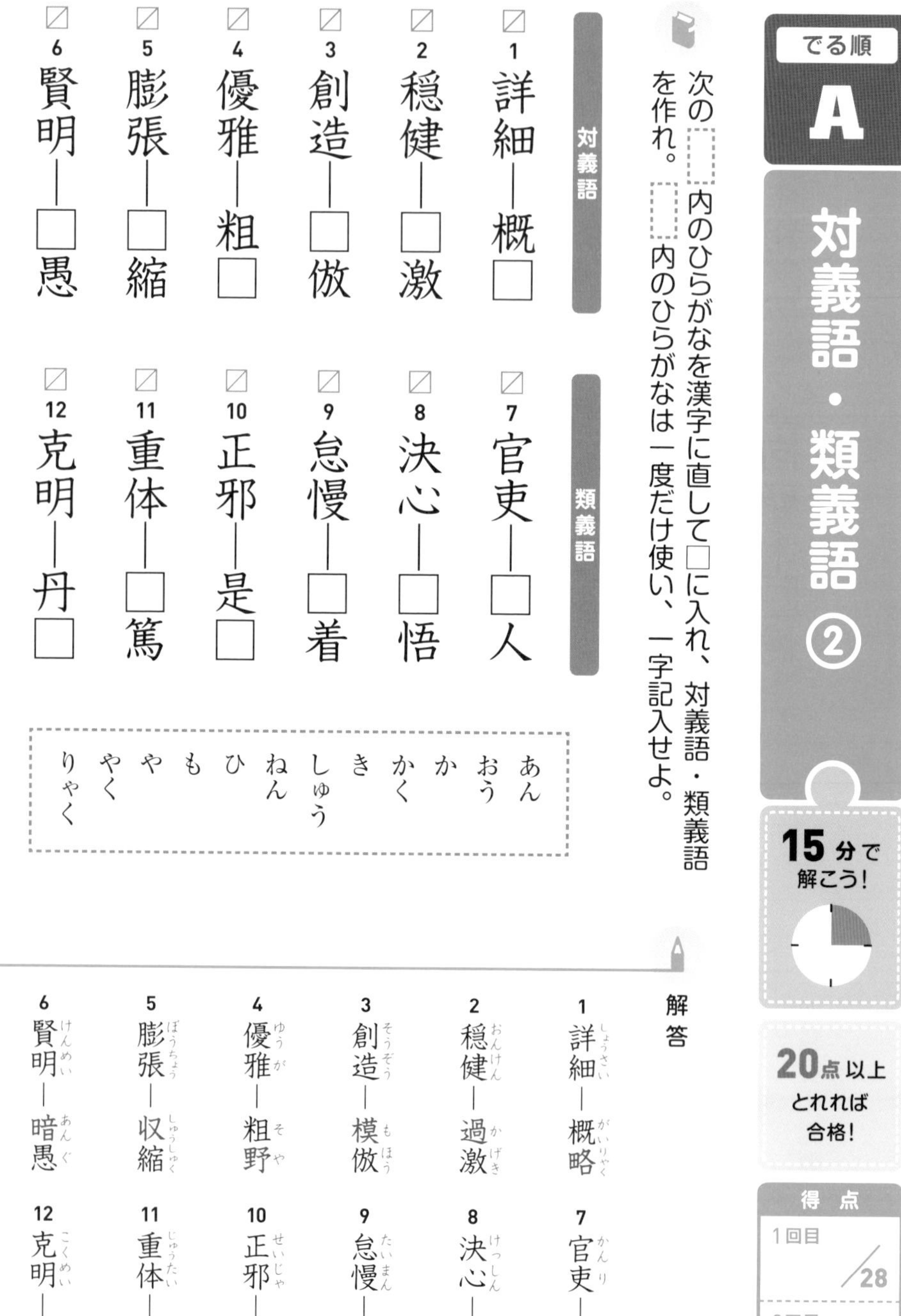

次の[ ]内のひらがなを漢字に直して□に入れ、対義語・類義語を作れ。[ ]内のひらがなは一度だけ使い、一字記入せよ。

対義語

1 詳細―概□

2 穏健―□激

3 創造―□倣

4 優雅―粗□

5 膨張―□縮

6 賢明―□愚

類義語

7 官吏―□人

8 決心―□悟

9 怠慢―□着

10 正邪―是□

11 重体―□篤

12 克明―丹□

あん　おう　か　かく　き　しゅう　ねん　ひ　も　や　やく　りゃく

解答

1 詳細(しょうさい)―概略(がいりゃく)

2 穏健(おんけん)―過激(かげき)

3 創造(そうぞう)―模倣(もほう)

4 優雅(ゆうが)―粗野(そや)

5 膨張(ぼうちょう)―収縮(しゅうしゅく)

6 賢明(けんめい)―暗愚(あんぐ)

7 官吏(かんり)―役人(やくにん)

8 決心(けっしん)―覚悟(かくご)

9 怠慢(たいまん)―横着(おうちゃく)

10 正邪(せいじゃ)―是非(ぜひ)

11 重体(じゅうたい)―危篤(きとく)

12 克明(こくめい)―丹念(たんねん)

他例 1［委細―概略］

対義語

13 具体―抽□
14 雇用―□雇
15 歓喜―□哀
16 分裂―□一
17 起床―□寝
18 緩慢―敏□
19 遠隔―近□
20 卑屈―□大

類義語

21 手柄―功□
22 薄情―□淡
23 精励―□勉
24 現職―現□
25 廉価―安□
26 嘱望―□待
27 漂泊―□浪
28 展示―陳□

えき　かい　き　きん　しゅう　しょう　せき　せつ　そく　そん　とう　ね　ひ　ほう　れい　れつ

13 具体（ぐたい）―抽象（ちゅうしょう）
14 雇用（こよう）―解雇（かいこ）
15 歓喜（かんき）―悲哀（ひあい）
16 分裂（ぶんれつ）―統一（とういつ）
17 起床（きしょう）―就寝（しゅうしん）
18 緩慢（かんまん）―敏速（びんそく）
19 遠隔（えんかく）―近接（きんせつ）
20 卑屈（ひくつ）―尊大（そんだい）

21 手柄（てがら）―功績（こうせき）
22 薄情（はくじょう）―冷淡（れいたん）
23 精励（せいれい）―勤勉（きんべん）
24 現職（げんしょく）―現役（げんえき）
25 廉価（れんか）―安値（やすね）
26 嘱望（しょくぼう）―期待（きたい）
27 漂泊（ひょうはく）―放浪（ほうろう）
28 展示（てんじ）―陳列（ちんれつ）

でる順 A

対義語・類義語 ③

15分で解こう!

20点以上とれれば合格!

得点 1回目 /28 2回目 /28

次の□内のひらがなを漢字に直して□に入れ、対義語・類義語を作れ。□内のひらがなは一度だけ使い、一字記入せよ。

対義語

1 衰微―繁□
2 一般―□殊
3 進展―□滞
4 保守―□新
5 邪悪―□良
6 概略―詳□

類義語

7 我慢―□抱
8 熱中―没□
9 平定―鎮□
10 賢明―□口
11 幽閉―監□
12 通行―□来

あつ　えい　おう　かく　きん　さい　しん　ぜん　てい　とう　とく　り

解答

1 衰微（すいび）―繁栄（はんえい）
2 一般（いっぱん）―特殊（とくしゅ）
3 進展（しんてん）―停滞（ていたい）
4 保守（ほしゅ）―革新（かくしん）
5 邪悪（じゃあく）―善良（ぜんりょう）
6 概略（がいりゃく）―詳細（しょうさい）
7 我慢（がまん）―辛抱（しんぼう）
8 熱中（ねっちゅう）―没頭（ぼっとう）
9 平定（へいてい）―鎮圧（ちんあつ）
10 賢明（けんめい）―利口（りこう）
11 幽閉（ゆうへい）―監禁（かんきん）
12 通行（つうこう）―往来（おうらい）

意味 4［保守＝これまでのありようや伝統などを尊重すること］

対義語

13 侵害―擁□
14 承諾―□退
15 阻害―□長
16 冷遇―□遇
17 沈下―隆□
18 郊外―□心
19 浪費―□約
20 抑制―促□

類義語

21 名残―□情
22 了解―□得
23 屈服―降□
24 即刻―□速
25 未熟―□稚
26 措置―□理
27 手腕―技□
28 形見―□品

い　き　ご　さつ　さん　じ　しょ　じょ　しん　せつ　と　なっ　ゆう　よ　よう　りょう

---

13 侵害（しんがい）―擁護（ようご）
14 承諾（しょうだく）―辞退（じたい）
15 阻害（そがい）―助長（じょちょう）
16 冷遇（れいぐう）―優遇（ゆうぐう）
17 沈下（ちんか）―隆起（りゅうき）
18 郊外（こうがい）―都心（としん）
19 浪費（ろうひ）―節約（せつやく）
20 抑制（よくせい）―促進（そくしん）

21 名残（なごり）―余情（よじょう）
22 了解（りょうかい）―納得（なっとく）
23 屈服（くっぷく）―降参（こうさん）
24 即刻（そっこく）―早速（さっそく）
25 未熟（みじゅく）―幼稚（ようち）
26 措置（そち）―処理（しょり）
27 手腕（しゅわん）―技量（ぎりょう）
28 形見（かたみ）―遺品（いひん）

他例 23［屈伏－降参］　意味 18［郊外＝市街地の周辺地域］

でる順 A

対義語・類義語 ④

15分で解こう!

20点以上とれれば合格!

得点 1回目 /28 2回目 /28

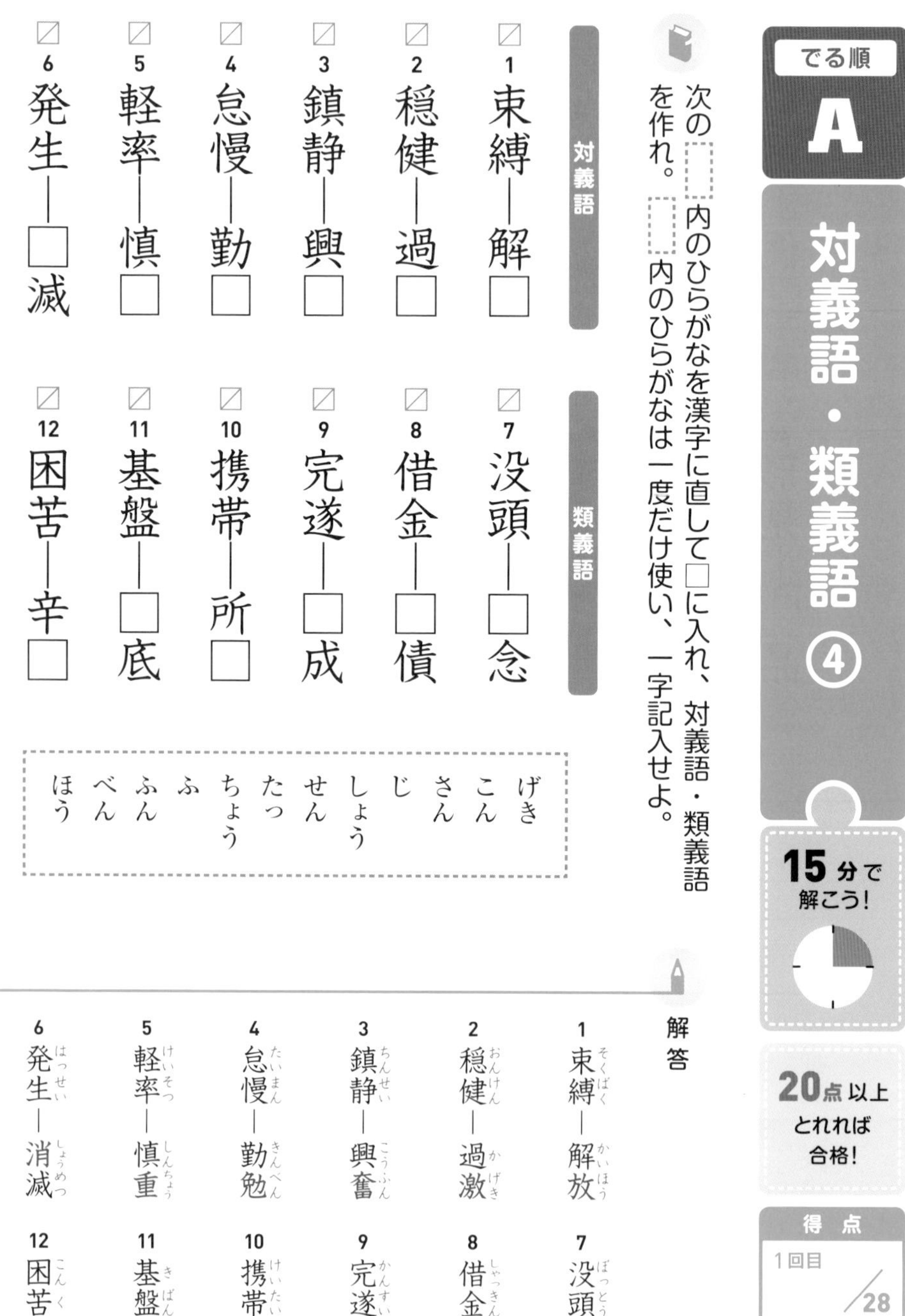

次の□内のひらがなを漢字に直して□に入れ、対義語・類義語を作れ。□内のひらがなは一度だけ使い、一字記入せよ。

対義語

1 束縛─解□
2 穏健─過□
3 鎮静─興□
4 怠慢─勤□
5 軽率─慎□
6 発生─□滅

類義語

7 没頭─□念
8 借金─□債
9 完遂─□成
10 携帯─所□
11 基盤─□底
12 困苦─辛□

げき こん さん じ しょう せん たつ ちょう ふ ふん べん ほう

解答

1 束縛(そくばく)─解放(かいほう)
2 穏健(おんけん)─過激(かげき)
3 鎮静(ちんせい)─興奮(こうふん)
4 怠慢(たいまん)─勤勉(きんべん)
5 軽率(けいそつ)─慎重(しんちょう)
6 発生(はっせい)─消滅(しょうめつ)
7 没頭(ぼっとう)─専念(せんねん)
8 借金(しゃっきん)─負債(ふさい)
9 完遂(かんすい)─達成(たっせい)
10 携帯(けいたい)─所持(しょじ)
11 基盤(きばん)─根底(こんてい)
12 困苦(こんく)─辛酸(しんさん)

意味 3［鎮静＝騒ぎや興奮した気持ちが静まり落ち着くこと］

対義語

13 実在―□空
14 追加―削□
15 丁重―粗□
16 繁栄―□微
17 地獄―□楽
18 抽象―□体
19 安定―□揺
20 高雅―□俗

類義語

21 欠乏―不□
22 警護―護□
23 解雇―免□
24 利口―□明
25 了解―納□
26 高慢―□大
27 前途―□来
28 処罰―制□

えい　か　ぐ　けん　げん　ごく　さい　しょう　しょく　すい　そく　そん　てい　どう　とく　りゃく

13 実在（じつざい）―架空（かくう）
14 追加（ついか）―削減（さくげん）
15 丁重（ていちょう）―粗略（そりゃく）
16 繁栄（はんえい）―衰微（すいび）
17 地獄（じごく）―極楽（ごくらく）
18 抽象（ちゅうしょう）―具体（ぐたい）
19 安定（あんてい）―動揺（どうよう）
20 高雅（こうが）―低俗（ていぞく）

21 欠乏（けつぼう）―不足（ふそく）
22 警護（けいご）―護衛（ごえい）
23 解雇（かいこ）―免職（めんしょく）
24 利口（りこう）―賢明（けんめい）
25 了解（りょうかい）―納得（なっとく）
26 高慢（こうまん）―尊大（そんだい）
27 前途（ぜんと）―将来（しょうらい）
28 処罰（しょばつ）―制裁（せいさい）

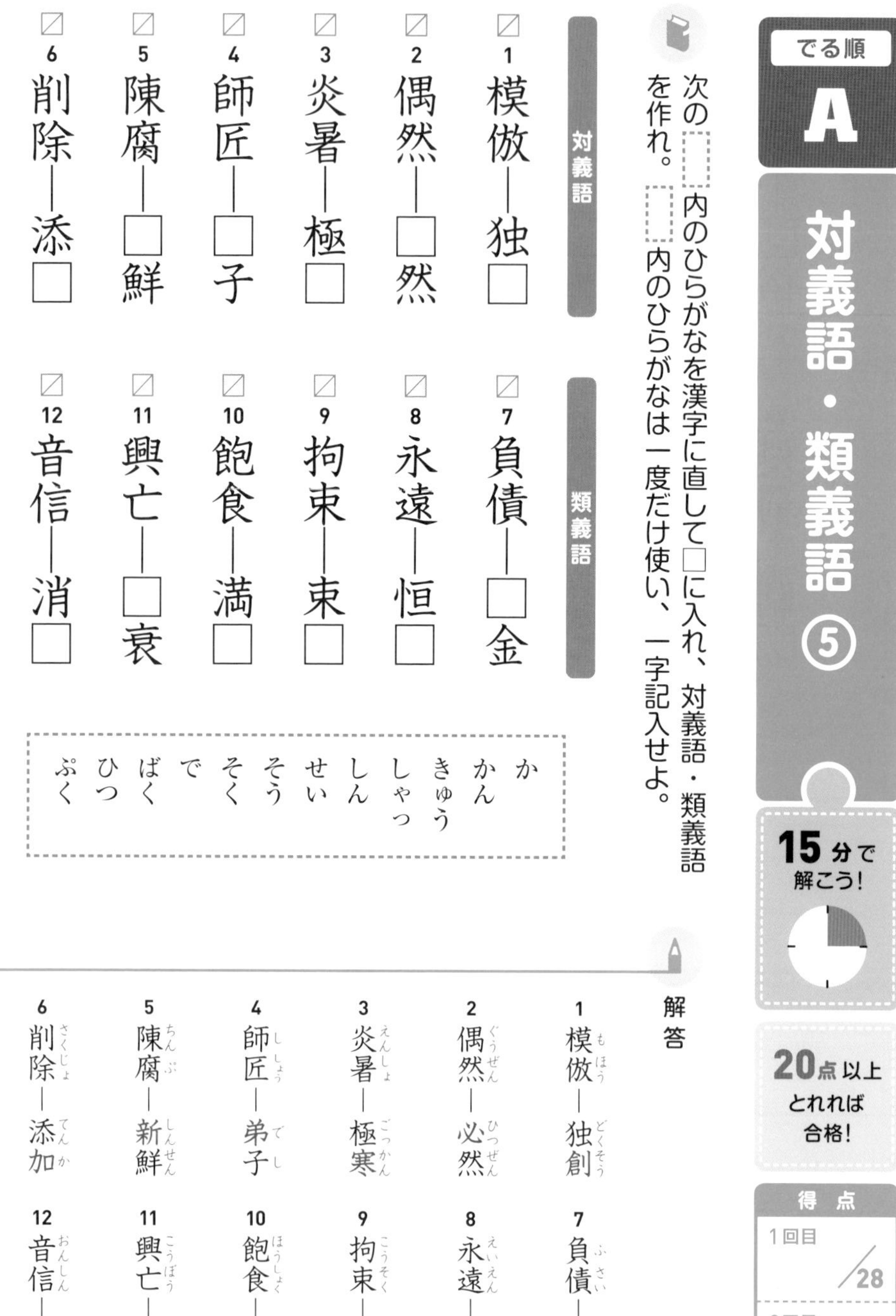

でる順 **A**

対義語・類義語 ⑤

15分で解こう!

20点以上とれれば合格!

得点 1回目 /28 2回目 /28

次の［ ］内のひらがなを漢字に直して□に入れ、対義語・類義語を作れ。［ ］内のひらがなは一度だけ使い、一字記入せよ。

対義語

1 模倣—独□
2 偶然—□然
3 炎暑—極□
4 師匠—□子
5 陳腐—□鮮
6 削除—添□

類義語

7 負債—□金
8 永遠—恒□
9 拘束—束□
10 飽食—満□
11 興亡—□衰
12 音信—消□

［ か　かん　きゅう　しゃっ　しん　せい　そう　そく　で　ばく　ひっ　ぷく ］

解答

1 模倣（もほう）—独創（どくそう）
2 偶然（ぐうぜん）—必然（ひつぜん）
3 炎暑（えんしょ）—極寒（ごっかん）
4 師匠（ししょう）—弟子（でし）
5 陳腐（ちんぷ）—新鮮（しんせん）
6 削除（さくじょ）—添加（てんか）
7 負債（ふさい）—借金（しゃっきん）
8 永遠（えいえん）—恒久（こうきゅう）
9 拘束（こうそく）—束縛（そくばく）
10 飽食（ほうしょく）—満腹（まんぷく）
11 興亡（こうぼう）—盛衰（せいすい）
12 音信（おんしん）—消息（しょうそく）

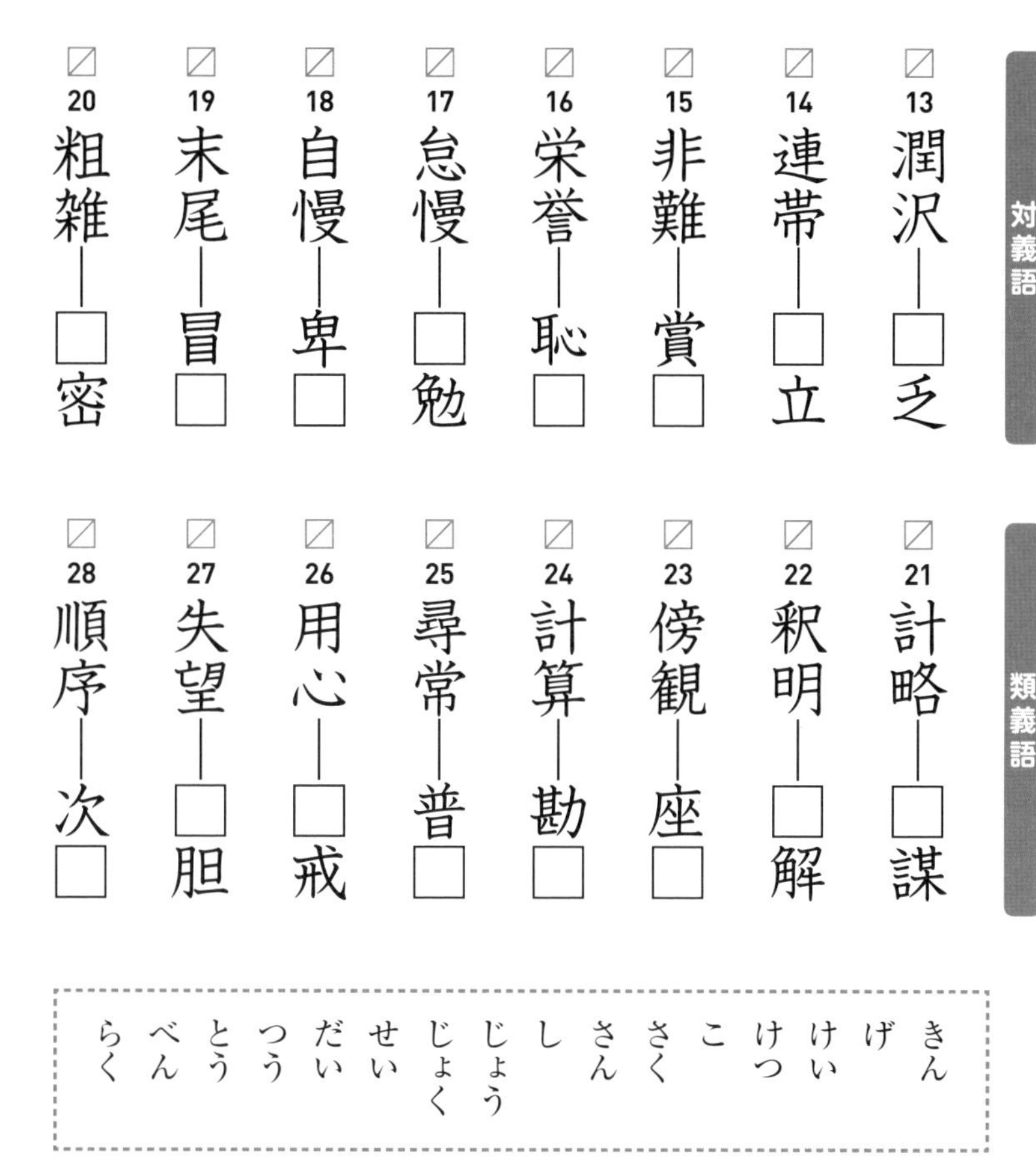

対義語

13 潤沢—□乏
14 連帯—□立
15 非難—賞□
16 栄誉—恥□
17 怠慢—□勉
18 自慢—卑□
19 末尾—冒□
20 粗雑—□密

類義語

21 計略—□謀
22 釈明—□解
23 傍観—座□
24 計算—勘□
25 尋常—普□
26 用心—□戒
27 失望—□胆
28 順序—次□

きん　げ　けい　けつ　こ　さく　さん　し　じょう　じょく　せい　だい　つう　とう　べん　らく

---

13 潤沢(じゅんたく)—欠乏(けつぼう)
14 連帯(れんたい)—孤立(こりつ)
15 非難(ひなん)—賞賛(しょうさん)
16 栄誉(えいよ)—恥辱(ちじょく)
17 怠慢(たいまん)—勤勉(きんべん)
18 自慢(じまん)—卑下(ひげ)
19 末尾(まつび)—冒頭(ぼうとう)
20 粗雑(そざつ)—精密(せいみつ)

21 計略(けいりゃく)—策謀(さくぼう)
22 釈明(しゃくめい)—弁解(べんかい)
23 傍観(ぼうかん)—座視(ざし)
24 計算(けいさん)—勘定(かんじょう)
25 尋常(じんじょう)—普通(ふつう)
26 用心(ようじん)—警戒(けいかい)
27 失望(しつぼう)—落胆(らくたん)
28 順序(じゅんじょ)—次第(しだい)

意味　20［粗雑＝あらっぽくていい加減なこと］

でる順 A

送り仮名

15分で解こう!

30点以上とれれば合格!

得点 1回目 /42 2回目 /42

次の――線のカタカナを漢字一字と送り仮名（ひらがな）に直せ。

1 考えごとをして注意をオコタル。
2 はちまきをしたイサマシイ姿。
3 スミヤカニ別室へ移動してください。
4 アヤウイところで助かる。
5 日々をスコヤカニ過ごしています。
6 雪が辺り一面をオオウ。
7 ホガラカナ笑い声が聞こえてくる。
8 畑をタガヤシて野菜を育てる。
9 夫婦でアキナイを始める。
10 部下に無理をシイル。
11 自転車に荷物をユワエル。
12 技術の進歩がイチジルシイ。
13 広い教室が新入生でウマル。
14 社員の労にムクイル。
15 タダチニ救助に向かう。
16 マッタク話にならない。
17 本物かどうかウタガワシイ。
18 国際都市としてサカエル。

解答

1 怠る
2 勇ましい
3 速やかに
4 危うい
5 健やかに
6 覆う
7 朗らかな
8 耕し
9 商い
10 強いる
11 結わえる
12 著しい
13 埋まる
14 報いる
15 直ちに
16 全く
17 疑わしい
18 栄える

意味 1［怠る＝すべきことをしないでいる］

19 子どものヤスラカナ寝顔。
20 落ち込んでいる友人をハゲマス。
21 海にノゾンだ古い旅館に泊まる。
22 不正を行い私腹をコヤス。
23 火を止めてしばらくムラス。
24 一定の制限をモウケル。
25 基本的なヤサシイ問題。
26 谷を流れるキヨラカナ水。
27 はかない抵抗をココロミル。
28 ミツバチが花にムラガル。
29 母の味をタヤサず受け継いでいる。
30 鉛筆をナイフでケズル。

31 今朝はココエルような寒さだ。
32 ひもでしっかりとシバル。
33 出口までミチビイてください。
34 母校にオモムク。
35 提案に異議をトナエル。
36 時をツゲル鐘。
37 足りないところをオギナウ。
38 余分な支出をヘラス。
39 軽い処分でスマス。
40 次々に質問をアビセル。
41 キソッて技をみがく。
42 先輩の指示にシタガウ。

---

19 安らかな
20 励ます
21 臨ん
22 肥やす
23 蒸らす
24 設ける
25 易しい
26 清らかな
27 試みる
28 群がる
29 絶やさ
30 削る

31 凍える
32 縛る
33 導い
34 赴く
35 唱える
36 告げる
37 補う
38 減らす
39 済ます
40 浴びせる
41 競っ
42 従う

意味 28［群がる＝一か所に多く集まる。群集］ 37［補う＝不足を満たす。補充（ほじゅう）］

でる順 A

四字熟語 ①

15分で解こう!

17点以上とれれば合格!

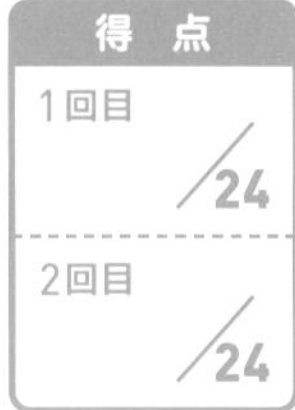

得点
1回目 /24
2回目 /24

次の（　）に漢字二字を入れて、四字熟語を完成せよ。

1 創意（クフウ）
2 得意（マンメン）
3 意味（シンチョウ）
4 大同（ショウイ）
5 （コウシ）混同
6 感慨（ムリョウ）
7 馬耳（トウフウ）
8 臨機（オウヘン）
9 大胆（フテキ）
10 （ビジ）麗句

解答

1 創意工夫（そういくふう）　新しいものを考え出して工夫すること。
2 得意満面（とくいまんめん）　誇らしげな様子が顔全体に表れること。
3 意味深長（いみしんちょう）　意味が深くて含みがあるさま。
4 大同小異（だいどうしょうい）　大差がないこと。似たりよったり。
5 公私混同（こうしこんどう）　公的面と私的面をごちゃまぜにすること。
6 感慨無量（かんがいむりょう）　この上なく深くしみじみ感じ入ること。
7 馬耳東風（ばじとうふう）　人の意見や批評などを聞き流すこと。
8 臨機応変（りんきおうへん）　変化に応じて適切な手段をとること。
9 大胆不敵（だいたんふてき）　何ものも恐れないさま。
10 美辞麗句（びじれいく）　うわべだけを美しい言葉で飾った文句。

他例　1［創意工夫は「創意」を書かせることもある］

11 （ヘイシン）低頭

12 清廉（ケッパク）

13 （シュウシ）一貫

14 前途（ユウボウ）

15 （ウンサン）霧消

16 （ギシン）暗鬼

17 （シュシャ）選択

18 （タントウ）直入

19 危急（ソンボウ）

20 （センサ）万別

21 （ドクダン）専行

22 緩急（ジザイ）

23 一件（ラクチャク）

24 試行（サクゴ）

---

11 平身低頭（へいしんていとう） 非常に恐縮するさま。

12 清廉潔白（せいれんけっぱく） 心が清らかで私欲がないこと。

13 終始一貫（しゅうしいっかん） 最初から最後まで同じ調子で通すこと。

14 前途有望（ぜんとゆうぼう） 将来大いに望みや見込みのあること。

15 雲散霧消（うんさんむしょう） あとかたもなく消えてしまうこと。

16 疑心暗鬼（ぎしんあんき） 不安になり、なんでも恐ろしくなること。

17 取捨選択（しゅしゃせんたく） よいものを取り、悪いものを捨てること。

18 単刀直入（たんとうちょくにゅう） 前置きなしにすぐ本題に入ること。

19 危急存亡（ききゅうそんぼう） 生き残れるか滅びるかの重大なせとぎわ。

20 千差万別（せんさばんべつ） 多くの種類があり、それぞれ違うこと。

21 独断専行（どくだんせんこう） 自分一人で判断して勝手に事を進めること。

22 緩急自在（かんきゅうじざい） 思いのままに操ること。

23 一件落着（いっけんらくちゃく） 一つの事柄に決まりがつくこと。

24 試行錯誤（しこうさくご） 試みと失敗を繰り返し、解決策を見つけること。

他例 11 [平身低頭は「低頭」を書かせることもある]

でる順 A

四字熟語 ②

15分で解こう!

17点以上とれれば合格!

得点 1回目 /24 2回目 /24

次の（ ）に漢字二字を入れて、四字熟語を完成せよ。

1 （アンウン）低迷

2 （テンイ）無縫

3 （ジュンプウ）満帆

4 （フクザツ）怪奇

5 二束（サンモン）

6 奮励（ドリョク）

7 （キシ）回生

8 晴耕（ウドク）

9 同工（イキョク）

10 （ヨウイ）周到

解答

1 暗雲低迷（あんうんていめい） 前途に不安な状況が続く様子。

2 天衣無縫（てんいむほう） 人柄が純真で無邪気なさま。

3 順風満帆（じゅんぷうまんぱん） 万事が都合よく運んでいること。

4 複雑怪奇（ふくざつかいき） 物事がこみ入り、よくわからないこと。

5 二束三文（にそくさんもん） 極めて値段が安いこと。

6 奮励努力（ふんれいどりょく） 元気を出して一心に努め励むこと。

7 起死回生（きしかいせい） だめになるところを立ち直らせること。

8 晴耕雨読（せいこううどく） 自由な環境を楽しんで生活すること。

9 同工異曲（どうこういきょく） 技量に差はないが、趣や味わいの異なること。

10 用意周到（よういしゅうとう） 準備が十分で手ぬかりがないこと。

他例 1［暗雲低迷は「低迷」を書かせることもある］

11 千変（バンカ）

12 （コウキ）到来

13 （シツボウ）落胆

14 一部（シジュウ）

15 因果（オウホウ）

16 温故（チシン）

17 我田（インスイ）

18 （キュウテン）直下

19 奇想（テンガイ）

20 博学（タサイ）

21 空前（ゼツゴ）

22 巧言（レイショク）

23 熟慮（ダンコウ）

24 （ショウシ）千万

---

11 千変万化（せんぺんばんか） 物事がさまざまに変化すること。

12 好機到来（こうきとうらい） チャンスがやってくること。

13 失望落胆（しつぼうらくたん） 期待が外れてがっかりすること。

14 一部始終（いちぶしじゅう） 始めから終わりまでもれなく全部。

15 因果応報（いんがおうほう） 善悪の行いに応じて、報いがくること。

16 温故知新（おんこちしん） 昔のことを研究して新知識を得ること。

17 我田引水（がでんいんすい） 自分の都合のよいように計らうこと。

18 急転直下（きゅうてんちょっか） 急に形勢が変わって解決に向かうこと。

19 奇想天外（きそうてんがい） 到底考えつかないほど変わっていること。

20 博学多才（はくがくたさい） 広く学問に通じなんでもできること。

21 空前絶後（くうぜんぜつご） 過去になく未来にもないと思われること。

22 巧言令色（こうげんれいしょく） 言葉を飾りやさしい顔つきをすること。

23 熟慮断行（じゅくりょだんこう） 十分に考えた上で実行すること。

24 笑止千万（しょうしせんばん） 非常にばかばかしいこと、おかしいこと。

他例 11 ［千変万化は「千変」を書かせることもある］

でる順 **A**

四字熟語 ③

15分で解こう!

17点以上とれれば合格!

次の（　）に漢字二字を入れて、四字熟語を完成せよ。

1 異口（ドウオン）

2 優柔（フダン）

3 （イキ）衝天

4 （ギョクセキ）混交

5 （メイキョウ）止水

6 （シコウ）錯誤

7 笑止（センバン）

8 （リュウゲン）飛語

9 喜色（マンメン）

10 無我（ムチュウ）

解答

1 異口同音（いくどうおん）　口をそろえて同じことを言うこと。

2 優柔不断（ゆうじゅうふだん）　ぐずぐずしていて決断力に乏しいさま。

3 意気衝天（いきしょうてん）　意気込みが天をつくほど盛んなさま。

4 玉石混交（ぎょくせきこんこう）　優れたものと劣ったものがまじること。

5 明鏡止水（めいきょうしすい）　心にわだかまりがなく落ち着いた状態。

6 試行錯誤（しこうさくご）　試みと失敗を繰り返し解決策を見つけること。

7 笑止千万（しょうしせんばん）　非常にばかばかしいこと、おかしいこと。

8 流言飛語（りゅうげんひご）　根拠のないうわさ。デマ。

9 喜色満面（きしょくまんめん）　喜びを顔全体に表すこと。

10 無我夢中（むがむちゅう）　我を忘れてある事に熱中すること。

他例 1［異口同音は「異口」を書かせることもある］

11 日進（ゲッポ）

12 利害（トクシツ）

13 （キキ）一髪

14 千差（バンベツ）

15 大器（バンセイ）

16 （センキャク）万来

17 （デンコウ）石火

18 （ジボウ）自棄

19 （セイサツ）与奪

20 （ムミ）乾燥

21 炉辺（ダンワ）

22 日常（サハン）

23 （コック）勉励

24 （フロウ）長寿

---

11 日進月歩（にっしんげっぽ） 絶えず、どんどん進歩すること。

12 利害得失（りがいとくしつ） 利益と損害、得るものと失うもの。

13 危機一髪（ききいっぱつ） 非常に危ない状態。

14 千差万別（せんさばんべつ） 多くの種類があり、それぞれ違うこと。

15 大器晩成（たいきばんせい） 大人物は遅れて大成するということ。

16 千客万来（せんきゃくばんらい） たくさんの客がしきりに来ること。

17 電光石火（でんこうせっか） 素早い行動のたとえ。

18 自暴自棄（じぼうじき） 思うようにならず、やけになること。

19 生殺与奪（せいさつよだつ） 他人を自分の思うままにすること。

20 無味乾燥（むみかんそう） なんの味わいもおもしろみもないこと。

21 炉辺談話（ろへんだんわ） ろばたなどでする打ち解けた話。

22 日常茶飯（にちじょうさはん） ごく平凡なありふれたこと。

23 刻苦勉励（こっくべんれい） 心身を苦しめるほど勉学に励むこと。

24 不老長寿（ふろうちょうじゅ） いつまでも年をとらないで長生きすること。

他例 11［日進月歩は「日進」を書かせることもある］

でる順 A

誤字訂正 ①

20点以上とれれば合格!

次の各文にまちがって使われている同じ読みの漢字が一字ある。その誤字と正しい漢字を記せ。

1 大気汚洗や騒音公害など、依然として改善すべき課題が残されている。

2 記録的な集中豪雨による河川の増水で、堤傍が決壊しそうだ。

3 エルニーニョ現照により、世界各地の気温や降水量に変化が起こっている。

4 資源をもっと巧率的に活用して、価値を獲得する方法を考える。

5 地球温暖化は、辛刻な環境問題としてとらえられている。

6 樹木のむやみな伐裁をやめて、森の保全や植林などに尽力する。

7 緊急時の手当は、ケガを悪化させないための一時的な措致である。

8 絶滅の危険性が高い野鳥を保護するための仕援の輪が、世界中に広がる。

9 秋の一日、妻と二人で古都を訪れて、今が盛りの紅葉を万喫する。

10 飛び入りで参加した人があり、今年の総会は他彩な顔ぶれとなった。

11 著名な作家の愛用品や原稿がいろいろ典示されている文学館を訪れた。

12 来期における新製品の改発へ向けて社内一丸となって取り組んでいる。

解答

1 洗→染（汚染）
2 傍→防（堤防）
3 照→象（現象）
4 巧→効（効率）
5 辛→深（深刻）
6 裁→採（伐採）
7 致→置（措置）
8 仕→支（支援）
9 万→満（満喫）
10 他→多（多彩）
11 典→展（展示）
12 改→開（開発）

他例 1［感染・染料］ 2［予防・防御］

☐ 13 最先端の便利な器能をうまく使いこなすまでには時間がかかりそうだ。

☐ 14 外国からの食料の持ち込みを基制している国もある。

☐ 15 予算の関係で建設計画の企模を縮小しなければならない。

☐ 16 支設の管理者から、夜間のみ裏口のドアからの出入りを許可されている。

☐ 17 市政だよりに、逆待の疑いを知らせるための電話番号が記載されている。

☐ 18 地域の住民が中心になって、交通事故が起きないよう、対作を練る。

☐ 19 学力更上のため、学習計画を提出するよう担任の先生に指示された。

☐ 20 その会社は浮債を抱えて経営が行き詰まり、弁護士に相談をした。

☐ 21 検照の結果と新たな問題点を提起した文書を、速やかに社員に配る。

☐ 22 時代の推依や消費の傾向に従って、販売方法も変えなければならない。

☐ 23 再就職における年齢制限の緩和に向けた取り組みの促伸を図る。

☐ 24 夏は健康を維持するために、なるべく消化求収の良い物を食べます。

☐ 25 登山隊は操備を十分に整えてから、ベースキャンプを後にした。

☐ 26 近所で非常に評版のよい整骨院に通って、腰痛を治してもらう。

☐ 27 夏期休暇には同僚の友人と、世界偉産に登録されている名勝を観光した。

☐ 28 体脂肪を余分に蓄籍すると、高血圧などの生活習慣病になりやすい。

---

13 器→機（機能）
14 基→規（規制）
15 企→規（規模）
16 支→施（施設）
17 逆→虐（虐待）
18 作→策（対策）
19 更→向（向上）
20 浮→負（負債）
21 照→証（検証）
22 依→移（推移）
23 伸→進（促進）
24 求→吸（吸収）
25 操→装（装備）
26 版→判（評判）
27 偉→遺（遺産）
28 籍→積（蓄積）

他例 16［実施・施策］ 25［改装・装置］ 26［判定］

でる順 A

誤字訂正 ②

得点
1回目 /28
2回目 /28

次の各文にまちがって使われている同じ読みの漢字が一字ある。その誤字と正しい漢字を記せ。

1 延滑な会の進行のため、出席者にも協力を願う場面がある。

2 人情に厚い仲間たちと楽しく歓談できたことが、旅行の大きな集穫だった。

3 いまや、地球環境の保善は決して見すごすことのできない問題になっている。

4 大規模な行事の会催のため、騒音や混雑が心配される。

5 添化物は食品衛生法により認められたものだけ使用が許可される。

6 年度末を迎えて道路の隔張をする工事が連日行われている。

7 姉は出張先で一泊して観行してから帰途についた。

8 渡航の際は機内に持ち込める手荷物の数や大きさなどが制元される。

9 その小説家が考えた密室トリックは独創性があるとして、標価が高い。

10 機体が激しく損衝していることが着陸後の点検で判明した。

11 長年使用した愛着のある電化製品を分解して、故証の原因を見つける。

12 騒音に成れて不快に感じないと思っても神経は参っている。

解答

1 延→円（円滑）
2 集→収（収穫）
3 善→全（保全）
4 会→開（開催）
5 化→加（添加）
6 隔→拡（拡張）
7 行→光（観光）
8 元→限（制限）
9 標→評（評価）
10 衝→傷（損傷）
11 証→障（故障）
12 成→慣（慣れて）

他例 1［円熟・円満］ 2［収容・吸収・収納］

13 学校では災害に供えた避難訓練を定期的に行っている。

14 彼は生命科学の研究において、先駆者として多大な業積を残す。

15 流星を観促するために、望遠鏡をかついで深夜に丘の上を目指した。

16 社会副祉の向上と減税が、我が党のスローガンである。

17 雨が原因で試合がたびたび中段されたので、集中力が途切れた。

18 国内で初めて動入された新交通システムに利用者は戸惑いを隠せない。

19 妹は国家試験に受かって、念願の薬剤師の免許を手得した。

20 自然に恵まれた保容施設で週末を過ごし、ストレスを解消する。

21 感受性が強い友人は、室内のわずかな物音に仮敏に反応して顔をしかめる。

22 家具を設置した跡のへこみや細かいキズがついた床板を自ら舗修する。

23 この一帯の田畑は土地が越えているので農作物がよく育つそうだ。

24 その映画では、人間に驚くほど類似した整巧なロボットが登場する。

25 予想外の悪天候が続いたため、現地での撮影の日定は大幅に変更された。

26 両社は提携することで双互に部品を活用し合い、在庫軽減に成功した。

27 そば打ちは、めん棒を使って生地を均等に薄く伸ばすのが特に難しい。

28 昔は玄格だった父も定年後はすっかり穏やかで、何事にも怒らなくなった。

---

13 供→備（備えた）
14 積→績（業績）
15 促→測（観測）
16 副→福（福祉）
17 段→断（中断）
18 動→導（導入）
19 手→取（取得）
20 容→養（保養）
21 仮→過（過敏）
22 舗→補（補修）
23 越→肥（肥えて）
24 整→精（精巧）
25 定→程（日程）
26 双→相（相互）
27 伸→延（延ばす）
28 玄→厳（厳格）

他例 26［相対］ 28［厳選・厳寒］

でる順 A

誤字訂正 ③

15分で解こう！

20点以上とれれば合格！

次の各文にまちがって使われている同じ読みの漢字が一字ある。その誤字と正しい漢字を記せ。

1 害虫の駆徐は無理をせず、業者に依頼するか役所に連絡をする。

2 不安定な個用形態で働く人が増えており、消費は伸びにくい。

3 降補として挙がった作品はどちらも魅力的で甲乙つけがたい。

4 混難に直面した時にどう対処するかが重要だ。

5 経財新聞の紙面にすみずみまで目を通してから出勤するのが父の日課だ。

6 地域密着の商店街として活勢化を図るために地道な取り組みを行う。

7 豊かなくらしの複産物として大量に発生する、ごみ問題の解決を図る。

8 両面コピーや照明器具での節電などを行って、コストの削源を実施する。

9 新任の県知事が中断しているダム建設の予定地を思察する。

10 どの計画案も過半数の支持を獲特しなかったため決選投票を行う。

11 飲酒運転に厳正な所罰をあたえるべきだとの世論が、盛り上がりをみせた。

12 米ソの冷戦時代には政治において緊調が高まり、キューバ危機が起きた。

解答

1 徐→除（駆除）
2 個→雇（雇用）
3 降→候（候補）
4 混→困（困難）
5 財→済（経済）
6 勢→性（活性化）
7 複→副（副産物）
8 源→減（削減）
9 思→視（視察）
10 特→得（獲得）
11 所→処（処罰）
12 調→張（緊張）

他例 11［処理・善処］ 12［出張・張本人］

13 細やかな拝慮が行き届いた昔ながらの趣がある旅館に両親と宿泊した。

14 確かな構成力と鮮練された文章が受賞の決め手となったようだ。

15 実際の事件を粗材にした小説を映画化し、好評を博する。

16 長年にわたる学校教育への幾与により感謝状を受ける。

17 我が社では最先端の製造装置を駆仕して、日夜研究開発に努めている。

18 賃貸アパートに入居する際は、契約書を確認した後に諸名と押印をする。

19 念入りに精備された実験車で走行試験を開始する。

20 科学的な根拠に元づく、がんの予防法が紹介される。

21 住民は干拓工事が生態形を破壊するとして着工に反対している。

22 アルプスの雄大な形観を背にして写真を撮ってもらう。

23 混雑している駅の開札口を出た正面の広場に迎えの車が待っていた。

24 首相は政府占用機で一週間にわたる欧州歴訪の旅に出た。

25 母は公協の施設内で開催されているフランス語の学習講座に通っている。

26 インターネットのレビューを参考にしつつ、予約するホテルを比較検当する。

27 熟年になると、青春時代を悔顧する日が多くなるものだ。

28 運動が不足しがちな中高年のための筋力造進を図る体操を考案した。

---

13 拝→配（配慮）
14 鮮→洗（洗練）
15 粗→素（素材）
16 幾→寄（寄与）
17 仕→使（駆使）
18 諸→署（署名）
19 精→整（整備）
20 元→基（基づく）
21 形→系（生態系）
22 形→景（景観）
23 開→改（改札）
24 占→専（専用機）
25 協→共（公共）
26 当→討（検討）
27 悔→回（回顧）
28 造→増（増進）

他例 27［回収］ 28［増殖］

でる順 A

書き取り①

15分で解こう!

30点以上とれれば合格!

次の——線のカタカナを漢字に直せ。

1 二か所の窓を開けてカンキをした。
2 ゴム動力のモケイ飛行機を作った。
3 ゼツメツの危機にある生物。
4 患者に応急ショチを施す。
5 荷物をジャマにならない場所に移す。
6 優勝コウホの筆頭に挙げられる。
7 幽霊がシュツボツするというトンネル。
8 タクエツした技術を見せる。
9 下調べをメンミツに行う。
10 線路のトウケツを防ぐ。
11 タンシュク授業のため、早めに帰る。
12 ドクソウ的なデザインを考える。
13 メンキョを更新した。
14 メイロウな性格で皆に好かれる。
15 ジシャクにつく金属は限られている。
16 事件の概要をカンケツに報告する。
17 ヒンプの別なく対応する。
18 実力をいかんなくハッキする。

解答

1 換気
2 模型
3 絶滅
4 処置
5 邪魔
6 候補
7 出没
8 卓越
9 綿密
10 凍結
11 短縮
12 独創
13 免許
14 明朗
15 磁石
16 簡潔
17 貧富
18 発揮

他例 2［模様・模造］　意味 9［綿密＝細部まで注意がいきとどいていること］

19 車内にかさの**イシツ**物が多い。

20 交差点でバスが**ケイテキ**を鳴らす。

21 前向きの**シセイ**で取り組む。

22 本心とは**ウラハラ**の行動。

23 スキーで急斜面を**スベ**りおりる。

24 成長のあとが**イチジル**しい。

25 君に批判される**スジア**いはない。

26 両親の教えに**ソム**く。

27 **カブヌシ**に総会の案内状を送る。

28 冬の寒さが**ホネミ**にしみる。

29 山の**イタダキ**に雲がかかる。

30 魚を**アマ**すところなく食べつくす。

31 この**デマド**からの景色は絵のようだ。

32 今年の夏は暑さが**キビ**しい。

33 たくさんの若者が広場に**ツド**う。

34 まとめて買うと**ワリヤス**になる。

35 **イタ**るところに花が咲いている。

36 **ヒラアヤマ**りする他なかった。

37 二人で婚約会見に**ノゾ**んだ。

38 ブレーキを**コキザ**みに踏む。

39 関取がまげを**ユ**う。

40 雨不足でダムが**ヒア**がってしまう。

41 三十人の児童を**ヒキ**いる。

42 神社で熱心に**オガ**む。

---

19 遺失　20 警笛　21 姿勢　22 裏腹　23 滑　24 著　25 筋合　26 背　27 株主　28 骨身　29 頂　30 余

31 出窓　32 厳　33 集　34 割安　35 至　36 平謝　37 臨　38 小刻　39 結　40 干上　41 率　42 拝

他例 20［警報・警告］ 21［容姿］

でる順 A

書き取り ②

15分で解こう!

30点以上とれれば合格!

次の——線のカタカナを漢字に直せ。

1 テスト前にキンチョウをほぐす。
2 山道で慎重にハンドルをソウサする。
3 調査をゲンミツに行う。
4 さいころを振ってグウスウの目が出る。
5 姉が先日ニュウセキした。
6 バスでヨウチ園に通った。
7 このエンセンには名所が多い。
8 町を大きな川がジュウダンしている。
9 他国のリョウイキを侵す。
10 彼を説得するのはシナンのわざだ。
11 強打者をケイエンした。
12 二千人シュウヨウできるホール。
13 父のカンビョウに付き添う。
14 夜遅くまで激しいトウロンが続く。
15 要望事項のゼンショを約束する。
16 転校先のクラスにジュンノウする。
17 学力不足をツウセツに感じた。
18 ギャッキョウにもめげず努力する。

解答

1 緊張
2 操作
3 厳密
4 偶数
5 入籍
6 幼稚
7 沿線
8 縦断
9 領域
10 至難
11 敬遠
12 収容
13 看病
14 討論
15 善処
16 順応
17 痛切
18 逆境

19 第一人者であるとジフする。
20 社内でもヒョウバンの美人。
21 お茶を飲みながらダンショウする。
22 料理の前にナイフをトぐ。
23 カラいものを食べて汗が出る。
24 ニクまれ口を叩く。
25 夜道を運転してキモを冷やした。
26 壁をペンキでヌる。
27 ノベ十時間に及ぶフライト。
28 ミナモトを南アルプスに発する川。
29 待つホドもなく到着する。
30 墓前に花をソナえる。

31 チヂみやすい素材の服を洗う。
32 緑色のセーターをアむ。
33 レースで足の速さをキソい合う。
34 宿題をスませてから遊びに行く。
35 実家の母からコヅツミが届いた。
36 秘宝を発見し巨万のトミを得る。
37 カタヤブりな手法で絵を描く。
38 掲載文に不備が見つかりスり直す。
39 全くマトハズれな答え。
40 長年勤めた会社をヤめる。
41 争いごとを公平にサバく。
42 博士のオい立ちを語る。

---

19 自負
20 評判
21 談笑
22 研
23 辛
24 憎
25 肝
26 塗
27 延
28 源
29 程
30 供

31 縮
32 編
33 競
34 済
35 小包
36 富
37 型破
38 刷
39 的外
40 辞
41 裁
42 生

読み
同音・同訓異字
漢字の識別
熟語の構成
部首
対義語・類義語
送り仮名
四字熟語
誤字訂正
書き取り2

意味 37［型破り＝従来のやり方にとらわれず、独創的なさま］

でる順 A

書き取り ③

15分で解こう！

30点以上とれれば合格！

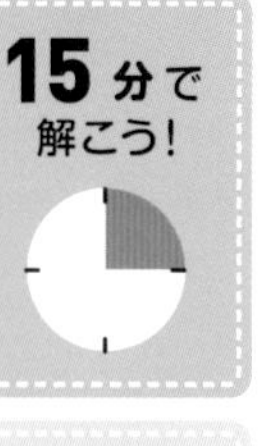

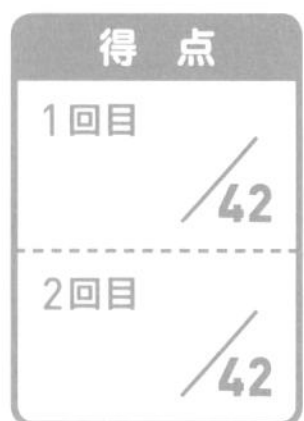

得点 1回目 /42 2回目 /42

次の――線のカタカナを漢字に直せ。

1 何かがハレツするような音がした。
2 北欧に伝わる海のカイブツ。
3 横綱のメンボクをかけて戦う。
4 あっけないマクギれにがっかりする。
5 足のコウがはれる。
6 雪のケッショウを観察する。
7 よびかけにコオウして行動する。
8 トウトツな質問に言葉が出ない。
9 その文士は晩年ビョウマに取りつかれた。
10 ブランド品のサイフを買う。
11 冷暖房のセツビが整っている。
12 店舗をカクチョウする。
13 実力にカクダンの差がある。
14 彼が反発するのはヒッシだ。
15 アンイな考え方で行き詰まった。
16 連絡事項をデンタツする。
17 彼女の父はチョメイな文学者です。
18 写しを原文とタイショウする。

解答

1 破裂
2 怪物
3 面目
4 幕切
5 甲
6 結晶
7 呼応
8 唐突
9 病魔
10 財布
11 設備
12 拡張
13 格段
14 必至
15 安易
16 伝達
17 著名
18 対照

他例 1［決裂］ 7［点呼・連呼］ 8［衝突］

19 ペンをちょっとハイシャクする。
20 説明を聞いてナットクする。
21 人前に出るドキョウがない。
22 深夜までの労働をシいる。
23 アズキを煮てしるこを作る。
24 子供たちがスコやかに育つ。
25 キャンプに行くのでネブクロを買う。
26 ワケを話して了解してもらう。
27 問題が山積みで、頭がイタい。
28 できるだけスミやかに返事を出す。
29 野菜不足をオギナう。
30 美しいユウヤけが広がる。

31 キシベに船をつなぐ。
32 ユエのない寂しさを覚える。
33 ロンドンをヘてパリへ向かう。
34 あの先生はチカヨりがたい人だ。
35 タテ一列に並ぶ。
36 来館者を入り口へミチビく。
37 友人だと思ったが他人のソラニだった。
38 テサげのかばんを買う。
39 みつばちがムラがっている。
40 ここの参道にはトリイが三つある。
41 無謀な行動がワザワいを招く。
42 活躍した選手に敢闘賞をサズける。

19 拝借
20 納得
21 度胸
22 強
23 小豆
24 健
25 寝袋
26 訳
27 痛
28 速
29 補
30 夕焼

31 岸辺
32 故
33 経
34 近寄
35 縦
36 導
37 空似
38 手提
39 群
40 鳥居
41 災
42 授

他例 19［拝見］ 意味 37［他人の空似＝血のつながりもないのに、顔や姿がよく似ていること］

書き取り ④

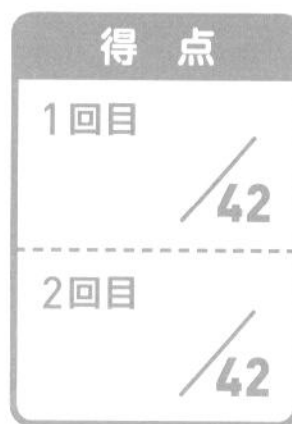

得点
1回目 ／42
2回目 ／42

次の――線のカタカナを漢字に直せ。

1 コウカイしないように全力で取り組む。
2 会社のギョウセキが伸びる。
3 勝利のエイカンを勝ち取った。
4 最強チームにカカンにいどんだ。
5 大会をキケンせざるを得なかった。
6 キクがきれいに咲いている。
7 大人のヒンカクが漂う。
8 ぼんやりとクウキョな気分になる。
9 アルコールがジョウハツする。
10 世間のフウチョウに反する。
11 人の行いをヒハンする。
12 返事シダイでは対策を考える。
13 雨のため遠足はジュンエンとなる。
14 テンケイ的な寝殿造りの建築。
15 バイオリンをエンソウする。
16 ガリュウで花を生ける。
17 天然のセンリョウを用いる。
18 盗作ではないかとギネンを抱いた。

解答

1 後悔
2 業績
3 栄冠
4 果敢
5 棄権
6 菊
7 品格
8 空虚
9 蒸発
10 風潮
11 批判
12 次第
13 順延
14 典型
15 演奏
16 我流
17 染料
18 疑念

19 犯人を追いつめてホウイする。

20 身のケッパクを証明する。

21 ルイジしたものが出回る。

22 地元の友だちをサソう。

23 ワレサキにと客がなだれ込む。

24 冬になって池に氷がハる。

25 タビジで旧友に会う。

26 観光のアナバを知っている。

27 各部屋に電話をソナえる。

28 主君のカタキをうつ。

29 大敗しナサけない。

30 芸の道にココロザシを立てる。

31 出土した器は大したシロモノだ。

32 ケワしい目つきでにらむ。

33 おかしくてハラをかかえる。

34 社員の労にムクいる。

35 側面のスイッチをテサグりで押す。

36 畑をタガヤして野菜の種をまく。

37 ミキの細い木を間引きする。

38 強い日差しをアびて黒くなる。

39 ヒめていた才能が一気に開花した。

40 不正行為のカタボウをかつぐ。

41 犯人の身元をアラう。

42 忠告にサカらわずに行動する。

---

19 包囲
20 潔白
21 類似
22 誘
23 我先
24 張
25 旅路
26 穴場
27 備
28 敵
29 情
30 志

31 代物
32 険
33 腹
34 報
35 手探
36 耕
37 幹
38 浴
39 秘
40 片棒
41 洗
42 逆

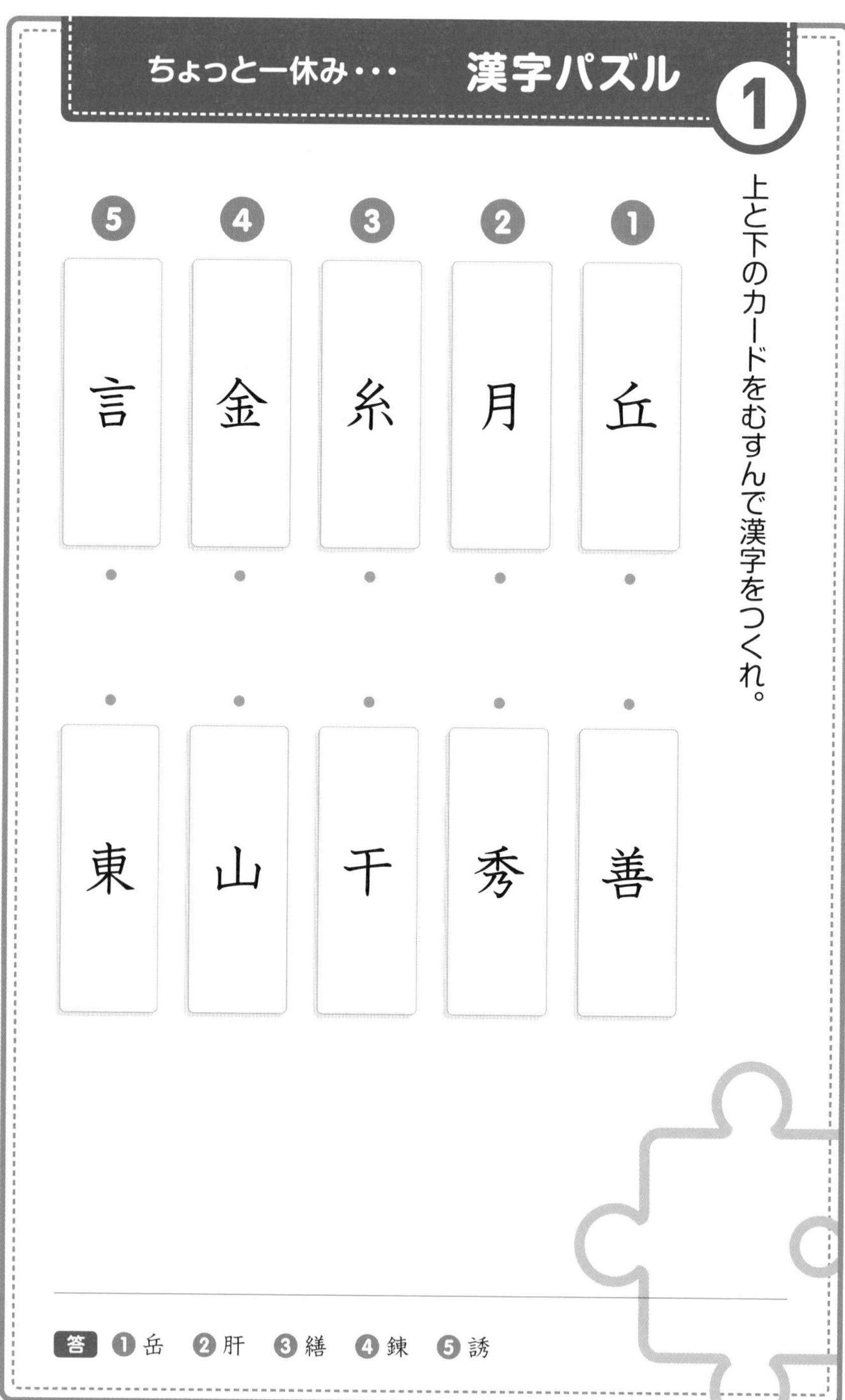

答 ❶岳 ❷肝 ❸繕 ❹錬 ❺誘

でる順 B ランク

検定試験でよくねらわれる
合否を左右する重要問題

でる順 B

読み①

10分で解こう!

30点以上とれれば合格!

得点 1回目 /42 2回目 /42

次の――線の漢字の読みをひらがなで記せ。

1 文化祭の**企画**を練る。
2 優勝旗の**争奪**戦が行われる。
3 筋書きの**類似**した小説。
4 甘い歌声で聴衆を**魅了**する。
5 酒を飲んで**気炎**をあげる。
6 結婚の**祝宴**を催す。
7 道に迷い時間を**浪費**する。
8 **老婆心**ながら申し添えます。
9 **錠剤**の風邪薬を飲む。
10 社内の規則を**遵守**する。
11 大学でインド**哲学**を学ぶ。
12 痛みを**緩和**するため薬を飲む。
13 **登壇**して所信表明演説を行う。
14 踊りの**師匠**に月謝を払う。
15 **生硬**な表現が目立つ文章。
16 **華美**な服装は避けてください。
17 **丘陵**に牛を放牧する。
18 バラの**芳香**が庭一面に漂う。

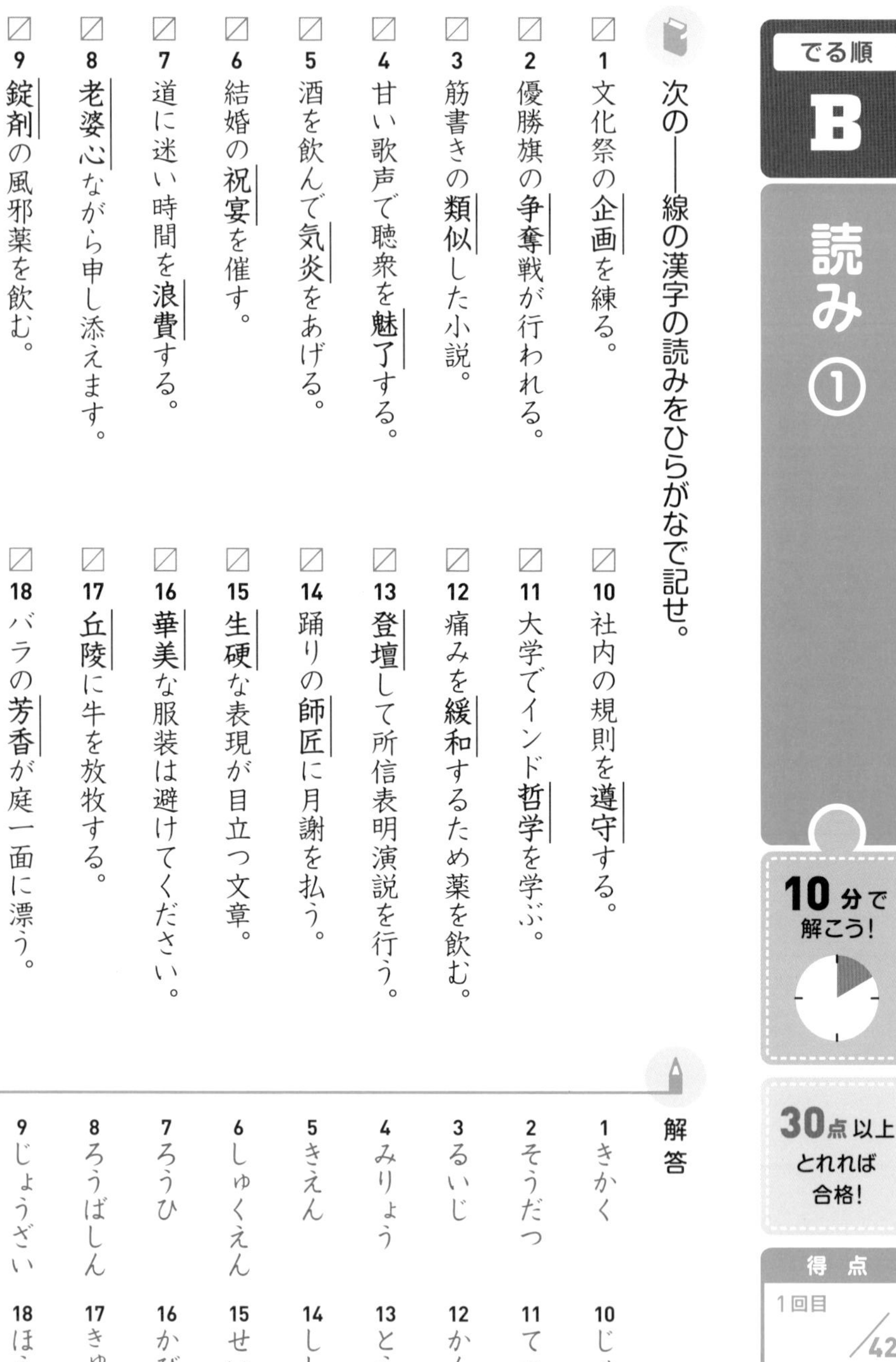

解答

1 きかく
2 そうだつ
3 るいじ
4 みりょう
5 きえん
6 しゅくえん
7 ろうひ
8 ろうばしん
9 じょうざい
10 じゅんしゅ
11 てつがく
12 かんわ
13 とうだん
14 ししょう
15 せいこう
16 かび
17 きゅうりょう
18 ほうこう

他例 5［炎天］ 7［波浪］ 12［緩慢］

19 調査捕鯨の一員として出発する。

20 平穏な毎日を過ごす。

21 二泊三日の温泉旅行を満喫する。

22 新卒者を大量に雇用する。

23 インフルエンザの潜伏期間は短い。

24 弾丸がドアを貫通する。

25 人が多すぎて窒息しそうだ。

26 これはあくまでも架空の話です。

27 重鎮として一目置かれる。

28 サケの稚魚を放流する。

29 肉入り雑炊を注文する。

30 自由を束縛する。

31 大雨で裏山が崩れる。

32 土の塊が転げ落ちてきた。

33 昼寝中の父を揺すって起こす。

34 乏しい資源を有効に使う。

35 試合中わずか一安打に抑えた。

36 試験を明日に控える。

37 一年でずいぶん背が伸びた。

38 はちまきを締めて走る。

39 最近体力の衰えを実感している。

40 卸値はいくらになりますか。

41 行く先々で施しを受ける。

42 垂れ幕を作るため布地を裁つ。

---

19 ほげい

20 へいおん

21 まんきつ

22 こよう

23 せんぷく

24 かんつう

25 ちっそく

26 かくう

27 じゅうちん

28 ちぎょ

29 ぞうすい

30 そくばく

31 くず

32 かたまり

33 ゆ

34 とぼ

35 おさ

36 ひか

37 の

38 し

39 おとろ

40 おろしね

41 ほどこ

42 た

他例 22［解雇］ 23［潜在］

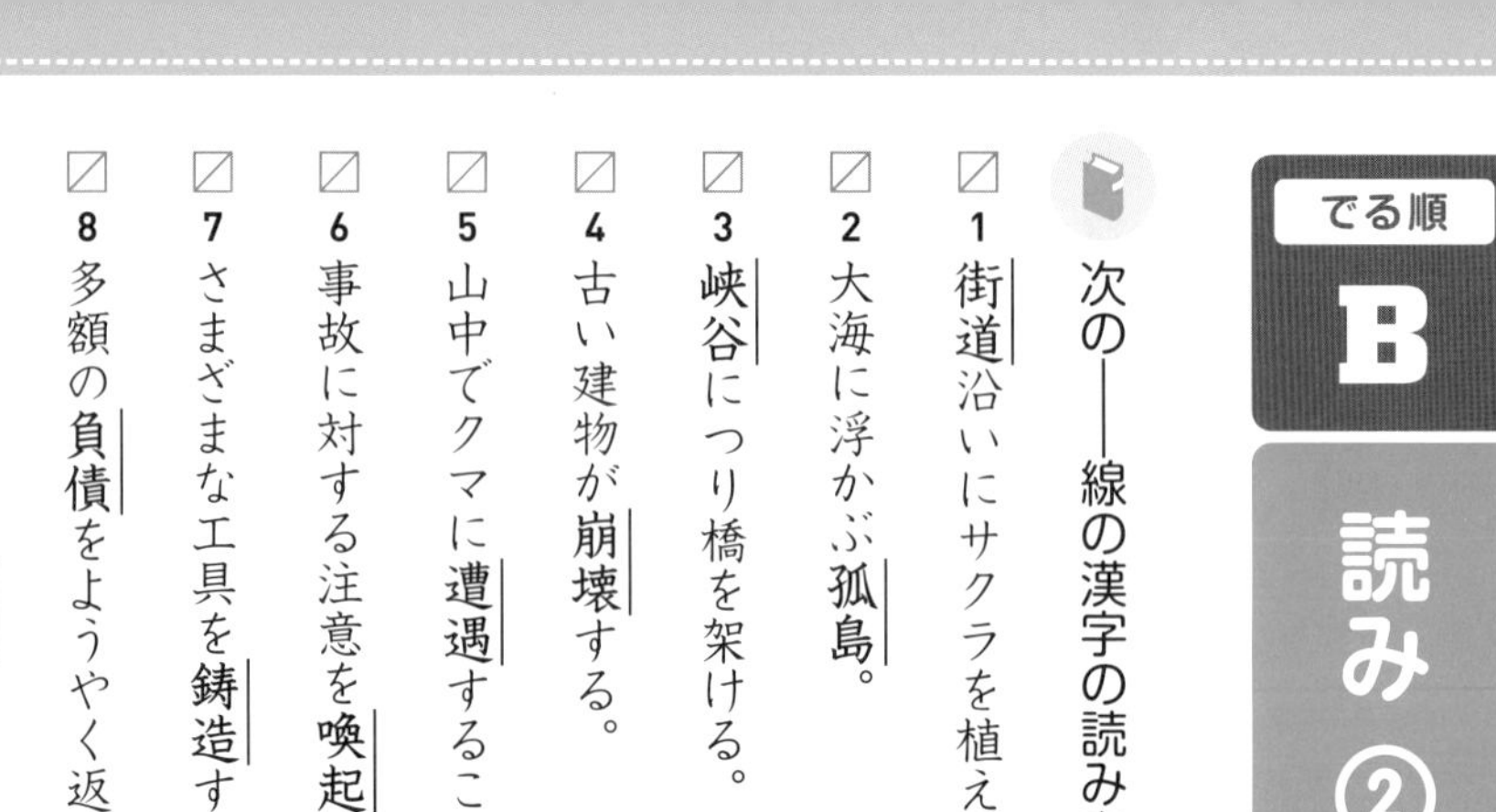

でる順 B

読み ②

次の——線の漢字の読みをひらがなで記せ。

1 街道沿いにサクラを植える。
2 大海に浮かぶ孤島。
3 峡谷につり橋を架ける。
4 古い建物が崩壊する。
5 山中でクマに遭遇することもある。
6 事故に対する注意を喚起する。
7 さまざまな工具を鋳造する。
8 多額の負債をようやく返済する。
9 期待と不安が交錯する。
10 多国籍軍が常駐する。
11 中東情勢を憂慮する。
12 年末に従業員を慰労する。
13 本邦初公開の映画を見る。
14 辞令後すぐに現地に赴任する。
15 城跡に残る礎石を調べる。
16 顔に動揺の色が表れる。
17 多忙で時間に拘束される生活だ。
18 怠慢な仕事ぶりにあきれる。

30点以上とれれば合格!

解答

1 かいどう
2 ことう
3 きょうこく
4 ほうかい
5 そうぐう
6 かんき
7 ちゅうぞう
8 ふさい
9 こうさく
10 じょうちゅう
11 ゆうりょ
12 いろう
13 ほんぽう
14 ふにん
15 そせき
16 どうよう
17 こうそく
18 たいまん

他例 1［繁華街］ 2［孤独・孤立］ 13［邦人］ 意味 11［憂慮＝憂い気遣うこと。心配すること］

読み ②

□ 19 台風で傾いた家を**修繕**する。
□ 20 牧場を広げ**畜産**を盛んにする。
□ 21 整備された介護**施設**。
□ 22 **犠牲**を払ってでも立ち向かう。
□ 23 明日の試合を前に**闘魂**を燃やす。
□ 24 芸の**神髄**を伝える。
□ 25 客に**粗相**のないように気を配る。
□ 26 実験成功の**吉報**が届く。
□ 27 名作を読んで**感慨**に浸る。
□ 28 社会の恥部を**赤裸々**に描く。
□ 29 コンクールに**応募**する。
□ 30 チェロの独奏にすっかり**陶酔**する。

□ 31 筋肉を**鍛**えて体力強化をはかる。
□ 32 お年寄りに席を**譲**る。
□ 33 やすりを使ってのこぎりを**研**ぐ。
□ 34 バイオリンの音色に心が**奪**われる。
□ 35 家の改築工事を**請**けている。
□ 36 雪が山頂を**覆**う。
□ 37 カバンを肩から**提**げて持つ。
□ 38 水平線から日が**昇**る。
□ 39 筆の**穂先**をそろえる。
□ 40 姉が結婚式で髪を**結**う。
□ 41 木陰で**憩**いのひとときを過ごす。
□ 42 美術館に行こうと**誘**われる。

---

19 しゅうぜん
20 ちくさん
21 しせつ
22 ぎせい
23 とうこん
24 しんずい
25 そそう
26 きっぽう
27 かんがい
28 せきらら
29 おうぼ
30 とうすい

31 きた
32 ゆず
33 と
34 うば
35 う
36 おお
37 さ
38 のぼ
39 ほさき
40 ゆ
41 いこ
42 さそ

他例 23［魂胆］ 26［吉凶］

でる順 **B**

同音・同訓異字①

15分で解こう!

21点以上とれれば合格!

次の――線のカタカナにあてはまる漢字をそれぞれの**ア**～**オ**から一つ選び、記号を記せ。

☐ **1** コ問の先生と話す。
☐ **2** 新卒者をコ用する。
☐ **3** コ独な人生を送る。
（**ア** 故　**イ** 顧　**ウ** 雇　**エ** 孤　**オ** 個）

☐ **4** 山岳救助隊の出動を要セイする。
☐ **5** 都市部で隆セイした文化。
☐ **6** 若者が戦争の犠セイとなる。
（**ア** 聖　**イ** 製　**ウ** 請　**エ** 盛　**オ** 牲）

☐ **7** 決議案を採タクする。
☐ **8** 財務管理を委タクする。
☐ **9** タク越した才能を持つ。
（**ア** 択　**イ** 宅　**ウ** 卓　**エ** 拓　**オ** 託）

☐ **10** 壁をペンキでト装する。
☐ **11** 夜空に北ト七星を探す。
☐ **12** 心情をト露する。
（**ア** 斗　**イ** 吐　**ウ** 戸　**エ** 塗　**オ** 都）

解答

1 **イ** 顧問（こもん）
2 **ウ** 雇用（こよう）
3 **エ** 孤独（こどく）
4 **ウ** 要請（ようせい）
5 **エ** 隆盛（りゅうせい）
6 **オ** 犠牲（ぎせい）
7 **ア** 採択（さいたく）
8 **オ** 委託（いたく）
9 **ウ** 卓越（たくえつ）
10 **エ** 塗装（とそう）
11 **ア** 北斗（ほくと）
12 **イ** 吐露（とろ）

13 職人が精コンこめて仕上げる。
14 悔コンの念に駆られる。
15 荒野を開コンする。
（ア 魂　イ 墾　ウ 困　エ 紺　オ 恨）

16 石ヒに刻まれた文を読む。
17 それは非常にヒ劣なやり方だ。
18 よくヒ大した球根。
（ア 否　イ 肥　ウ 卑　エ 碑　オ 秘）

19 コンテストに応ボする。
20 パソコンで会員名ボを作成する。
21 古代の墳ボを研究する。
（ア 模　イ 母　ウ 墓　エ 簿　オ 募）

22 本校の在セキ者数は二百人だ。
23 二対一でセキ敗した。
24 反対する者を排セキする。
（ア 籍　イ 席　ウ 惜　エ 斥　オ 関）

25 皮をむいた長芋をすりばちでスる。
26 湖の水がスむ。
27 葉を太陽にスかして見る。
（ア 住　イ 透　ウ 刷　エ 擦　オ 澄）

28 風で舞い落ちた花びらをハく。
29 朝からハき気（け）がする。
30 川で魚がハねる。
（ア 吐　イ 掃　ウ 跳　エ 晴　オ 果）

---

13 ア 精魂（せいこん）
14 オ 悔恨（かいこん）
15 イ 開墾（かいこん）

16 エ 石碑（せきひ）
17 ウ 卑劣（ひれつ）
18 イ 肥大（ひだい）

19 オ 応募（おうぼ）
20 エ 名簿（めいぼ）
21 ウ 墳墓（ふんぼ）

22 ア 在籍（ざいせき）
23 ウ 惜敗（せきはい）
24 エ 排斥（はいせき）

25 エ 擦（す）る
26 オ 澄（す）む
27 イ 透（す）かして

28 イ 掃（は）く
29 ア 吐（は）き気（け）
30 ウ 跳（は）ねる

他例 22［隻］

同音・同訓異字②

15分で解こう！

21点以上とれれば合格！

得点　1回目　/30　2回目　/30

次の――線のカタカナにあてはまる漢字をそれぞれの**ア**～**オ**から一つ選び、記号を記せ。

1 彼女は時々大タンな行動をとる。
2 根気強くタン錬を積み重ねる。
3 豪華なタン物。
（**ア** 胆　**イ** 短　**ウ** 反　**エ** 嘆　**オ** 鍛）

4 武力による反乱をチン圧する。
5 商品をたなにチン列する。
6 地盤チン下が起こった。
（**ア** 賃　**イ** 沈　**ウ** 珍　**エ** 陳　**オ** 鎮）

7 トク名で寄付をする。
8 温厚トク実な人柄。
9 王座を獲トクする。
（**ア** 得　**イ** 徳　**ウ** 特　**エ** 匿　**オ** 篤）

10 一点差でシン勝した。
11 シン縮自在の布地を用いる。
12 時間をかけてシン議する。
（**ア** 伸　**イ** 審　**ウ** 神　**エ** 進　**オ** 辛）

解答

1 **ア** 大胆（だいたん）
2 **オ** 鍛錬（たんれん）
3 **ウ** 反物（たんもの）
4 **オ** 鎮圧（ちんあつ）
5 **エ** 陳列（ちんれつ）
6 **イ** 沈下（ちんか）
7 **エ** 匿名（とくめい）
8 **オ** 篤実（とくじつ）
9 **ア** 獲得（かくとく）
10 **オ** 辛勝（しんしょう）
11 **ア** 伸縮（しんしゅく）
12 **イ** 審議（しんぎ）

13 絶キョウがこだまする。
14 他国にキョウ威を与える。
15 キョウ谷を移動するサルの群れ。
（ア 脅　イ 教　ウ 峡　エ 叫　オ 共）

16 電磁波の振プクをグラフに表す。
17 敵の基地に潜プクする。
18 船が転プクする。
（ア 伏　イ 副　ウ 覆　エ 幅　オ 腹）

19 悪行をバク露する。
20 自由を束バクする。
21 起バク剤となった出来事。
（ア 暴　イ 爆　ウ 幕　エ 縛　オ 麦）

22 野バンな言葉遣いはやめなさい。
23 バン感の思いを込めて送辞を読む。
24 そろそろバンご飯の時間だ。
（ア 晩　イ 番　ウ 蛮　エ 判　オ 万）

25 クラリネットをフいている。
26 温泉がフき出す土地。
27 失敗をフまえてやり直す。
（ア 触　イ 吹　ウ 老　エ 噴　オ 踏）

28 友人との別れをクやむ。
29 残金を全額来月分にクり越す。
30 木がクちる。
（ア 組　イ 暮　ウ 朽　エ 悔　オ 繰）

---

13 エ 絶叫（ぜっきょう）
14 ア 脅威（きょうい）
15 ウ 峡谷（きょうこく）

16 エ 振幅（しんぷく）
17 ア 潜伏（せんぷく）
18 ウ 転覆（てんぷく）

19 ア 暴露（ばくろ）
20 エ 束縛（そくばく）
21 イ 起爆剤（きばくざい）

22 ウ 野蛮（やばん）
23 オ 万感（ばんかん）
24 ア 晩ご飯（ばんごはん）

25 イ 吹（ふ）いて
26 エ 噴（ふ）き出（だ）す
27 オ 踏（ふ）まえて

28 エ 悔（く）やむ
29 オ 繰（く）り越（こ）す
30 ウ 朽（く）ちる

他例 28［食う］　意味 23［万感＝心にわき起こるさまざまな感情］

でる順 B

漢字の識別 ①

15分で解こう!

17点以上とれれば合格!

得点 1回目 /24 2回目 /24

三つの□に共通する漢字を入れて熟語を作れ。漢字は後の□から一つ選び、記号を記せ。

1 亡□・□感・□魂
2 □金・□集・応□
3 □定・□案・□当
4 □会・□席・祝□
5 □跡・□道・常□

ア 音　イ 宴　ウ 霊　エ 勘　オ 戦
カ 募　キ 軌　ク 手　ケ 内　コ 査

6 □代・□木・早□
7 危□・□実・□志家
8 □示・□発・拝□
9 多□・□路・分□
10 □悪・□推・□魔

ア 苗　イ 技　ウ 了　エ 成　オ 篤
カ 果　キ 服　ク 啓　ケ 邪　コ 岐

解答

1 ウ 亡霊(ぼうれい)・霊感(れいかん)・霊魂(れいこん)
2 カ 募金(ぼきん)・募集(ぼしゅう)・応募(おうぼ)
3 エ 勘定(かんじょう)・勘案(かんあん)・勘当(かんどう)
4 イ 宴会(えんかい)・宴席(えんせき)・祝宴(しゅくえん)
5 キ 軌跡(きせき)・軌道(きどう)・常軌(じょうき)
6 ア 苗代(なわしろ(なえしろ))・苗木(なえぎ)・早苗(さなえ)
7 オ 危篤(きとく)・篤実(とくじつ)・篤志家(とくしか)
8 ク 啓示(けいじ)・啓発(けいはつ)・拝啓(はいけい)
9 コ 多岐(たき)・岐路(きろ)・分岐(ぶんき)
10 ケ 邪悪(じゃあく)・邪推(じゃすい)・邪魔(じゃま)

意味 3［勘案＝考えて工夫すること］ 3［勘当＝親が、子と縁を切ること］

11 除□・□潤・陰□

12 遭□・奇□・処□

13 嘱□・信□・□児所

14 □細・□下・□落

15 □鳴・□卵・闘□

16 破□・□傷・分□

17 残□・□待・暴□

ア 信	イ 虐	ウ 鶏	エ 声	オ 員
カ 降	キ 欠	ク 零	ケ 卑	コ 託
サ 湿	シ 上	ス 遇	セ 裂	ソ 部

18 □土・□膜・□液

19 放□・□費・波□

20 □圧・□制・□揚

21 □権・国□・負□

22 許□・受□・□否

23 容□・恩□・□免

24 互□性・交□・□算

ア 浪	イ 赤	ウ 換	エ 諾	オ 債
カ 旅	キ 加	ク 乗	ケ 会	コ 空
サ 予	シ 粘	ス 抑	セ 疑	ソ 赦

---

11 サ　除湿(じょしつ)・湿潤(しつじゅん)・陰湿(いんしつ)

12 ス　遭遇(そうぐう)・奇遇(きぐう)・処遇(しょぐう)

13 コ　嘱託(しょくたく)・信託(しんたく)・託児所(たくじしょ)

14 ク　零細(れいさい)・零下(れいか)・零落(れいらく)

15 ウ　鶏鳴(けいめい)・鶏卵(けいらん)・闘鶏(とうけい)

16 セ　破裂(はれつ)・裂傷(れっしょう)・分裂(ぶんれつ)

17 イ　残虐(ざんぎゃく)・虐待(ぎゃくたい)・暴虐(ぼうぎゃく)

18 シ　粘土(ねんど)・粘膜(ねんまく)・粘液(ねんえき)

19 ア　放浪(ほうろう)・浪費(ろうひ)・波浪(はろう)

20 ス　抑圧(よくあつ)・抑制(よくせい)・抑揚(よくよう)

21 オ　債権(さいけん)・国債(こくさい)・負債(ふさい)

22 エ　許諾(きょだく)・受諾(じゅだく)・諾否(だくひ)

23 ソ　容赦(ようしゃ)・恩赦(おんしゃ)・赦免(しゃめん)

24 ウ　互換性(ごかんせい)・交換(こうかん)・換算(かんさん)

意味　13［嘱託＝頼んで仕事をまかせること］　14［零落＝落ちぶれること］　23［赦免＝罪を許すこと］

でる順 B

漢字の識別②

15分で解こう!

17点以上とれれば合格!

得点 1回目 /24 2回目 /24

三つの□に共通する漢字を入れて熟語を作れ。漢字は後の［　］から一つ選び、記号を記せ。

1 □勝・□苦・□抱

2 上□・□格・□降

3 □墜・衝□・□滅

4 弱□・栄□・□水

5 検□・□素・糖□病

ア 撃　イ 炭　ウ 冠　エ 下　オ 理
カ 用　キ 辛　ク 昇　ケ 尿　コ 動

6 □野・□食・□暴

7 出□・□走・□柱

8 □握・合□・車□

9 暖□・□端・原子□

10 □除・一□・清□

ア 飲　イ 掌　ウ 体　エ 掃　オ 炉
カ 粗　キ 位　ク 冬　ケ 庫　コ 帆

解答

1 キ 辛勝（しんしょう）・辛苦（しんく）・辛抱（しんぼう）

2 ク 上昇（じょうしょう）・昇格（しょうかく）・昇降（しょうこう）

3 ア 撃墜（げきつい）・衝撃（しょうげき）・撃滅（げきめつ）

4 ウ 弱冠（じゃっかん）・栄冠（えいかん）・冠水（かんすい）

5 ケ 検尿（けんにょう）・尿素（にょうそ）・糖尿病（とうにょうびょう）

6 カ 粗野（そや）・粗食（そしょく）・粗暴（そぼう）

7 コ 出帆（しゅっぱん）・帆走（はんそう）・帆柱（ほばしら）

8 イ 掌握（しょうあく）・合掌（がっしょう）・車掌（しゃしょう）

9 オ 暖炉（だんろ）・炉端（ろばた）・原子炉（げんしろ）

10 エ 掃除（そうじ）・一掃（いっそう）・清掃（せいそう）

意味 4［弱冠＝年が若いこと。また、男子の数え年二十歳のこと］

11 □名・秘□・隠□

12 陶□・心□・□狂

13 □明・□服・相□

14 手□・□前・□剤

15 □設・□想・□病

16 □橋・□空・担□

17 □天・□暑・肺□

ア 架　イ 本　ウ 克　エ 圧　オ 錠
カ 器　キ 炎　ク 仮　ケ 臓　コ 深
サ 酔　シ 匿　ス 出　セ 実　ソ 状

18 □労・□問・□霊

19 □胆・精□・闘□

20 喚□・□伏・縁□

21 一□・□通・縦□

22 概□・□請・肝□

23 埋□・□儀・会□

24 帳□・□記・名□

ア 簿　イ 巧　ウ 神　エ 葬　オ 文
カ 刺　キ 面　ク 立　ケ 貫　コ 側
サ 起　シ 報　ス 慰　セ 要　ソ 魂

---

11 シ　匿名（とくめい）・秘匿（ひとく）・隠匿（いんとく）

12 サ　陶酔（とうすい）・心酔（しんすい）・酔狂（すいきょう）

13 ウ　克明（こくめい）・克服（こくふく）・相克（そうこく）

14 オ　手錠（てじょう）・錠前（じょうまえ）・錠剤（じょうざい）

15 ク　仮設（かせつ）・仮想（かそう）・仮病（けびょう）

16 ア　架橋（かきょう）・架空（かくう）・担架（たんか）

17 キ　炎天（えんてん）・炎暑（えんしょ）・肺炎（はいえん）

18 ス　慰労（いろう）・慰問（いもん）・慰霊（いれい）

19 ソ　魂胆（こんたん）・精魂（せいこん）・闘魂（とうこん）

20 サ　喚起（かんき）・起伏（きふく）・縁起（えんぎ）

21 ケ　一貫（いっかん）・貫通（かんつう）・縦貫（じゅうかん）

22 セ　概要（がいよう）・要請（ようせい）・肝要（かんよう）

23 エ　埋葬（まいそう）・葬儀（そうぎ）・会葬（かいそう）

24 ア　帳簿（ちょうぼ）・簿記（ぼき）・名簿（めいぼ）

意味　12［陶酔＝心を奪われ、うっとりすること］　23［会葬＝葬式に参列すること］

でる順 B

熟語の構成①

10分で解こう!

26点以上とれれば合格!

得点
1回目 /36
2回目 /36

◎熟語の構成のしかたには次のようなものがある。

ア 同じような意味の漢字を重ねたもの……（岩石）
イ 反対または対応の意味を表す字を重ねたもの……（高低）
ウ 上の字が下の字を修飾しているもの……（洋画）
エ 下の字が上の字の目的語・補語になっているもの……（着席）
オ 上の字が下の字の意味を打ち消しているもの……（非常）

次の熟語は右の**ア**～**オ**のどれにあたるか、一つ選び、記号を記せ。

1 遠征
2 巨匠
3 概況
4 巧妙
5 家畜
6 干満

解答

1 ウ 遠征（えんせい） 「遠くへ→ゆく」と解釈。
2 ウ 巨匠（きょしょう） 「すぐれた→技能をもつ人」と解釈。
3 ウ 概況（がいきょう） 「おおよその→状況」と解釈。
4 ア 巧妙（こうみょう） どちらも「てぎわがよい」の意。
5 ウ 家畜（かちく） 「家で飼う→動物」と解釈。
6 イ 干満（かんまん） 「干上がる」↔「満ちる」と解釈。
7 ウ 強奪（ごうだつ） 「強引に→奪う」と解釈。
8 ア 彫刻（ちょうこく） どちらも「ほる」の意。
9 ウ 帰途（きと） 「帰りの→みち」と解釈。
10 ア 浅薄（せんぱく） どちらも「うすい」の意。
11 ウ 蛮行（ばんこう） 「野蛮な→行い」と解釈。
12 エ 免罪（めんざい） 「免じる←罪を」と解釈。
13 ウ 虚像（きょぞう） 「実体のない→像」と解釈。
14 エ 迎春（げいしゅん） 「迎える←春を」と解釈。
15 ウ 慈父（じふ） 「いつくしみ深い→父」と解釈。
16 エ 換金（かんきん） 「換える←お金に」と解釈。

☐ 7 強奪
☐ 8 彫刻
☐ 9 帰途
☐ 10 浅薄
☐ 11 蛮行
☐ 12 免罪
☐ 13 虚像
☐ 14 迎春
☐ 15 慈父
☐ 16 換金

☐ 17 教卓
☐ 18 授乳
☐ 19 敢闘
☐ 20 新鮮
☐ 21 既婚
☐ 22 是非
☐ 23 朗詠
☐ 24 未来
☐ 25 検尿
☐ 26 樹木

☐ 27 水稲
☐ 28 沈没
☐ 29 渡欧
☐ 30 潔癖
☐ 31 破裂
☐ 32 濫造
☐ 33 無冠
☐ 34 猟犬
☐ 35 世代
☐ 36 硬球

---

17 **ウ** 教卓（きょうたく） 「教師が用いる→卓」と解釈。

18 **エ** 授乳（じゅにゅう） 「授ける←乳を」と解釈。

19 **ウ** 敢闘（かんとう） 「思い切って→闘う」と解釈。

20 **ア** 新鮮（しんせん） どちらも「あたらしい」の意。

21 **ウ** 既婚（きこん） 「既に→結婚している」と解釈。

22 **イ** 是非（ぜひ） 「正しい」↔「よくない」と解釈。

23 **ウ** 朗詠（ろうえい） 「声高らかに→うたう」と解釈。

24 **オ** 未来（みらい） 「まだ来ていない」と解釈。

25 **エ** 検尿（けんにょう） 「検査する←尿を」と解釈。

26 **ア** 樹木（じゅもく） どちらも「たちき」の意。

27 **ウ** 水稲（すいとう） 「水田で育てる→稲」と解釈。

28 **ア** 沈没（ちんぼつ） どちらも「しずむ」の意。

29 **エ** 渡欧（とおう） 「渡る←欧州に」と解釈。

30 **ウ** 潔癖（けっぺき） 「きよい→習性」と解釈。

31 **ア** 破裂（はれつ） どちらも「やぶれる」の意。

32 **ウ** 濫造（らんぞう） 「むやみに→造る」と解釈。

33 **オ** 無冠（むかん） 「名誉のある地位がない」と解釈。

34 **ウ** 猟犬（りょうけん） 「猟に使う→犬」と解釈。

35 **ア** 世代（せだい） どちらも「じだい」の意。

36 **ウ** 硬球（こうきゅう） 「硬い→球（ボール）」と解釈。

でる順 **B**

熟語の構成 ②

10分で解こう!

26点以上とれれば合格!

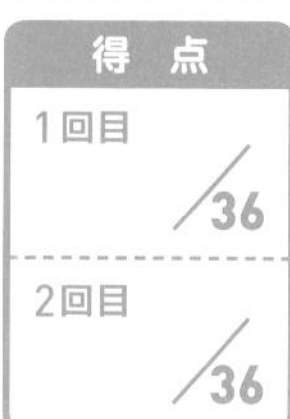

◎ 熟語の構成のしかたには次のようなものがある。

ア 同じような意味の漢字を重ねたもの……（岩石）
イ 反対または対応の意味を表す字を重ねたもの……（高低）
ウ 上の字が下の字を修飾しているもの……（洋画）
エ 下の字が上の字の目的語・補語になっているもの……（着席）
オ 上の字が下の字の意味を打ち消しているもの……（非常）

次の熟語は右の**ア**～**オ**のどれにあたるか、一つ選び、記号を記せ。

☐ 1 赦免
☐ 2 邪推
☐ 3 就任
☐ 4 秀作
☐ 5 耐震
☐ 6 寸劇

解答

1 **ア** 赦免 どちらも「ゆるす」の意。
2 **ウ** 邪推 「わるく↓推量する」と解釈。
3 **エ** 就任 「就く↑任務に」と解釈。
4 **ウ** 秀作 「ひいでた↓作品」と解釈。
5 **エ** 耐震 「耐える↑震動に」と解釈。
6 **ウ** 寸劇 「みじかい↓劇」と解釈。
7 **イ** 自他 「自分」↔「他人」と解釈。
8 **ア** 鍛錬 どちらも「きたえる」の意。
9 **エ** 被災 「被る↑災害を」と解釈。
10 **ウ** 濫伐 「みだりに↓伐採する」と解釈。
11 **ウ** 蛮勇 「向こう見ずな↓勇気」と解釈。
12 **ア** 詳細 どちらも「くわしい」の意。
13 **ウ** 虚勢 「うその↓勢い」と解釈。
14 **ウ** 敢行 「あえて↓行う」と解釈。
15 **エ** 譲歩 「譲る↑歩みを」と解釈。
16 **イ** 贈答 「贈る」↔「答える」と解釈。

7 自他
8 鍛錬
9 被災
10 濫伐
11 蛮勇
12 詳細
13 虚勢
14 敢行
15 譲歩
16 贈答

17 避暑
18 邦楽
19 錠剤
20 邪心
21 迫真
22 鐘楼
23 陳述
24 霊泉
25 食卓
26 険阻

27 騎兵
28 鎮火
29 鶏卵
30 不慮
31 魔術
32 随意
33 辛苦
34 鼻孔
35 送迎
36 追跡

---

17 エ　避暑（ひしょ）「避ける↑暑さを」と解釈。
18 ウ　邦楽（ほうがく）「日本の→音楽」と解釈。
19 ア　錠剤（じょうざい）どちらも「くすり」の意。
20 ウ　邪心（じゃしん）「よこしまな→心」と解釈。
21 エ　迫真（はくしん）「迫る↑真に」と解釈。
22 ウ　鐘楼（しょうろう）「つりがねの→やぐら」と解釈。
23 ア　陳述（ちんじゅつ）どちらも「のべる」の意。
24 ウ　霊泉（れいせん）「ふしぎな効き目の→泉」と解釈。
25 ウ　食卓（しょくたく）「食事をする→卓」と解釈。
26 ア　険阻（けんそ）どちらも「けわしい」の意。
27 ウ　騎兵（きへい）「馬に乗った→兵士」と解釈。
28 エ　鎮火（ちんか）「しずめる↑火を」と解釈。
29 ウ　鶏卵（けいらん）「にわとりの→卵」と解釈。
30 オ　不慮（ふりょ）「考えない」と解釈。
31 ウ　魔術（まじゅつ）「あやしい→術」と解釈。
32 エ　随意（ずいい）「したがう↑気持ちに」と解釈。
33 ア　辛苦（しんく）どちらも「つらい」の意。
34 ウ　鼻孔（びこう）「鼻の→あな」と解釈。
35 イ　送迎（そうげい）「送る」↔「迎える」と解釈。
36 エ　追跡（ついせき）「追う↑跡を」と解釈。

でる順 **B**

部首 ①

10分で解こう!

17点以上とれれば合格!

得点	
1回目	/24
2回目	/24

次の漢字の部首を**ア**〜**エ**から一つ選び、記号で記せ。

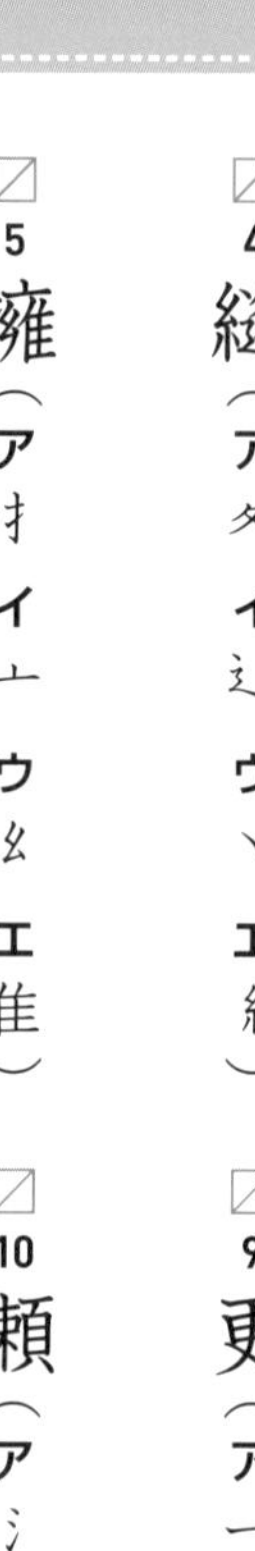

☐ 1 建（**ア** 廴　**イ** 丨　**ウ** 聿　**エ** 二）

☐ 2 麦（**ア** 夂　**イ** 一　**ウ** 丿　**エ** 麦）

☐ 3 者（**ア** 耂　**イ** 日　**ウ** 土　**エ** 丿）

☐ 4 縫（**ア** 夂　**イ** 辶　**ウ** 丶　**エ** 糸）

☐ 5 擁（**ア** 扌　**イ** 亠　**ウ** 幺　**エ** 隹）

☐ 6 邦（**ア** 丿　**イ** 丨　**ウ** 一　**エ** 阝）

☐ 7 憩（**ア** 自　**イ** 舌　**ウ** 口　**エ** 心）

☐ 8 斜（**ア** 人　**イ** 示　**ウ** 十　**エ** 斗）

☐ 9 更（**ア** 一　**イ** 口　**ウ** 日　**エ** 丿）

☐ 10 瀬（**ア** 氵　**イ** 木　**ウ** 口　**エ** 頁）

解答

1 **ア** えんにょう　出題範囲では建と延のみ

2 **エ** むぎ　出題範囲では麦のみ

3 **ア** おいがしら　例 考 老

4 **エ** いとへん　例 緩 綱 紛

5 **ア** てへん　例 拘 控 撮

6 **エ** おおざと　例 邪 郷 郵

7 **エ** こころ　例 忌 憂 惑

8 **エ** とます　例 斗 料

9 **ウ** ひらび いわく　例 替 冒 最

10 **ア** さんずい　例 潜 滞 滝

11 穂（ア 木　イ 禾　ウ 田　エ 心）

12 礎（ア 石　イ 木　ウ 口　エ 疋）

13 曇（ア 日　イ 雨　ウ 二　エ ム）

14 突（ア 宀　イ 八　ウ 穴　エ 大）

15 競（ア 亠　イ 立　ウ 口　エ 儿）

16 糧（ア 土　イ 日　ウ 米　エ 里）

17 緊（ア 臣　イ 又　ウ 匚　エ 糸）

18 臨（ア 匚　イ 臣　ウ 一　エ 口）

19 蒸（ア 艹　イ 水　ウ 一　エ 灬）

20 裸（ア 丶　イ 衤　ウ 田　エ 木）

21 誉（ア ⺍　イ 大　ウ 言　エ 口）

22 諮（ア 言　イ 冫　ウ 人　エ 口）

23 響（ア 阝　イ 立　ウ 日　エ 音）

24 震（ア 雨　イ 厂　ウ 二　エ 辰）

---

11 **イ** のぎへん　例 穏 穫 稚

12 **ア** いしへん　例 硬 碑 砲

13 **ア** ひ　例 暫 昇 晶

14 **ウ** あなかんむり　例 窓 究 空

15 **イ** たつ　例 章 童 立

16 **ウ** こめへん　例 粋 粗 粘

17 **エ** いと　例 紫 繁 系

18 **イ** しん　例 出題範囲では臨と臣のみ

19 **ア** くさかんむり　例 蓄 薄 蔵

20 **イ** ころもへん　例 被 補 複

21 **ウ** げん　例 警 言

22 **ア** ごんべん　例 譲 託 訂

23 **エ** おと　例 出題範囲では響と音のみ

24 **ア** あめかんむり　例 零 霊 雷

注意 14［突の部首は「宀」ではない］

でる順 **B**

部首 ②

17点以上とれれば合格!

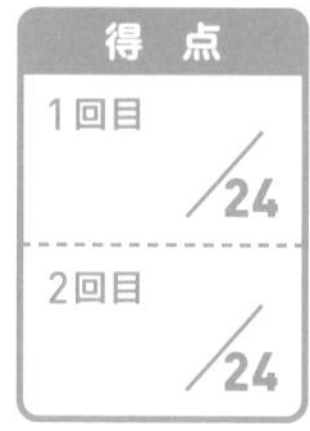

次の漢字の部首を**ア**～**エ**から一つ選び、記号で記せ。

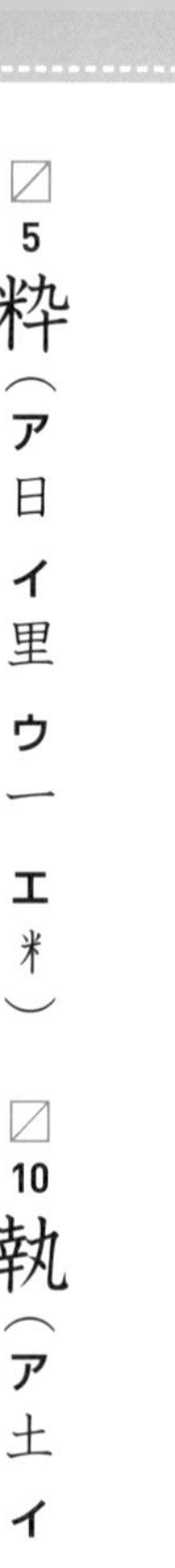

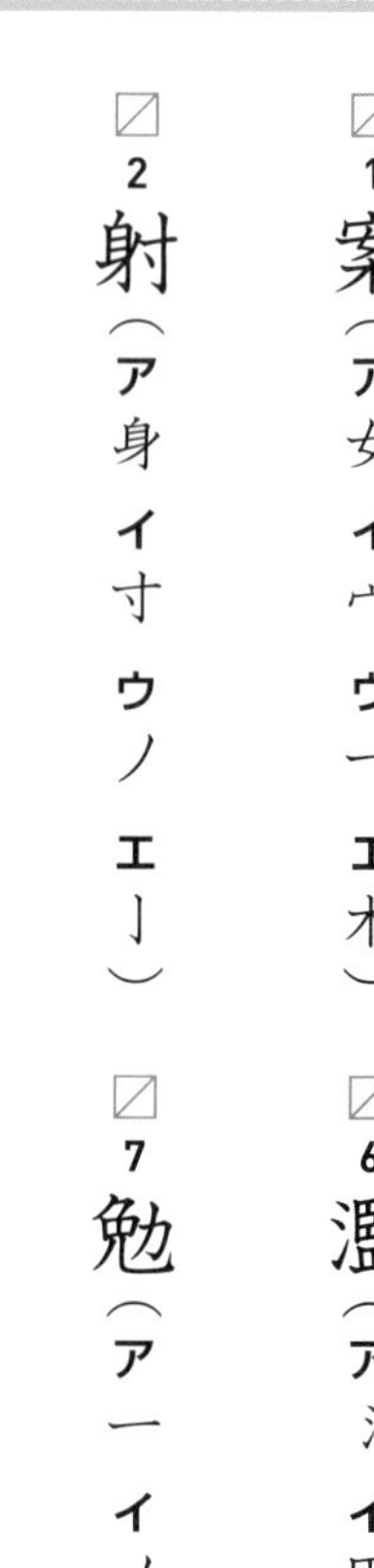
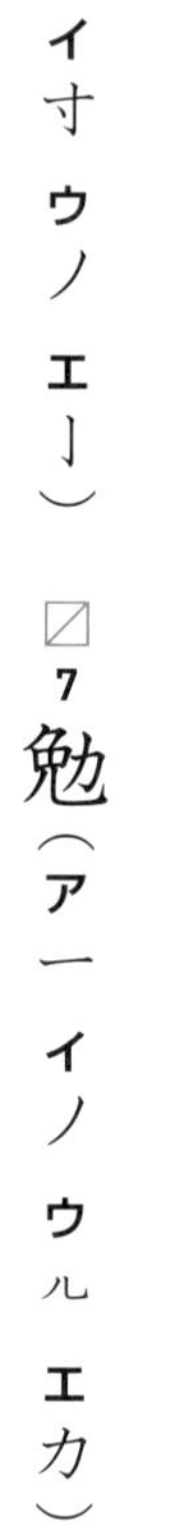
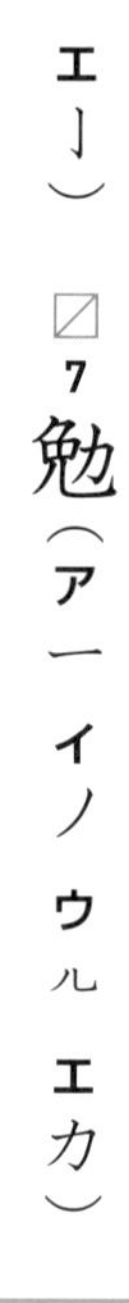

1 案（**ア** 女 **イ** 宀 **ウ** 一 **エ** 木）

2 射（**ア** 身 **イ** 寸 **ウ** ノ **エ** 亅）

3 章（**ア** 亠 **イ** 日 **ウ** 十 **エ** 立）

4 凍（**ア** 冫 **イ** 日 **ウ** 口 **エ** 木）

5 粋（**ア** 日 **イ** 里 **ウ** 一 **エ** 米）

6 濫（**ア** 氵 **イ** 臣 **ウ** 一 **エ** 皿）

7 勉（**ア** 一 **イ** ノ **ウ** 儿 **エ** 力）

8 搾（**ア** 扌 **イ** 穴 **ウ** 宀 **エ** 丨）

9 善（**ア** 羊 **イ** 二 **ウ** 一 **エ** 口）

10 執（**ア** 土 **イ** 丶 **ウ** 乙 **エ** 干）

解答

1 **エ** き　例 架 棄 桑

2 **イ** すん　例 寿 封 将

3 **エ** たつ　例 競 童 立

4 **ア** にすい　例 凝 冷 冬

5 **エ** こめへん　例 粗 粘 糧

6 **ア** さんずい　例 泌 漂 没

7 **エ** ちから　例 勘 募 励

8 **ア** てへん　例 擦 摂 措

9 **エ** くち　例 召 唐 后

10 **ア** つち　例 基 墓 報

11 壇（ア土 イ亠 ウ口 エ日）

12 奇（アノ イ大 ウ口 エ亅）

13 崩（ア山 イ月 ウノ エ亅）

14 幕（ア艹 イ日 ウ大 エ巾）

15 娯（ア女 イ口 ウ一 エ八）

16 弁（アム イ一 ウノ エ廾）

17 彩（アノ イ爫 ウ木 エ彡）

18 微（ア彳 イ山 ウ儿 エ攵）

19 憲（ア宀 イ罒 ウ王 エ心）

20 鋳（ア金 イ二 ウノ エ寸）

21 成（ア一 イ廾 ウ戈 エノ）

22 陵（ア阝 イ土 ウ儿 エ夂）

23 昼（ア尸 イノ ウ一 エ日）

24 釈（ア爫 イ木 ウ釆 エ尸）

---

11 **ア** つちへん 例 埋 壊 堤

12 **イ** だい 例 契 奪 奉

13 **ア** やま 例 岳 岸 島

14 **エ** はば 例 帝 師 希

15 **ア** おんなへん 例 嫁 姫 妨

16 **エ** こまぬき にじゅうあし 出題範囲では弁のみ

17 **エ** さんづくり 例 彫 影 形

18 **ア** ぎょうにんべん 例 徐 征 彼

19 **エ** こころ 例 慮 恋 態

20 **ア** かねへん 例 錯 鐘 錠

21 **ウ** ほこづくり ほこがまえ 例 戒 戯 我

22 **ア** こざとへん 例 隔 陳 隆

23 **エ** ひ 例 景 暑 昔

24 **ウ** のごめへん 出題範囲では釈のみ

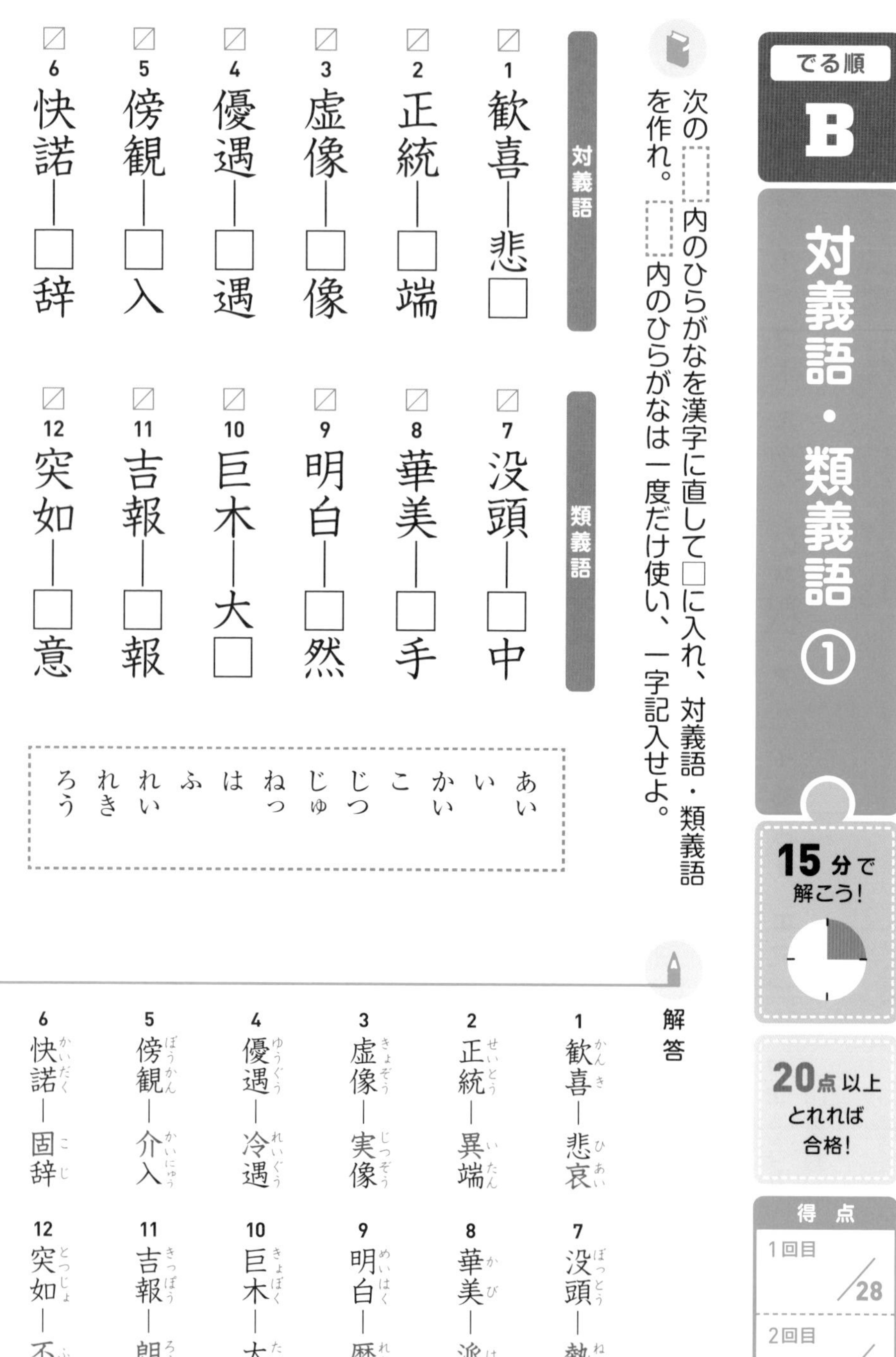

でる順 B

対義語・類義語 ①

15分で解こう!

20点以上とれれば合格!

得点	
1回目	/28
2回目	/28

次の［　］内のひらがなを漢字に直して□に入れ、対義語・類義語を作れ。［　］内のひらがなは一度だけ使い、一字記入せよ。

対義語

1 歓喜―悲□

2 正統―□端

3 虚像―□像

4 優遇―□遇

5 傍観―□入

6 快諾―□辞

類義語

7 没頭―□中

8 華美―□手

9 明白―□然

10 巨木―大□

11 吉報―□報

12 突如―□意

あい　い　かい　こ　じつ　じゅ　ねつ　は　ふ　れい　れき　ろう

解答

1 歓喜（かんき）―悲哀（ひあい）

2 正統（せいとう）―異端（いたん）

3 虚像（きょぞう）―実像（じつぞう）

4 優遇（ゆうぐう）―冷遇（れいぐう）

5 傍観（ぼうかん）―介入（かいにゅう）

6 快諾（かいだく）―固辞（こじ）

7 没頭（ぼっとう）―熱中（ねっちゅう）

8 華美（かび）―派手（はで）

9 明白（めいはく）―歴然（れきぜん）

10 巨木（きょぼく）―大樹（たいじゅ）

11 吉報（きっぽう）―朗報（ろうほう）

12 突如（とつじょ）―不意（ふい）

意味 9［歴然＝紛れもなく明らかなさま］

対義語

13 模倣—創□
14 豪華—□素
15 甘言—□言
16 脱退—加□
17 免税—□税
18 攻撃—□御
19 浪費—倹□
20 称賛—非□

類義語

21 強硬—強□
22 外見—体□
23 出納—□支
24 介抱—□護
25 潤沢—豊□
26 便利—重□
27 思慮—分□
28 独自—□有

いん　か　かん　く　さい　しつ　しゅう　ぞう　とく　なん　ふ　べつ　ほう　ぼう　めい　やく

---

13 模倣（もほう）—創造（そうぞう）
14 豪華（ごうか）—質素（しっそ）
15 甘言（かんげん）—苦言（くげん）
16 脱退（だったい）—加盟（かめい）
17 免税（めんぜい）—課税（かぜい）
18 攻撃（こうげき）—防御（ぼうぎょ）
19 浪費（ろうひ）—倹約（けんやく）
20 称賛（しょうさん）—非難（ひなん）

21 強硬（きょうこう）—強引（ごういん）
22 外見（がいけん）—体裁（ていさい）
23 出納（すいとう）—収支（しゅうし）
24 介抱（かいほう）—看護（かんご）
25 潤沢（じゅんたく）—豊富（ほうふ）
26 便利（べんり）—重宝（ちょうほう）
27 思慮（しりょ）—分別（ふんべつ）
28 独自（どくじ）—特有（とくゆう）

意味　15［甘言＝口先だけのうまい言葉］　24［介抱＝病人やけが人などの世話をすること］

でる順 B

対義語・類義語 ②

15分で解こう!

20点以上とれれば合格!

得点 1回目 /28 2回目 /28

次の［　］内のひらがなを漢字に直して□に入れ、対義語・類義語を作れ。［　］内のひらがなは一度だけ使い、一字記入せよ。

対義語

1 乾燥―□潤

2 支配―□属

3 帰路―□路

4 穏和―粗□

5 実像―□像

6 却下―□理

類義語

7 団結―結□

8 感心―敬□

9 肝心―重□

10 次第―順□

11 嘱望―期□

12 追憶―□顧

おう　かい　きょ　しつ　じゅ　じゅう　じょ　そく　たい　ふく　ぼう　よう

解答

1 乾燥（かんそう）―湿潤（しつじゅん）

2 支配（しはい）―従属（じゅうぞく）

3 帰路（きろ）―往路（おうろ）

4 穏和（おんわ）―粗暴（そぼう）

5 実像（じつぞう）―虚像（きょぞう）

6 却下（きゃっか）―受理（じゅり）

7 団結（だんけつ）―結束（けっそく）

8 感心（かんしん）―敬服（けいふく）

9 肝心（かんじん）―重要（じゅうよう）

10 次第（しだい）―順序（じゅんじょ）

11 嘱望（しょくぼう）―期待（きたい）

12 追憶（ついおく）―回顧（かいこ）

意味 2［従属＝強大なものに付き従うこと］

対義語

13 老成―□稚
14 寒冷―温□
15 解雇―□用
16 不和―円□
17 縫合―□開
18 助長―阻□
19 貯蓄―散□
20 栄達―□落

類義語

21 高低―□伏
22 排除―排□
23 野卑―□品
24 了承―□諾
25 日常―平□
26 審議―検□
27 明朗―□活
28 不審―□惑

かい　がい　き　ぎ　きょ　げ　さい　ざい　せき　せつ　そ　だん　とう　まん　よう　れい

---

13 老成（ろうせい）―幼稚（ようち）
14 寒冷（かんれい）―温暖（おんだん）
15 解雇（かいこ）―採用（さいよう）
16 不和（ふわ）―円満（えんまん）
17 縫合（ほうごう）―切開（せっかい）
18 助長（じょちょう）―阻害（そがい）
19 貯蓄（ちょちく）―散財（さんざい）
20 栄達（えいたつ）―零落（れいらく）

21 高低（こうてい）―起伏（きふく）
22 排除（はいじょ）―排斥（はいせき）
23 野卑（やひ）―下品（げひん）
24 了承（りょうしょう）―許諾（きょだく）
25 日常（にちじょう）―平素（へいそ）
26 審議（しんぎ）―検討（けんとう）
27 明朗（めいろう）―快活（かいかつ）
28 不審（ふしん）―疑惑（ぎわく）

意味 27［明朗＝明るくほがらかなこと］

でる順 B

対義語・類義語 ③

15分で解こう!

20点以上とれれば合格!

得点 1回目 /28 2回目 /28

次の□内のひらがなを漢字に直して□に入れ、対義語・類義語を作れ。□内のひらがなは一度だけ使い、一字記入せよ。

対義語

1 衰微―□隆
2 派手―地□
3 故意―過□
4 修繕―□損
5 却下―受□
6 冗漫―簡□

類義語

7 応援―□勢
8 幼稚―未□
9 根底―□盤
10 利発―賢□
11 両者―双□
12 案内―誘□

か　き　けつ　こう　しつ　じゅく　どう　は　ほう　み　めい　り

解答

1 衰微（すいび）―興隆（こうりゅう）
2 派手（はで）―地味（じみ）
3 故意（こい）―過失（かしつ）
4 修繕（しゅうぜん）―破損（はそん）
5 却下（きゃっか）―受理（じゅり）
6 冗漫（じょうまん）―簡潔（かんけつ）
7 応援（おうえん）―加勢（かせい）
8 幼稚（ようち）―未熟（みじゅく）
9 根底（こんてい）―基盤（きばん）
10 利発（りはつ）―賢明（けんめい）
11 両者（りょうしゃ）―双方（そうほう）
12 案内（あんない）―誘導（ゆうどう）

意味 5［却下＝申し立てや提案などを退けること］

対義語

13 早婚―□婚
14 過激―穏□
15 孤立―連□
16 実在―架□
17 難解―平□
18 停滞―進□
19 強情―従□
20 新鋭―□豪

類義語

21 派手―華□
22 激賞―絶□
23 哀歓―悲□
24 屈伏―□参
25 不足―□如
26 遭遇―□面
27 切実―□切
28 不意―突□

い　き　くう　けつ　け　こ　こう　さん　じゅん　ぜん　たい　ちょく　つう　てん　ばん　び

---

13 早婚（そうこん）―晩婚（ばんこん）
14 過激（かげき）―穏健（おんけん）
15 孤立（こりつ）―連帯（れんたい）
16 実在（じつざい）―架空（かくう）
17 難解（なんかい）―平易（へいい）
18 停滞（ていたい）―進展（しんてん）
19 強情（ごうじょう）―従順（じゅうじゅん）
20 新鋭（しんえい）―古豪（こごう）

21 派手（はで）―華美（かび）
22 激賞（げきしょう）―絶賛（ぜっさん）
23 哀歓（あいかん）―悲喜（ひき）
24 屈伏（くっぷく）―降参（こうさん）
25 不足（ふそく）―欠如（けつじょ）
26 遭遇（そうぐう）―直面（ちょくめん）
27 切実（せつじつ）―痛切（つうせつ）
28 不意（ふい）―突然（とつぜん）

意味　20［新鋭＝新しく進出し勢いの鋭く盛んな人］　23［哀歓＝悲しみと喜び］

でる順 B

対義語・類義語 ④

15分で解こう！

20点以上とれれば合格！

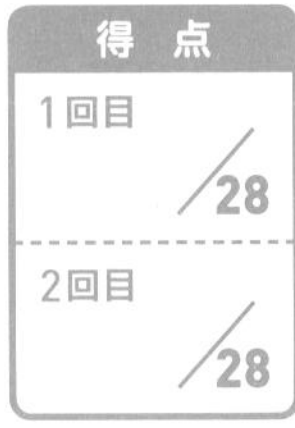

次の［　］内のひらがなを漢字に直して□に入れ、対義語・類義語を作れ。［　］内のひらがなは一度だけ使い、一字記入せよ。

対義語

1 興隆―□退
2 精密―□雑
3 解放―束□
4 零落―栄□
5 固辞―快□
6 発生―消□

類義語

7 許諾―了□
8 難儀―□苦
9 意図―魂□
10 平定―□圧
11 専念―□頭
12 節減―□約

けん　しょう　しん　すい　そ　だく　たつ　たん　ちん　ばく　ぼっ　めつ

解答

1 興隆（こうりゅう）―衰退（すいたい）
2 精密（せいみつ）―粗雑（そざつ）
3 解放（かいほう）―束縛（そくばく）
4 零落（れいらく）―栄達（えいたつ）
5 固辞（こじ）―快諾（かいだく）
6 発生（はっせい）―消滅（しょうめつ）
7 許諾（きょだく）―了承（りょうしょう）
8 難儀（なんぎ）―辛苦（しんく）
9 意図（いと）―魂胆（こんたん）
10 平定（へいてい）―鎮圧（ちんあつ）
11 専念（せんねん）―没頭（ぼっとう）
12 節減（せつげん）―倹約（けんやく）

意味 8［難儀＝悩み、苦しむこと］

対義語

13 追加—□除
14 善良—□悪
15 進展—停□
16 受容—□除
17 創造—模□
18 開始—終□
19 課税—□税
20 例外—原□

類義語

21 屈服—□参
22 所持—□帯
23 検討—□議
24 達成—完□
25 漂泊—放□
26 大要—□略
27 考慮—□案
28 朗報—□報

がい　かん　きっ　けい　こう　さく　じゃ　しん　すい　そく　たい　はい　ほう　めん　りょう　ろう

---

13 追加（ついか）—削除（さくじょ）
14 善良（ぜんりょう）—邪悪（じゃあく）
15 進展（しんてん）—停滞（ていたい）
16 受容（じゅよう）—排除（はいじょ）
17 創造（そうぞう）—模倣（もほう）
18 開始（かいし）—終了（しゅうりょう）
19 課税（かぜい）—免税（めんぜい）
20 例外（れいがい）—原則（げんそく）

21 屈服（くっぷく）—降参（こうさん）
22 所持（しょじ）—携帯（けいたい）
23 検討（けんとう）—審議（しんぎ）
24 達成（たっせい）—完遂（かんすい）
25 漂泊（ひょうはく）—放浪（ほうろう）
26 大要（たいよう）—概略（がいりゃく）
27 考慮（こうりょ）—勘案（かんあん）
28 朗報（ろうほう）—吉報（きっぽう）

送り仮名 ①

15分で解こう!

次の――線のカタカナを漢字一字と送り仮名(ひらがな)に直せ。

1 犬が飼い主の隣にフセル。
2 地面をタイラニする。
3 台風にソナエル。
4 強風で雨戸がハズレル。
5 トボシイ水で洗いものをする。
6 夕日が空を赤くソメル。
7 洗って布がチヂレルと困る。
8 先方の意向をタシカメル。
9 口がワザワイを招く。
10 額にしわをヨセル。
11 相手の非をセメル。
12 無理な要求をシリゾケル。
13 運動のサカンナ学校。
14 毎日カカサずに牛乳を飲んでいる。
15 生徒の自主性にマカセル。
16 負けてもカマワない。
17 怒りを内にヒメル。
18 つり糸をタラシて魚を待つ。

30点以上とれれば合格!

解答

1 伏せる
2 平らに
3 備える
4 外れる
5 乏しい
6 染める
7 縮れる
8 確かめる
9 災い
10 寄せる
11 責める
12 退ける
13 盛んな
14 欠かさ
15 任せる
16 構わ
17 秘める
18 垂らし

19 隊長として部隊をヒキイル。
20 工事の音が眠りをサマタゲル。
21 花のつぼみがフクランだ。
22 興奮した気持ちをサマス。
23 音楽に合わせてカロヤカニ舞う。
24 経験がマズシイので無理だ。
25 まだまだ考えがオサナイ。
26 夜空に星がカガヤイている。
27 ウシナッた本が見つかる。
28 座ったまま体をソラシて物を取る。
29 アラタナ気分で臨む。
30 我が子のスコヤカナ成長を祈る。

31 伝票とテラシ合わせる。
32 落ち着いた朗読に耳をカタムケル。
33 両親と妻子をヤシナッている。
34 家庭教師をヤトウ。
35 映画の話題で会話がハズム。
36 友人とカタライの時間を持つ。
37 代々米屋をイトナム。
38 丘の上に城をキズク。
39 友人をアラタメて父に紹介する。
40 地面にくつ底がスレル。
41 駅前のロッカーに荷物をアズケル。
42 あまりのアツカマシイ態度に驚く。

---

19 率いる
20 妨げる
21 膨らん
22 冷ます
23 軽やかに
24 貧しい
25 幼い
26 輝い
27 失っ
28 反らし
29 新たな
30 健やかな

31 照らし
32 傾ける
33 養っ
34 雇う
35 弾む
36 語らい
37 営む
38 築く
39 改め
40 擦れる
41 預ける
42 厚かましい

送り仮名②

15分で解こう!

30点以上とれれば合格!

次の――線のカタカナを漢字一字と送り仮名(ひらがな)に直せ。

- 1 無分別な言動をクイル。
- 2 遠くを見るのに目をコラシた。
- 3 アワタダシイ年の瀬を迎える。
- 4 胸の内にヒソム熱い思いを語る。
- 5 気の毒でナグサメル言葉もない。
- 6 オダヤカナ海風に当たる。
- 7 食事のサソイを断る。
- 8 船の積み荷を陸にアゲル。
- 9 二人の心をヘダテルわだかまり。
- 10 水面がユラグ。
- 11 転んで服がサケル。
- 12 敵を見事にアザムク。
- 13 北に山をヒカエル地形。
- 14 あらゆる方策をホドコス。
- 15 雨で草木がウルオウ。
- 16 世間体をツクロウ。
- 17 ニクラシイほど強い横綱だ。
- 18 支払いがトドコオリがちだ。

解答

- 1 悔いる
- 2 凝らし
- 3 慌ただしい
- 4 潜む
- 5 慰める
- 6 穏やかな
- 7 誘い
- 8 揚げる
- 9 隔てる
- 10 揺らぐ
- 11 裂ける
- 12 欺く
- 13 控える
- 14 施す
- 15 潤う
- 16 繕う
- 17 憎らしい
- 18 滞り

送り仮名②

19 スポーツジムで体をキタエル。
20 強風をトモナイ雨を降らせる台風。
21 気まずい空気がタダヨイ始めた。
22 自由を奪われた奴隷をアワレム。
23 エライ先生が講演をする。
24 信号の手前でスピードをユルメル。
25 単身ヨットで世界一周をクワダテル。
26 スルドク切り込んだ質問。
27 私をオドシても決して屈しない。
28 オロカナことをしたと反省する。
29 国旗をカカゲて船が入港してくる。
30 妻子をタズサエて海外出張に出る。
31 とてもカシコイ子供だ。
32 ヨゴレたシャツを洗う。
33 先生の言わんとすることをサトル。
34 今後の課題は一点にシボラれた。
35 定価の二割引きでオロシた。
36 先輩の送別会をモヨオス。
37 機械でシボラれたばかりの日本酒。
38 シメッた環境でのみ生息する植物。
39 この毛布はヤワラカイ手触りだ。
40 これまでの経過をクワシク話した。
41 運動不足で体力がオトロエてきた。
42 雑事をさせておくにはオシイ男だ。

---

19 鍛える
20 伴い
21 漂い
22 哀れむ
23 偉い
24 緩める
25 企てる
26 鋭く
27 脅し
28 愚かな
29 掲げ
30 携え
31 賢い
32 汚れ
33 悟る
34 絞ら
35 卸し
36 催す
37 搾ら
38 湿っ
39 柔らかい
40 詳しく
41 衰え
42 惜しい

でる順 B

四字熟語 ①

15分で解こう!

17点以上とれれば合格!

得点 1回目 /24 2回目 /24

次の（　）に漢字二字を入れて、四字熟語を完成せよ。

1 （イッキョ）両得

2 （リッシン）出世

3 （ホンマツ）転倒

4 漫言（ホウゴ）

5 事実（ムコン）

6 （カチョウ）風月

7 （シンキ）一転

8 （ココン）東西

9 意気（トウゴウ）

10 （ハガン）一笑

解答

1 一挙両得（いっきょりょうとく）　一つのことで二つの利益を得ること。

2 立身出世（りっしんしゅっせ）　高い地位につき、名をあげること。

3 本末転倒（ほんまつてんとう）　肝心なこととささいなことが逆になること。

4 漫言放語（まんげんほうご）　とりとめのない言葉をやたらと言うこと。

5 事実無根（じじつむこん）　まったく根拠のないこと。

6 花鳥風月（かちょうふうげつ）　自然界の美しい景物。

7 心機一転（しんきいってん）　あるきっかけで心がすっかり変わること。

8 古今東西（ここんとうざい）　昔から今まで、あらゆる所で。

9 意気投合（いきとうごう）　互いの気持ちや考えがぴったりと合うこと。

10 破顔一笑（はがんいっしょう）　顔をほころばせてにっこり笑うこと。

他例 1［一挙両得は「両得」を書かせることもある］

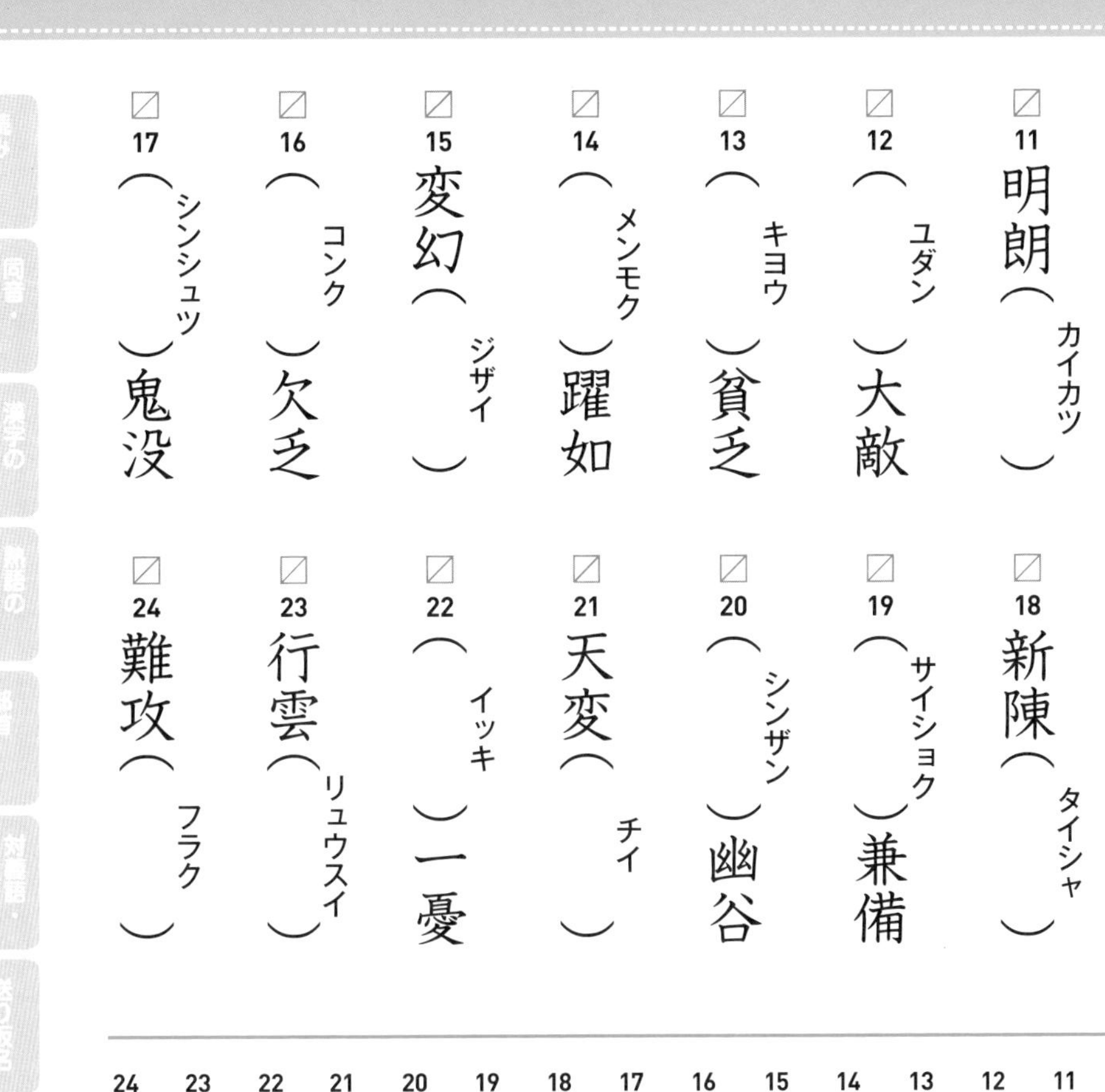

☐ 11 明朗（カイカツ）
☐ 12 （ユダン）大敵
☐ 13 （キヨウ）貧乏
☐ 14 （メンモク）躍如
☐ 15 変幻（ジザイ）
☐ 16 （コンク）欠乏
☐ 17 （シンシュツ）鬼没
☐ 18 新陳（タイシャ）
☐ 19 （サイショク）兼備
☐ 20 （シンザン）幽谷
☐ 21 天変（チイ）
☐ 22 （イッキ）一憂
☐ 23 行雲（リュウスイ）
☐ 24 難攻（フラク）

---

11 明朗快活（めいろうかいかつ） 性格が明るく、ほがらかなさま。
12 油断大敵（ゆだんたいてき） 気をゆるめてはいけないという戒め。
13 器用貧乏（きようびんぼう） 何でも器用にできるためかえって大成しないこと。
14 面目躍如（めんもく（めんぼく）やくじょ） 名誉や評判がいっそう高まるさま。
15 変幻自在（へんげんじざい） 思い通りにすばやく変化すること。
16 困苦欠乏（こんくけつぼう） 必要なものが不足し、困り苦しむこと。
17 神出鬼没（しんしゅつきぼつ） 自由自在に現れたり隠れたりすること。
18 新陳代謝（しんちんたいしゃ） 古いものが新しいものと入れかわること。
19 才色兼備（さいしょくけんび） 女性が才知と美しい容姿とをあわせ持つこと。
20 深山幽谷（しんざんゆうこく） 奥深い山や谷。
21 天変地異（てんぺんちい） 天地間に起こる災害や異変。
22 一喜一憂（いっきいちゆう） 状況の変化で喜んだり悲観したりすること。
23 行雲流水（こううんりゅうすい） なりゆきに任せて行動すること。
24 難攻不落（なんこうふらく） 攻めにくくてなかなか落ちないこと。

他例 11 [明朗快活は「明朗」を書かせることもある]

でる順 B

四字熟語 ②

15分で解こう!

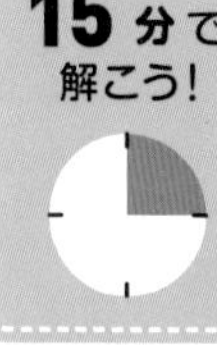

17点以上とれれば合格!

得点	
1回目	/24
2回目	/24

次の（　）に漢字二字を入れて、四字熟語を完成せよ。

1 以心（デンシン）
2 孤城（ラクジツ）
3 前後（フカク）
4 迷惑（センバン）
5 同床（イム）
6 （ヨウシ）端麗
7 平穏（ブジ）
8 （エンテン）滑脱
9 （ジュウオウ）無尽
10 言語（ドウダン）

解答

1 以心伝心（いしんでんしん）　口に出さなくても心が通じ合うこと。
2 孤城落日（こじょうらくじつ）　勢いが衰えて、ひどく心細いさま。
3 前後不覚（ぜんごふかく）　正体を失うこと。
4 迷惑千万（めいわくせんばん）　大変に迷惑なさま。
5 同床異夢（どうしょういむ）　同じ事をしながら、目的・目標が違うこと。
6 容姿端麗（ようしたんれい）　顔立ちと姿が整っていて美しいこと。
7 平穏無事（へいおんぶじ）　何事もなく穏やかなこと。
8 円転滑脱（えんてんかつだつ）　物事がすらすらと運ぶさま。
9 縦横無尽（じゅうおうむじん）　自由自在であること。思う存分。
10 言語道断（ごんごどうだん）　あきれて言葉もでないほどひどいこと。

他例 1［以心伝心は「以心」を書かせることもある］

11 （メイジツ）一体

12 （カッサツ）自在

13 離合（シュウサン）

14 一石（ニチョウ）

15 針小（ボウダイ）

16 （ムビョウ）息災

17 三寒（シオン）

18 驚天（ドウチ）

19 名論（タクセツ）

20 思慮（フンベツ）

21 （ココン）無双

22 （ギロン）百出

23 （チョクジョウ）径行

24 有名（ムジツ）

---

11 名実一体（めいじついったい） 名目と実体が一致していること。

12 活殺自在（かっさつじざい） 他を自分の思うままに操ること。

13 離合集散（りごうしゅうさん） 分散したり集まったりすること。

14 一石二鳥（いっせきにちょう） 一つのことから二つの利益や効果を得ること。

15 針小棒大（しんしょうぼうだい） 物事を大げさに言うこと。

16 無病息災（むびょうそくさい） 病気をしないで健康でいること。

17 三寒四温（さんかんしおん） 寒さ暖かさがくりかえす気候の型。

18 驚天動地（きょうてんどうち） 世間をあっと言わせるほど驚かすこと。

19 名論卓説（めいろんたくせつ） 見識の高い立派な議論や意見のこと。

20 思慮分別（しりょふんべつ） おもんぱかりとわきまえ。

21 古今無双（ここんむそう） 並ぶものがないほどすぐれていること。

22 議論百出（ぎろんひゃくしゅつ） 多くの意見が次々に出ること。

23 直情径行（ちょくじょうけいこう） 遠慮せず思ったとおりに行動すること。

24 有名無実（ゆうめいむじつ） 名ばかりで実質の伴わないこと。

他例 12［活殺自在は「自在」を書かせることもある］

でる順 B

四字熟語 ③

15分で解こう!

17点以上とれれば合格!

得点
1回目 /24
2回目 /24

次の（　）に漢字二字を入れて、四字熟語を完成せよ。

1 困苦（ケツボウ）
2 天下（ムソウ）
3 （イタン）邪説
4 片言（セキゴ）
5 勇猛（カカン）
6 （カンコン）葬祭
7 鼓舞（ゲキレイ）
8 喜怒（アイラク）
9 首尾（イッカン）
10 （エイコ）盛衰

解答

1 困苦欠乏（こんくけつぼう） 必要なものが不足し、困り苦しむこと。
2 天下無双（てんかむそう） 並ぶ者がいないほど、すぐれているさま。
3 異端邪説（いたんじゃせつ） 正統でないよこしまな思想・信仰・学説。
4 片言隻語（へんげんせきご） ほんのちょっとした短い言葉。
5 勇猛果敢（ゆうもうかかん） 勇ましく強くて、決断力に富むこと。
6 冠婚葬祭（かんこんそうさい） 祝い事と、とむらいの儀式のこと。
7 鼓舞激励（こぶげきれい） 大いに励まし、元気づけること。
8 喜怒哀楽（きどあいらく） 人間が持つさまざまな感情のこと。
9 首尾一貫（しゅびいっかん） 最後まで一つの方針・精神で貫くこと。
10 栄枯盛衰（えいこせいすい） 栄えることと、衰えること。

注意 4［似た意味の四字熟語として、「片言隻句（へんげんせっく（せきく））」が出題されることもある］

□ 11 （ソセイ）濫造

□ 12 脚下（ショウコ）

□ 13 （コグン）奮闘

□ 14 公序（リョウゾク）

□ 15 五里（ムチュウ）

□ 16 （シュウジン）環視

□ 17 （サンシ）水明

□ 18 信賞（ヒツバツ）

□ 19 千載（イチグウ）

□ 20 （センザイ）意識

□ 21 （タンダイ）心小

□ 22 当代（ズイイチ）

□ 23 （ワコン）漢才

□ 24 （ゲイイン）馬食

---

11 粗製濫造（そせいらんぞう）　質の悪い製品を、やたらに多く作ること。

12 脚下照顧（きゃっかしょうこ）　自分の身近なことに気をつけること。

13 孤軍奮闘（こぐんふんとう）　助ける者もなくただ一人でがんばること。

14 公序良俗（こうじょりょうぞく）　一般社会のきまりと善良な習慣のこと。

15 五里霧中（ごりむちゅう）　物事の事情がわからず判断に迷うこと。

16 衆人環視（しゅうじんかんし）　大勢の人がまわりを囲んで見ていること。

17 山紫水明（さんしすいめい）　自然の景色が清らかで美しいこと。

18 信賞必罰（しんしょうひつばつ）　賞罰を厳正にすること。

19 千載一遇（せんざいいちぐう）　千年に一度出会うほどのまたとない好機。

20 潜在意識（せんざいいしき）　自覚されない意識のこと。

21 胆大心小（たんだいしんしょう）　大胆でしかも細心の注意を払うこと。

22 当代随一（とうだいずいいち）　その時代で最もすぐれていること。

23 和魂漢才（わこんかんさい）　日本固有の精神と中国の学問・知識。

24 鯨飲馬食（げいいんばしょく）　大酒を飲み、大食いをすること。

でる順 B

四字熟語 ④

次の（　）に漢字二字を入れて、四字熟語を完成せよ。

1 一喜（イチユウ）
2 （ヒンコウ）方正
3 粒粒（シンク）
4 （フミン）不休
5 九分（クリン）
6 意志（ハクジャク）
7 無罪（ホウメン）
8 一触（ソクハツ）
9 （イチモウ）打尽
10 （キエン）万丈

解答

1 一喜一憂（いっきいちゆう） 状況の変化で喜んだり悲観したりすること。
2 品行方正（ひんこうほうせい） 心や行いが正しく立派なさま。
3 粒粒辛苦（りゅうりゅうしんく） 努力を積み重ね物事の実現を目ざすこと。
4 不眠不休（ふみんふきゅう） 眠ったり休んだりしないこと。
5 九分九厘（くぶくりん） ほぼまちがいのないこと。
6 意志薄弱（いしはくじゃく） 意志が弱く、決断力や忍耐力が乏しいこと。
7 無罪放免（むざいほうめん） 無罪と判明した被疑者が釈放されること。
8 一触即発（いっしょくそくはつ） 触れただけで爆発してしまいそうなさま。
9 一網打尽（いちもうだじん） 一度に一味の者全員を捕まえること。
10 気炎万丈（きえんばんじょう） 意気さかんなさま。

15分で解こう！

17点以上とれれば合格！

得点
1回目 ／24
2回目 ／24

11 （カロ）冬扇

12 用意（バンタン）

13 進取（カカン）

14 （ダイジ）大悲

15 （キョキョ）実実

16 言行（イッチ）

17 （コリツ）無援

18 （コウキュウ）平和

19 国士（ムソウ）

20 支離（メツレツ）

21 （メンキョ）皆伝

22 （ゼント）有望

23 複雑（タキ）

24 （センリョ）一失

---

11 夏炉冬扇（かろとうせん） 時季はずれで役に立たないもののたとえ。

12 用意万端（よういばんたん） 事前の仕度が完全に終わっていること。

13 進取果敢（しんしゅかかん） 積極的に新しい事に取り組むこと。

14 大慈大悲（だいじだいひ） 仏の大きな慈悲。

15 虚虚実実（きょきょじつじつ） 互いに知恵を尽くして必死に戦うこと。

16 言行一致（げんこういっち） 言うことと行うことが一致していること。

17 孤立無援（こりつむえん） だれの援助もなく、ただ一人でいること。

18 恒久平和（こうきゅうへいわ） 永久に平穏な状態が続くこと。

19 国士無双（こくしむそう） その国で並ぶ者がいないほどのすぐれた人。

20 支離滅裂（しりめつれつ） 物事がばらばらで筋道が立たないさま。

21 免許皆伝（めんきょかいでん） 師匠が弟子に奥義をすべて伝えること。

22 前途有望（ぜんとゆうぼう） 将来大いに望みや見込みのあること。

23 複雑多岐（ふくざつたき） 物事が多方面に分かれ、かつ込み入っていること。

24 千慮一失（せんりょのいっしつ） 十分に配慮しても生じる失敗のこと。

でる順 B

誤字訂正 ①

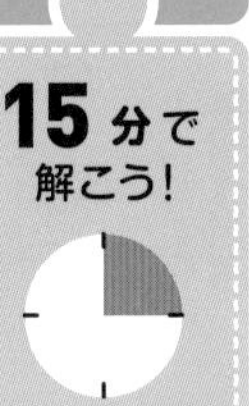

20点以上とれれば合格!

得点　1回目 /28　2回目 /28

次の各文にまちがって使われている同じ読みの漢字が一字ある。その誤字と正しい漢字を記せ。

☐ 1 新入生歓迎パーティーの部屋の飾り付けに今年も趣好を凝らす。

☐ 2 主容な交通網以外は、休日と夜間の運転を減らす。

☐ 3 第二外国語を宣択するに当たって、将来を考えて決めることにした。

☐ 4 動物園で絶滅を危ぶまれている鳥の繁食に成功した。

☐ 5 国立研究所が主導し、古代の建物を複元するプロジェクトが始動した。

☐ 6 夏に地道に努力を重ねた選手が、比躍的に成長した姿を試合で見せる。

☐ 7 居室内に違常を感知すると、管理室に自動で連絡が入る。

☐ 8 早朝の読書の時間を設けて、児童たちの創像力と表現力の養成を図る。

☐ 9 熱帯魚を飼育する上で最も重要なのは、水温を一定に維事する点である。

☐ 10 恐迫観念にとりつかれているので快活に振る舞えない。

☐ 11 心身に疲老を感じると、決まって休暇をとって温泉旅行に出掛けている。

☐ 12 キャッシュカードを紛失した際の緊求連絡先と登録番号を手帳に記入する。

解答

1 好→向（趣向）
2 容→要（主要）
3 宣→選（選択）
4 食→殖（繁殖）
5 複→復（復元）
6 比→飛（飛躍）
7 違→異（異常）
8 創→想（想像力）
9 事→持（維持）
10 恐→強（強迫）
11 老→労（疲労）
12 求→急（緊急）

他例 2［肝要］ 3［厳選・選考］

13 彼は夜遅くまで残って、市場データを面密に確認し、レポートとしてまとめた。

14 以前から練っていた小型端末を利用した商品のイベント企格を提案した。

15 十字路に信号機が設置されたため、交通事故の不安は解障した。

16 コンピュータシステムの管理にかかる費用の削減が、大きな科題だ。

17 仕事の能律や使用した経費に応じて、支払う賃金を変える。

18 世界各国の民俗楽器を奏でるコンサートが週末に近所で開かれた。

19 偉彩を放つ大型新人歌手が現れると、場内の観客たちは一目で魅了された。

20 今一番売れている商品の在庫の有無について、電話で紹会する。

21 業界の協力を得て、貿易取り引き拡大のために秀到な準備をする。

22 兄はこれまでの飽富な人脈と経験を生かして転職活動を行っている。

23 祖先が築き上げた日本の伝踏を、子孫につたえる。

24 柱に鉄均を入れて耐震性を高めたばかりでなく居住性も改善した。

25 高層建築物には非常階壇を備えることが義務づけられている。

26 重要文化材に認定された建造物には威厳が漂っている。

27 山頂に近づくにつれて酸素が気薄になり呼吸が苦しくなる。

28 インフルエンザが完置するまでは安静にしていたほうがよい。

---

13 面→綿（綿密）
14 格→画（企画）
15 障→消（解消）
16 科→課（課題）
17 律→率（能率）
18 俗→族（民族）
19 偉→異（異彩）
20 紹→照（照会）
21 秀→周（周到）
22 飽→豊（豊富）
23 踏→統（伝統）
24 均→筋（鉄筋）
25 壇→段（階段）
26 材→財（文化財）
27 気→希（希薄）
28 置→治（完治）

他例 19［異論］ 24［筋力・筋肉・筋骨］

でる順 B

誤字訂正 ②

15分で解こう！

20点以上とれれば合格！

得点
1回目 /28
2回目 /28

次の各文にまちがって使われている同じ読みの漢字が一字ある。その誤字と正しい漢字を記せ。

1 長年の雪辱を果たすため、チーム一含となって積極的な試合をした。

2 引待する選手の最後の試合を見ようと、大勢の観客が詰めかけた。

3 応慕したい求人を見つけたので、職業安定所に赴いた。

4 家蓄の世話のため、両親は毎日早朝から働いていた。

5 夜分の訪問にもかかわらず手熱いもてなしを受けて一同は感激した。

6 試合の悪い流れを換えるために、主力選手を途中で交代する決断をした。

7 成功のためには前向きの私勢で自信を持って事に当たることが大切である。

8 野鳥の種類や飛来する場所を勘測したデータの集計を研究室で行う。

9 八千メートル級の山への日本最高齢での到頂を成功させた。

10 営業職である彼は初めて会う人にも分け隔てなく友交的な態度で接する。

11 事故の要員はこちらにあるので上司と相談して善処したいと思います。

12 現代社会が抱える問題を映像化することで世界に契鐘を鳴らし続ける。

解答

1 含→丸（一丸）
2 待→退（引退）
3 慕→募（応募）
4 蓄→畜（家畜）
5 熱→厚（手厚い）
6 換→変（変える）
7 私→姿（姿勢）
8 勘→観（観測）
9 到→登（登頂）
10 交→好（友好）
11 員→因（要因）
12 契→警（警鐘）

他例 2［退却］ 3［募集］

□ 13 時計や筆記用具など、持参するものを前もって確任しておくべきだ。

□ 14 試験の詳彩や会場までの経路についてはホームページをご覧ください。

□ 15 博士の熱のこもった母校での講演は聴集を引き付けた。

□ 16 全力を傾抽してトンネル工事の早い完成を目指す。

□ 17 汚水を流したり、大量のゴミを不法逃棄していた業者が摘発された。

□ 18 販買力強化のため広範な情報収集を積極的に行う。

□ 19 製品のニーズが急増し、供給が間に合わず顧客への往対に苦労した。

□ 20 看護師という職業に着くために進学したいという気持ちを、両親に伝える。

□ 21 先生は児童たちに勇気を震うことの価値を力説している。

□ 22 秋の運動会では綱引きと騎馬戦と二人三脚の競戯に出場し大活躍した。

□ 23 彼女は三十歳の時に舞台俳優として新たな況地を切り開き成功を収めた。

□ 24 術後の経過が思わしくなく再び奇篤状態になっている。

□ 25 個展の開催が決まった彼は日夜休む間もなく創作活動に没倒している。

□ 26 新貫線を利用すれば遠方への出張も日帰りにすることができる。

□ 27 海外での病気やケガにそなえて、旅行前に保健に加入しておくべきだ。

□ 28 新造の豪華な客船で、夫とともに快摘な世界一周の旅を楽しむ。

---

13 任→認（確認）
14 彩→細（詳細）
15 集→衆（聴衆）
16 抽→注（傾注）
17 逃→投（投棄）
18 買→売（販売）
19 往→応（応対）
20 着→就（就く）
21 震→奮（奮う）
22 戯→技（競技）
23 況→境（境地）
24 奇→危（危篤）
25 倒→頭（没頭）
26 貫→幹（新幹線）
27 健→険（保険）
28 摘→適（快適）

他例 25［初頭・街頭］ 27［危険］

書き取り①

15分で解こう!

30点以上とれれば合格!

次の——線のカタカナを漢字に直せ。

1 予算をサクゲンする必要がある。
2 利用者アンケートをジッシする。
3 児童をインソツして遠足に行く。
4 シンパンのジャッジに異議を唱える。
5 ジュンスイな気持ちを忘れない。
6 週末に部屋のソウジをする。
7 時間をユウコウに使う。
8 コクルイ中心の食生活で太る。
9 友人の料理の腕前をゼッサンする。
10 余計なことを言ってボケツを掘る。
11 議会でサイタクされた案。
12 スナオに言うことをきく。
13 公金の使い込みがハッカクする。
14 警察にホゴを求める。
15 セイイが感じられない。
16 確定シンコクに行ってきた。
17 寄付金はカゼイの対象にならない。
18 黒潮はダンリュウである。

解答

1 削減
2 実施
3 引率
4 審判
5 純粋
6 掃除
7 有効
8 穀類
9 絶賛
10 墓穴
11 採択
12 素直
13 発覚
14 保護
15 誠意
16 申告
17 課税
18 暖流

☐ 19 学力がスイジュンを上回る。
☐ 20 外国では見られないカンシュウ。
☐ 21 問題をテイキする。
☐ 22 ガーゼを消毒液にヒタす。
☐ 23 操作のヤサしいパソコンを選ぶ。
☐ 24 株を売って利益をウる。
☐ 25 いくつになってもオトロえを知らない。
☐ 26 今までの行動からオして考える。
☐ 27 祖父の代から酒をアキナう。
☐ 28 退職してイナカで暮らす。
☐ 29 海岸線にソうように走る道。
☐ 30 風のイキオいも弱まってきた。

☐ 31 丘の花がクレナイに燃えている。
☐ 32 マキバで馬を育てる。
☐ 33 タンポポのワタゲが服につく。
☐ 34 カイコのまゆから生糸を作る。
☐ 35 トキのひなが元気にスダつ。
☐ 36 三時のおやつにさつまいもをムす。
☐ 37 新聞紙をタバねて資源ゴミに出す。
☐ 38 日々のイトナみをつづる。
☐ 39 強敵相手にイサましく闘った。
☐ 40 生死のサカイをさまよう。
☐ 41 キワめて危険な状況から抜け出る。
☐ 42 参加校の力はヨコナラびの状態だ。

---

19 水準
20 慣習
21 提起
22 浸
23 易
24 得
25 衰
26 推
27 商
28 田舎
29 沿
30 勢

31 紅
32 牧場
33 綿毛
34 蚕
35 巣立
36 蒸
37 束
38 営
39 勇
40 境
41 極
42 横並

意味 42［横並び＝どれも同じような状態であること］

でる順 B

書き取り②

30点以上
とれれば
合格!

次の——線のカタカナを漢字に直せ。

1 駅前でチュウシャ場を探した。
2 ボランティアにオウボした。
3 サイボウが分裂する。
4 ゼツミョウなタイミングで彼女に会った。
5 オセンされた空気。
6 ヘイオンな毎日を願う。
7 東アジアの情勢をホウドウする。
8 反戦の呼びかけにキョウメイする。
9 議案についてはサンピ両論ある。
10 組織を改革し人事をサッシンする。
11 銀行にヨキンする。
12 テキセイな価格で販売する。
13 利益をキントウに配分する。
14 ゴクヒのうちに調査を行った。
15 ランオウを使った菓子を作る。
16 カンジュクしたトマトを食べる。
17 種目別のテツボウでメダルを取る。
18 中断していた試合がサイカイする。

解答

1 駐車
2 応募
3 細胞
4 絶妙
5 汚染
6 平穏
7 報道
8 共鳴
9 賛否
10 刷新
11 預金
12 適正
13 均等
14 極秘
15 卵黄
16 完熟
17 鉄棒
18 再開

意味 10［刷新＝悪い点を取り除いてすっかり新しくすること］

19 空中ブランコでチュウガエりをする。
20 カンシュウの声援を受ける。
21 コウフンして我を忘れる。
22 彼のほうが実力においてマサる。
23 破れたところをツクロう。
24 早くふろに入るようウナガされる。
25 師としてウヤマう。
26 他人のサシズは受けない。
27 会わなくなってからヒサしい。
28 サチ多かれと祈る。
29 花柄が鮮やかなヌノセイのかばん。
30 革のコゼニ入れを使う。

31 花びんを窓ぎわにウツす。
32 会議で使う資料を大至急トドける。
33 環境にナらす訓練から始める。
34 年を取り第一線をシリゾく。
35 部屋の温度を一定にタモつ。
36 いすにスワりながら眠ってしまう。
37 これはネウちのある茶器だ。
38 紅茶にレモンのワギりを添える。
39 駅でアマヤドりをする。
40 雪解けで春のオトズれも近い。
41 丸々とコえた子犬がたわむれる。
42 こんこんとわき出るイズミ。

19 宙返
20 観衆
21 興奮
22 勝
23 繕
24 促
25 敬
26 指図
27 久
28 幸
29 布製
30 小銭

31 移
32 届
33 慣
34 退
35 保
36 座
37 値打
38 輪切
39 雨宿
40 訪
41 肥
42 泉

意味 35［保つ＝ある状態を長く続ける］

書き取り ③

次の――線のカタカナを漢字に直せ。

1 人生のキロに立つ。
2 キッポウを受け取る。
3 ゴサを最小に抑える。
4 活動のキョテンを移す。
5 雑誌にケイサイされた店。
6 コウミョウな手口だ。
7 外国のコウカを集めるのが趣味だ。
8 ゴウインな改革は批判を招く。
9 現場で指紋をサイシュする。
10 せっかくの努力がトロウに終わる。
11 高名な陶芸家のデシになる。
12 同じケイトウの色を合わせる。
13 ダイヤモンドはキショウ価値がある。
14 ソンゲン死の法制化について話す。
15 来週からテンラン会が開催される。
16 バスはテイコク通りに到着した。
17 一時的に通行止めをカイジョする。
18 シャソウの風景を楽しむ。

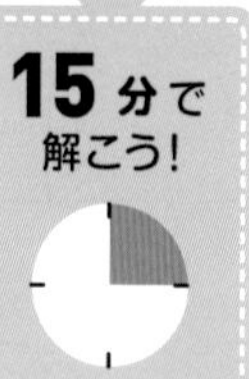

得点
1回目 /42
2回目 /42

解答

1 岐路
2 吉報
3 誤差
4 拠点
5 掲載
6 巧妙
7 硬貨
8 強引
9 採取
10 徒労
11 弟子
12 系統
13 希少
14 尊厳
15 展覧
16 定刻
17 解除
18 車窓

意味 4［拠点＝活動のよりどころとなるところ］

19 ケンポウは人権を保障する。

20 正式にヨウニンすることは難しい。

21 会社のエンカクについて紹介する。

22 牧場で牛のチチシボりの体験をする。

23 新しいプロジェクトの旗をアげる。

24 祖母の家ではウサギをカっている。

25 オサナいころは外国で育った。

26 けがにキズグスリを塗る。

27 試験終了直前に最後の力をフルう。

28 ヤサしい母を思い出す。

29 彼岸にハカマイりをする。

30 隣人からアズかり物を受けとる。

31 念願だった自分の店をカマえた。

32 ハオリ姿を目にしなくなった。

33 息を深くスいこんでゆっくり吐く。

34 マコトしやかな話にだまされる。

35 ウタガいだしたらきりがない。

36 公人のワタクシゴトをあばく。

37 彼は大臣のウツワではない。

38 的をイた指摘に一同は静まり返る。

39 会議の資料をスクリーンにウツす。

40 寺の住職がトいた言葉が胸に響く。

41 現金をカキトメで送る。

42 ツトめ先の住所を教える。

---

19 憲法　20 容認　21 沿革　22 乳搾　23 揚　24 飼　25 幼　26 傷薬　27 奮　28 優　29 墓参　30 預

31 構　32 羽織　33 吸　34 誠　35 疑　36 私事　37 器　38 射　39 映　40 説　41 書留　42 勤

読み　同音・同訓異字　漢字の識別　熟語の構成　部首　対義語・類義語　送り仮名　四字熟語　誤字訂正　書き取り 3

意味 37 ［器＝人物としての才能などの大きさ］

でる順 B

書き取り④

15分で解こう！

30点以上とれれば合格！

得点 1回目 /42 2回目 /42

次の――線のカタカナを漢字に直せ。

1 自分をギセイにして仲間を守る。
2 体型イジのために運動を始めた。
3 両親のシンライにこたえる。
4 キンキュウ事態に素早く対応する。
5 大人になってもコウキシンを忘れない。
6 罪を犯してケイバツが科された。
7 サキュウでラクダに乗った。
8 病をコクフクすることができた。
9 師匠に必勝のゴクイを伝授された。
10 光のクッセツについて学ぶ。
11 ジョシツキにたまった水を捨てる。
12 カゼ予防にはうがいが効果的だ。
13 ジュンカツ油を差す。
14 鉄道のシャショウになる訓練。
15 一日に必要なセッシュ量を守る。
16 その商人は権力者とケッタクした。
17 学校のカダンに新種の苗を植える。
18 飛行機のツイラク事故。

解答

1 犠牲
2 維持
3 信頼
4 緊急
5 好奇心
6 刑罰
7 砂丘
8 克服
9 極意
10 屈折
11 除湿器
12 風邪
13 潤滑
14 車掌
15 摂取
16 結託
17 花壇
18 墜落

意味 16［結託＝悪事を行うために協力しあうこと。ぐるになること］

19 歴史の教科書がカイテイされた。
20 外国製品がハイセキされた時代。
21 バンソウランナーのボランティア。
22 彼女は髪をかきあげるクセがある。
23 話のネタがツきてきた。
24 彼はオヤユズりの無鉄砲な性格だ。
25 ナマけ者の節句働き。
26 小売店に大量の商品をオロしている。
27 暗夜にマギれて脱出を試みる。
28 惜しくも敗れてクヤし涙を流した。
29 細部にまで工夫をコらした作品だ。
30 クジラの大きさに圧倒された。

31 いつもカシコく立ちまわる人だ。
32 寝坊に気づきアワてて飛び起きた。
33 ツナワタりのような危ない選択だ。
34 記録映画をトる。
35 駅のホームでいつもスれ違う人。
36 あいつはなかなかのサムライだ。
37 離れた間に魚をコがしてしまった。
38 先生は長所をノばす教育方針だ。
39 船がアサセに乗り上げる。
40 水中にモグって熱帯魚を観察する。
41 念願の初優勝をトげた。
42 フクロいっぱいに詰め込む。

19 改訂
20 排斥
21 伴走
22 癖
23 尽
24 親譲
25 怠
26 卸
27 紛
28 悔
29 凝
30 鯨

31 賢
32 慌
33 綱渡
34 撮
35 擦
36 侍
37 焦
38 伸
39 浅瀬
40 潜
41 遂
42 袋

書き取り⑤

15分で解こう!

30点以上とれれば合格!

得点 1回目 /42 2回目 /42

次の——線のカタカナを漢字に直せ。

1 粘液をブンピツする。
2 ケイゾク定期を買う。
3 郷里からの手紙をカイフウする。
4 協定のテイケツにこぎ着けた。
5 貯金するためにケンヤクしている。
6 ケンメイな判断により大事に至らなかった。
7 作者のヒアイが表現された絵画。
8 ゲンカンに植物を置く。
9 知人を歓迎するエンカイ。
10 どちらも甲オツつけがたい出来だ。
11 既存のガイネンをくつがえす商品。
12 彼のゴラクはテレビを観ることだ。
13 辛いことはカクゴしている。
14 社員のやる気をカンキする。
15 作家に小説の原稿をサイソクする。
16 子育てには忍耐がカンヨウだ。
17 父の趣味はショウギを指すことだ。
18 その問題はキキャクされた。

解答

1 分泌
2 継続
3 開封
4 締結
5 倹約
6 賢明
7 悲哀
8 玄関
9 宴会
10 乙
11 概念
12 娯楽
13 覚悟
14 喚起
15 催促
16 肝要
17 将棋
18 棄却

19 キドウに乗るまで油断はできない。
20 有名なキバ像の前で写真を撮る。
21 キチジツを選んで開店した。
22 上流のタキを目指して歩いていく。
23 不況が経済の活力をウバった。
24 鏡を見ながらネクタイをシめる。
25 好景気にトモナい売上が上がった。
26 ヒメの教育係を仰(おお)せ付かる。
27 果実のナエギを植える。
28 ハナヨメから両親への感謝の手紙。
29 友人から借りた本をマタガしする。
30 あの事件は人々の心をユさぶった。

31 名前を聞きモらしてしまった。
32 病床の友を見舞ってナグサめた。
33 怒りのホノオが治まらない。
34 豪雨にナグられてびしょぬれだ。
35 風もなくオダやかな海を船が進む。
36 庭の落ち葉をほうきでハいた。
37 屋根から雪のカタマリが落ちた。
38 この小説はカけ値なしに面白い。
39 ヨットが湖面をナメらかに進む。
40 遺跡から王のカンムリが出土した。
41 気をユルめることなく警備する。
42 犯人のクワダては全て露見した。

---

19 軌道
20 騎馬
21 吉日
22 滝
23 奪
24 締
25 伴
26 姫
27 苗木
28 花嫁
29 又貸
30 揺

31 漏
32 慰
33 炎
34 殴
35 穏
36 掃
37 塊
38 掛
39 滑
40 冠
41 緩
42 企

意味 21［吉日＝何かをするのによい、めでたい日のこと］

書き取り⑥

得点
1回目 /42
2回目 /42

次の――線のカタカナを漢字に直せ。

1 キョジャクな体質の改善に努める。
2 ケイシャのきつい坂道だ。
3 温室の花がホウコウをはなつ。
4 先生の話に大いにケイハツされた。
5 競技場の電光ケイジバンを見た。
6 タサイな才能の持ち主だ。
7 被疑者の身柄はコウソクされた。
8 作家がシッピツのために泊まった旅館。
9 首都のキンコウに住んでいる。
10 彼女のジゴク耳は有名だ。
11 カイコンした畑でにんじんを育てる。
12 店でコンイロの洋服を仕立てた。
13 抱えていたフサイを完済できた。
14 チョウジュを祝う。
15 社会フクシの問題を考える。
16 ユウシュウな成績で卒業する。
17 同僚にショウシン祝いを贈った。
18 彼は堅物でジョウダンが通じない。

解答

1 虚弱
2 傾斜
3 芳香
4 啓発
5 掲示板
6 多彩
7 拘束
8 執筆
9 近郊
10 地獄
11 開墾
12 紺色
13 負債
14 長寿
15 福祉
16 優秀
17 昇進
18 冗談

意味 1［虚弱＝体が弱いさま］

19 ジョウザイを服用する。
20 小型で登山のケイコウに便利だ。
21 定年後もショクタクとして働く。
22 その件はスデに調査済みだ。
23 敵をアザムいて城を急襲した。
24 大寒波の襲来で港までもがコオる。
25 いくらオドしても私は屈しない。
26 単身で新しい勤務先にオモムく。
27 公園は市民のイコいの場だ。
28 商店のノキシタで雨宿りをする。
29 これぞ、マボロシの名画だ。
30 繁忙期にアルバイトをヤトう。

31 タクみな言葉で誘う。
32 彼はヒカえ目な人だ。
33 タマシイを入れかえ、学業に励む。
34 かんなで材木をケズった。
35 一度だけホドコしを与える。
36 式典でコトブキを述べる。
37 わき水でかわくのどをウルオした。
38 彼女の声は喜びでハズんでいた。
39 キャンプでは飯ごうで白米をタく。
40 あと一歩オソかった。
41 冷たい風に吹かれてヨいをさます。
42 野球部はオしくも準決勝で敗れた。

---

19 錠剤
20 携行
21 嘱託
22 既
23 欺
24 凍
25 脅
26 赴
27 憩
28 軒下
29 幻
30 雇

31 巧
32 控
33 魂
34 削
35 施
36 寿
37 潤
38 弾
39 炊
40 遅
41 酔
42 惜

ちょっと一休み・・・ 漢字パズル ②

中央の□に入る漢字を記せ。

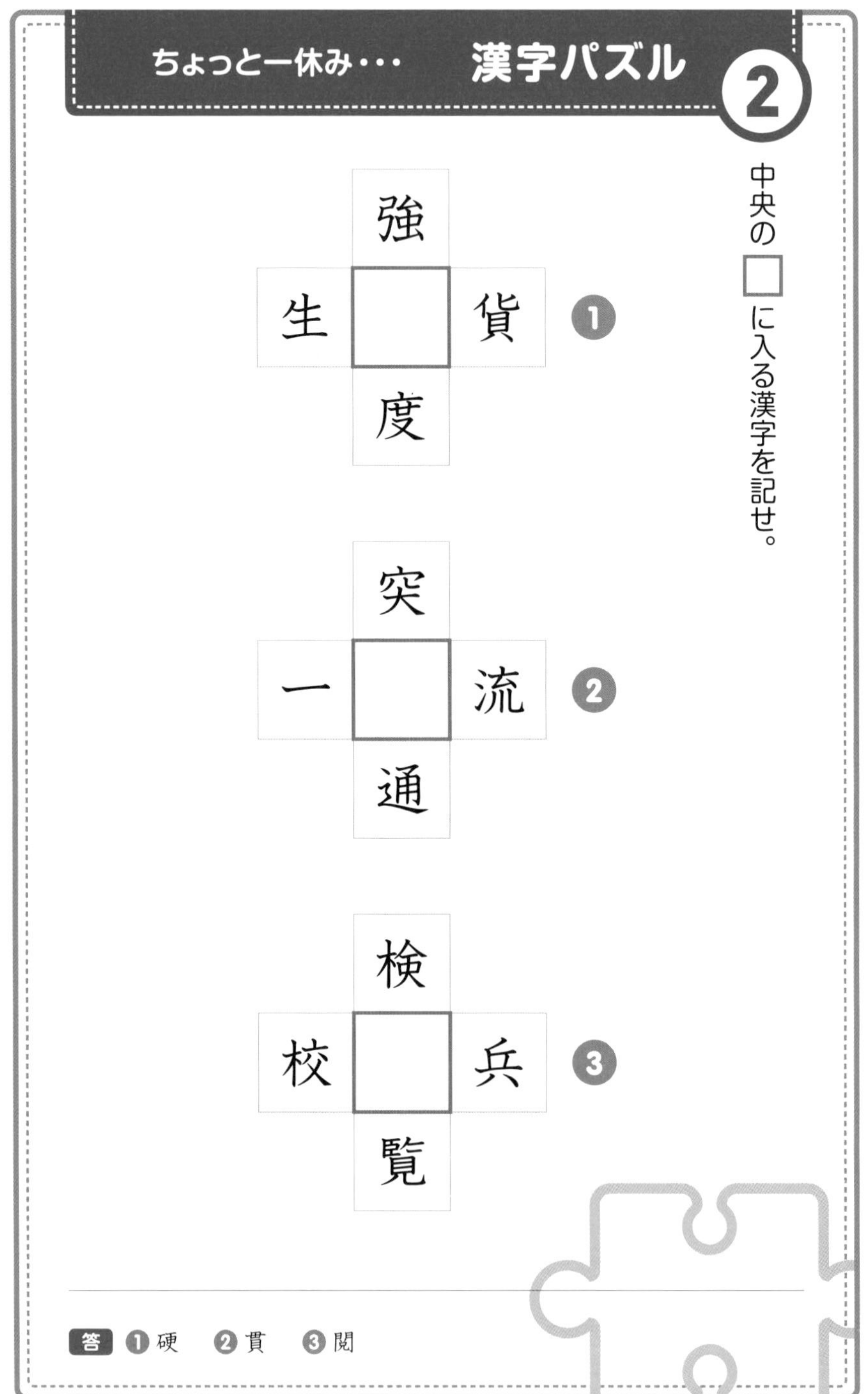

答 ❶硬 ❷貫 ❸閲

でる順 C ランク

出題される頻度(ひんど)は低いものの
実力に差をつける問題

でる順 C

読み

10分で解こう！

30点以上とれれば合格！

得点 1回目 /42 2回目 /42

次の――線の漢字の読みをひらがなで記せ。

1 ある詩人に心酔する。
2 師の作風を模倣する。
3 自分を卑下する必要はない。
4 積雪のため徐行する。
5 荒地を開墾して田畑にする。
6 湖畔でキャンプをする。
7 初心者があの山に登るとは無謀だ。
8 山の中腹で休憩する。
9 炭坑の中でガス爆発が起こった。
10 デザイナーに本の装丁を依頼する。
11 豪華客船が出帆する。
12 東京近郊に住む。
13 パン一斤を八枚切りにする。
14 濃紺のスーツを着ている。
15 高額商品を強引に売りこむ。
16 賃上げの凍結に踏み切る。
17 パリで偶然友人に会う。
18 成功のかげに幾多の辛苦をなめる。

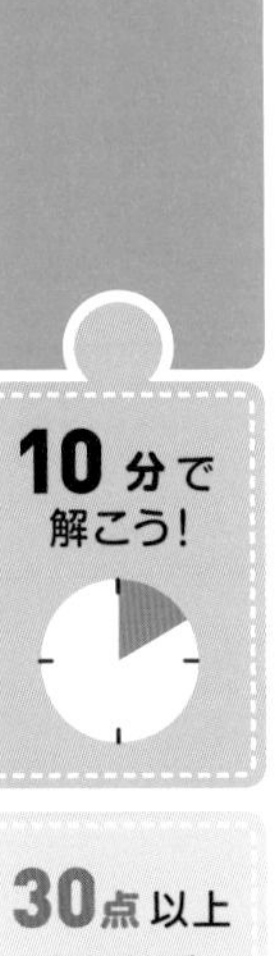

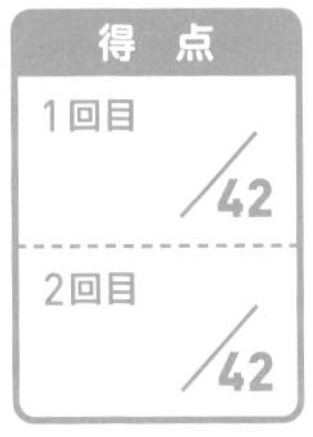

解答

1 しんすい
2 もほう
3 ひげ
4 じょこう
5 かいこん
6 こはん
7 むぼう
8 きゅうけい
9 たんこう
10 そうてい
11 しゅっぱん
12 きんこう
13 いっきん
14 のうこん
15 ごういん
16 とうけつ
17 ぐうぜん
18 しんく

意味 3［卑下＝自分を実際より劣ったものと思ってふるまうこと。へりくだること］

19 濫獲により絶滅寸前となる。

20 鎮痛剤で痛みをおさえた。

21 ひらがなを漢字に変換するしくみ。

22 沖に数隻の船が見える。

23 異文化を排斥する風潮を正したい。

24 すりの犯人を逮捕する。

25 該博な知識をひけらかす。

26 仮病で部活を早退する。

27 時事用語辞典を毎年改訂する。

28 京都で時代劇の撮影をする。

29 ペットを虐待してはいけない。

30 複雑怪奇な事件が起きた。

31 鶏の肉や卵は食用とされる。

32 賢い判断だと賞賛される。

33 この件は故あって話せません。

34 いつまでも名残を惜しむ。

35 タンカーが浅瀬に乗り上げた。

36 重要案件を委員会に諮る。

37 上半身裸になる。

38 彼はとても朗らかに笑う。

39 夜のお墓で肝試しをする。

40 班の中から煮炊きの当番を決める。

41 急速な成長を遂げる。

42 哀れに思って援助する。

---

19 らんかく
20 ちんつうざい
21 へんかん
22 すうせき
23 はいせき
24 たいほ
25 がいはく
26 けびょう
27 かいてい
28 さつえい
29 ぎゃくたい
30 かいき

31 にわとり
32 かしこ
33 ゆえ
34 なごり
35 あさせ
36 はか
37 はだか
38 ほが
39 きもだめ
40 にた
41 と
42 あわ

他例 30［奇怪］　意味 25［該博＝学問や知識の広いこと］

でる順 C

同音・同訓異字

15分で解こう!

21点以上とれれば合格!

得点 1回目 /30 2回目 /30

次の――線のカタカナにあてはまる漢字をそれぞれのア～オから一つ選び、記号を記せ。

1 中東ではフン争が絶えない。
2 フン飾決算を摘発される。
3 古フンを発掘する。
(ア紛 イ奮 ウ粉 エ墳 オ噴)

4 試行サク誤を繰り返す。
5 家庭での光熱費をサク減する。
6 サク略を練る。
(ア策 イ搾 ウ錯 エ削 オ作)

7 巨額なイ謝料の支払いを求める。
8 イ勢がいい店員に出迎えられる。
9 他球団へイ籍した選手が活躍する。
(ア移 イ威 ウ異 エ井 オ慰)

10 客にホウ仕する。
11 ホウ建的な制度。
12 有名な作品の模ホウ。
(ア封 イ飽 ウ倣 エ奉 オ胞)

解答

1 ア 紛争(ふんそう)
2 ウ 粉飾(ふんしょく)
3 エ 古墳(こふん)
4 ウ 錯誤(さくご)
5 エ 削減(さくげん)
6 ア 策略(さくりゃく)
7 オ 慰謝料(いしゃりょう)
8 イ 威勢(いせい)
9 ア 移籍(いせき)
10 エ 奉仕(ほうし)
11 ア 封建(ほうけん)
12 ウ 模倣(もほう)

意味 11［封建的＝上下関係を重視し、個人の自由や権利を認めないさま］

13 眠いのをガ慢して試験勉強をする。
14 豪華で優ガなひとときを過ごす。
15 ききんによりガ死する人が出る。
（ア 賀　イ 画　ウ 我　エ 雅　オ 餓）

16 ハイ気ガスは法律で規制される。
17 事業が成功し、祝ハイをあげる。
18 夏の季語を使いハイ句をつくる。
（ア 俳　イ 排　ウ 灰　エ 杯　オ 拝）

19 セン薄な知識を恥じる。
20 セン練された身のこなし。
21 敵の陣地に深くセン入する。
（ア 千　イ 泉　ウ 浅　エ 潜　オ 洗）

22 セミのウ化を観察する。
23 人生においてウ為転変は世の常だ。
24 将来はウ宙飛行士になるのが夢だ。
（ア 羽　イ 有　ウ 宇　エ 右　オ 雨）

25 いつまでも別れをオしむ。
26 相手の気持ちをオし量る。
27 自らのオい立ちを語る。
（ア 生　イ 置　ウ 惜　エ 推　オ 織）

28 去年から三センチ背がノびた。
29 車にノせられた犬。
30 金のノべ棒を積む。
（ア 述　イ 伸　ウ 延　エ 飲　オ 乗）

番号	解答	
13	ウ	我慢（がまん）
14	エ	優雅（ゆうが）
15	オ	餓死（がし）
16	イ	排気（はいき）
17	エ	祝杯（しゅくはい）
18	ア	俳句（はいく）
19	ウ	浅薄（せんぱく）
20	オ	洗練（せんれん）
21	エ	潜入（せんにゅう）
22	ア	羽化（うか）
23	イ	有為転変（ういてんぺん）
24	ウ	宇宙（うちゅう）
25	ウ	惜（お）しむ
26	エ	推（お）し量（はか）る
27	ア	生（お）い立（た）ち
28	イ	伸（の）びた
29	オ	乗（の）せられた
30	ウ	延（の）べ棒（ぼう）

他例 25［折る］

でる順 C

漢字の識別

15分で解こう！

17点以上とれれば合格！

得点 1回目 /24 2回目 /24

三つの□に共通する漢字を入れて熟語を作れ。漢字は後の□から一つ選び、記号を記せ。

1 □酔・□器・□芸

2 屈□・雪□・恥□

3 譲□・□来・過□期

4 既□・完□・落□式

5 思□・敬□・□情

ア 渡　イ 茶　ウ 慕　エ 陶　オ 族
カ 場　キ 心　ク 成　ケ 老　コ 辱

6 □境・絶□・□作

7 □恨・鎮□・□感

8 乱□・□虐・□露

9 工□・乳□・暖□

10 重□・凝□・□野

ア 静　イ 佳　ウ 痛　エ 荒　オ 名
カ 房　キ 暴　ク 万　ケ 視　コ 具

解答

1 エ 陶酔(とうすい)・陶器(とうき)・陶芸(とうげい)

2 コ 屈辱(くつじょく)・雪辱(せつじょく)・恥辱(ちじょく)

3 ア 譲渡(じょうと)・渡来(とらい)・過渡期(かとき)

4 ク 既成(きせい)・完成(かんせい)・落成式(らくせいしき)

5 ウ 思慕(しぼ)・敬慕(けいぼ)・慕情(ぼじょう)

6 イ 佳境(かきょう)・絶佳(ぜっか)・佳作(かさく)

7 ウ 痛恨(つうこん)・鎮痛(ちんつう)・痛感(つうかん)

8 キ 乱暴(らんぼう)・暴虐(ぼうぎゃく)・暴露(ばくろ)

9 カ 工房(こうぼう)・乳房(にゅうぼう(ちぶさ))・暖房(だんぼう)

10 ケ 重視(じゅうし)・凝視(ぎょうし)・視野(しや)

意味 3［譲渡＝権利や財産・地位などを、他人にゆずりわたすこと］

☐ 11 □越・□過・□然

☐ 12 夢□・□影・□滅

☐ 13 投□・地□・脱□

☐ 14 □善・□悲・□愛

☐ 15 大□・□紀・□目

☐ 16 □取・□理・□生

☐ 17 □歌・□嘆・朗□

ア 綱　イ 信　ウ 幻　エ 夜　オ 合
カ 火　キ 熱　ク 慈　ケ 反　コ 消
サ 獄　シ 摂　ス 詠　セ 超　ソ 部

☐ 18 栄□・□麗・繁□街

☐ 19 折□・緩□・□撃

☐ 20 □児・□動・母□

☐ 21 義□・逆□・盗□

☐ 22 魂□・大□・豪□

☐ 23 脱□・□電・□水

☐ 24 □力・権□・脅□

ア 胎　イ 頭　ウ 賊　エ 威　オ 衝
カ 見　キ 胆　ク 紙　ケ 腕　コ 漏
サ 州　シ 臣　ス 言　セ 木　ソ 華

---

11 セ　超越（ちょうえつ）・超過（ちょうか）・超然（ちょうぜん）

12 ウ　夢幻（むげん）・幻影（げんえい）・幻滅（げんめつ）

13 サ　投獄（とうごく）・地獄（じごく）・脱獄（だつごく）

14 ク　慈善（じぜん）・慈悲（じひ）・慈愛（じあい）

15 ア　大綱（たいこう）・綱紀（こうき）・綱目（こうもく）

16 シ　摂取（せっしゅ）・摂理（せつり）・摂生（せっせい）

17 ス　詠歌（えいか）・詠嘆（えいたん）・朗詠（ろうえい）

18 ソ　栄華（えいが）・華麗（かれい）・繁華街（はんかがい）

19 オ　折衝（せっしょう）・緩衝（かんしょう）・衝撃（しょうげき）

20 ア　胎児（たいじ）・胎動（たいどう）・母胎（ぼたい）

21 ウ　義賊（ぎぞく）・逆賊（ぎゃくぞく）・盗賊（とうぞく）

22 キ　魂胆（こんたん）・大胆（だいたん）・豪胆（ごうたん）

23 コ　脱漏（だつろう）・漏電（ろうでん）・漏水（ろうすい）

24 エ　威力（いりょく）・権威（けんい）・脅威（きょうい）

意味　21［義賊＝不正の金持ちから盗み貧しい人に与えるなど、自分なりの正義を守る盗賊］

でる順 C

熟語の構成

26点以上とれれば合格!

得点 1回目 /36 2回目 /36

熟語の構成のしかたには次のようなものがある。

ア 同じような意味の漢字を重ねたもの……（岩石）
イ 反対または対応の意味を表す字を重ねたもの……（高低）
ウ 上の字が下の字を修飾しているもの……（洋画）
エ 下の字が上の字の目的語・補語になっているもの……（着席）
オ 上の字が下の字の意味を打ち消しているもの……（非常）

次の熟語は右のア〜オのどれにあたるか、一つ選び、記号を記せ。

1 点滅
2 氷塊
3 未到
4 憂国
5 栄枯
6 応答

解答

1 イ 点滅（てんめつ）「つく」↔「消える」と解釈。
2 ウ 氷塊（ひょうかい）「氷の→塊」と解釈。
3 オ 未到（みとう）「まだ到達していない」と解釈。
4 エ 憂国（ゆうこく）「憂う←国を」と解釈。
5 イ 栄枯（えいこ）「栄える」↔「おとろえる」と解釈。
6 ア 応答（おうとう）どちらも「こたえる」の意。
7 ウ 怪談（かいだん）「怪しい→話」と解釈。
8 ア 抱擁（ほうよう）どちらも「だきかかえる」の意。
9 ウ 慈母（じぼ）「思いやりのある→母」と解釈。
10 オ 未婚（みこん）「まだ結婚していない」と解釈。
11 ウ 疾駆（しっく）「はやく→駆ける」と解釈。
12 エ 駐輪（ちゅうりん）「とめる←二輪車を」と解釈。
13 ア 佳麗（かれい）どちらも「うつくしい」の意。
14 ウ 卓見（たっけん）「すぐれた→意見」と解釈。
15 ア 修繕（しゅうぜん）どちらも「なおす」の意。
16 ウ 魔力（まりょく）「ふしぎな→力」と解釈。

7 怪談
8 抱擁
9 慈母
10 未婚
11 疾駆
12 駐輪
13 佳麗
14 卓見
15 修繕
16 魔力

17 催涙
18 優遇
19 利害
20 先賢
21 公募
22 削除
23 入籍
24 共謀
25 分裂
26 内紛

27 処罰
28 凍土
29 出獄
30 初演
31 予防
32 労使
33 到着
34 勤怠
35 匿名
36 卑下

---

17 エ 催涙（さいるい） 「催す←涙を」と解釈。
18 ウ 優遇（ゆうぐう） 「手厚く→遇する」と解釈。
19 イ 利害（りがい） 「利益」↔「損害」と解釈。
20 ウ 先賢（せんけん） 「昔の→賢人」と解釈。
21 ウ 公募（こうぼ） 「公に→募る」と解釈。
22 ア 削除（さくじょ） どちらも「とりさる」の意。
23 エ 入籍（にゅうせき） 「入れる←籍を」と解釈。
24 ウ 共謀（きょうぼう） 「共に→謀（はか）る」と解釈。
25 ア 分裂（ぶんれつ） どちらも「わかれる」の意。
26 ウ 内紛（ないふん） 「内部の→紛争」と解釈。
27 エ 処罰（しょばつ） 「処する←罰に」と解釈。
28 ウ 凍土（とうど） 「凍った→土」と解釈。
29 エ 出獄（しゅつごく） 「出る←監獄を」と解釈。
30 ウ 初演（しょえん） 「初めての→上演」と解釈。
31 ウ 予防（よぼう） 「あらかじめ→防ぐ」と解釈。
32 イ 労使（ろうし） 「労働者」↔「使用者」と解釈。
33 ア 到着（とうちゃく） どちらも「いきつく」の意。
34 イ 勤怠（きんたい） 「勤める」↔「怠ける」と解釈。
35 エ 匿名（とくめい） 「かくす←名を」と解釈。
36 ア 卑下（ひげ） どちらも「へりくだる」の意。

10分で解こう!

17点以上とれれば合格!

次の漢字の部首をア～エから一つ選び、記号で記せ。

1 湾（ア亠 イ弓 ウ八 エ氵）
2 騎（ア馬 イ大 ウ一 エ口）
3 慮（ア广 イノ ウ田 エ心）
4 穫（ア禾 イ艹 ウ又 エ隹）
5 棋（ア一 イ木 ウ八 エ丶）
6 猟（ア犭 イ⺍ ウ几 エ用）
7 畔（ア丶 イ二 ウ田 エ十）
8 畳（ア田 イ冖 ウ丨 エ一）
9 疑（アヒ イ矢 ウ⺪ エ足）
10 犠（ア牛 イ一 ウ丨 エ戈）

解答

1 エ さんずい 例 滑 湿 潤
2 ア うまへん 例 駐 駆 騒
3 エ こころ 例 慰 忌 憩
4 ア のぎへん 例 穏 穂 稚
5 イ きへん 例 概 楼 朽
6 ア けものへん 例 獄 狂 狭
7 ウ たへん 例 略 町
8 ア た 例 甲 畜 異
9 ウ ひき 例 出題範囲では疑のみ
10 ア うしへん 例 牲 特 牧

11 真（ア 十　イ 目　ウ 一　エ 八）

12 碑（ア 石　イ 口　ウ 田　エ 丨）

13 祉（ア 丶　イ 礻　ウ 丨　エ 止）

14 祭（ア 夕　イ 又　ウ 示　エ 八）

15 厚（ア 厂　イ ノ　ウ 日　エ 子）

16 糖（ア 米　イ ノ　ウ 广　エ 口）

17 革（ア 一　イ 口　ウ 十　エ 革）

18 陶（ア 阝　イ 二　ウ 勹　エ 山）

19 翌（ア 羽　イ 亅　ウ 丶　エ 立）

20 臣（ア 匚　イ 丨　ウ 一　エ 臣）

21 致（ア 至　イ ム　ウ 土　エ 夂）

22 怠（ア ム　イ 口　ウ 丶　エ 心）

23 衆（ア 罒　イ 皿　ウ 血　エ 水）

24 裁（ア 土　イ 衣　ウ 弋　エ 戈）

---

11 **イ** め　例 盾 看 省

12 **ア** いしへん　例 硬 礎 砲

13 **イ** しめすへん　例 祈 祖 祝

14 **ウ** しめす　例 禁 示 票

15 **ア** がんだれ　例 厘 原

16 **ア** こめへん　例 粋 粗 糧

17 **エ** かくのかわ　つくりがわ　例 出題範囲では革のみ

18 **ア** こざとへん　例 随 阻 陪

19 **ア** はね　例 翻 翼 習

20 **エ** しん　例 出題範囲では臣と臨のみ

21 **ア** いたる　例 出題範囲では致と至のみ

22 **エ** こころ　例 忌 慈 憂

23 **ウ** ち　例 出題範囲では衆と血のみ

24 **イ** ころも　例 襲 装 裏

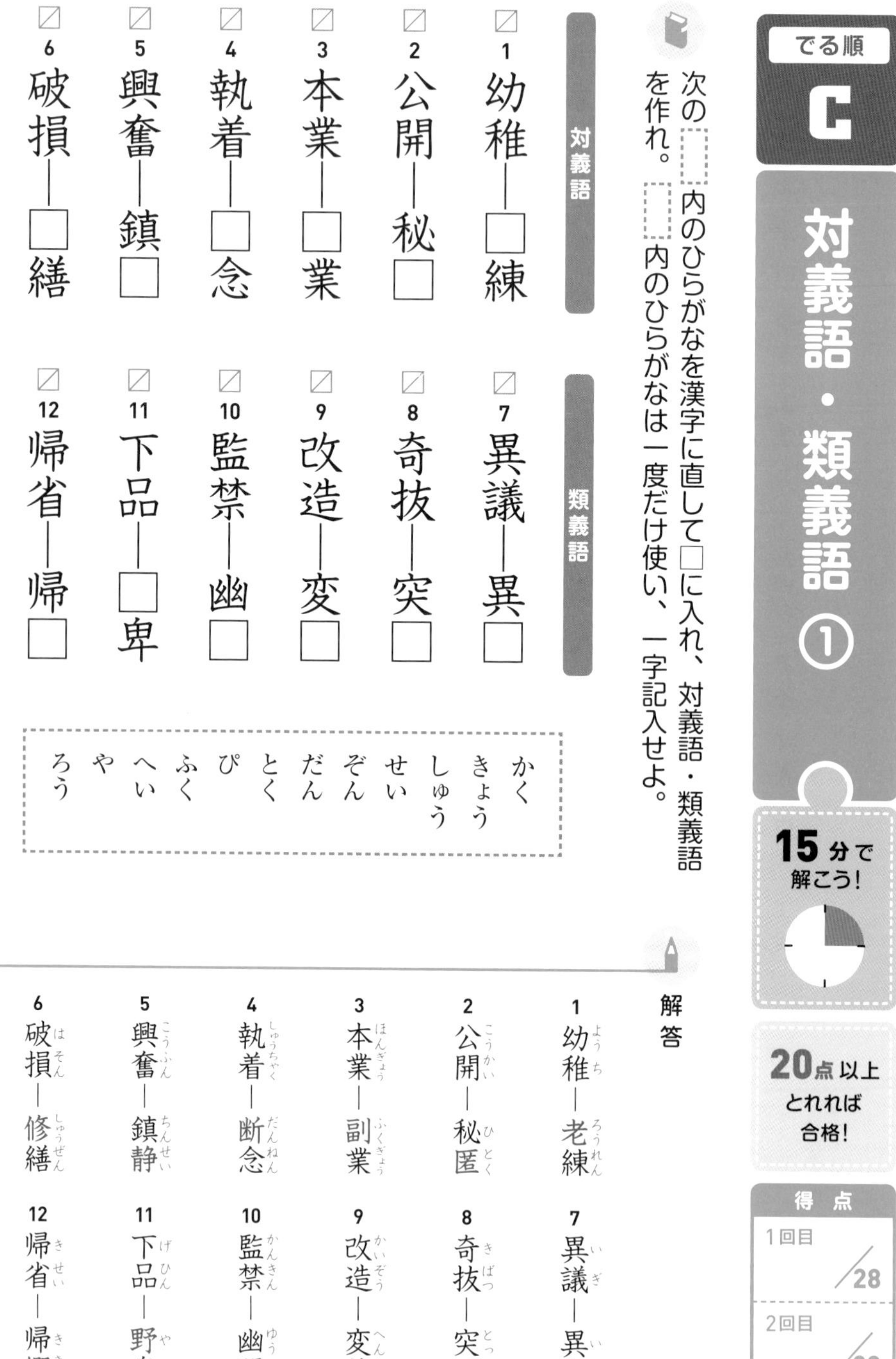

でる順 C

対義語・類義語 ①

15分で解こう！

20点以上とれれば合格！

得点 1回目 /28 2回目 /28

次の［ ］内のひらがなを漢字に直して□に入れ、対義語・類義語を作れ。［ ］内のひらがなは一度だけ使い、一字記入せよ。

対義語

1 幼稚―□練
2 公開―秘□
3 本業―□業
4 執着―□念
5 興奮―鎮□
6 破損―□繕

類義語

7 異議―異□
8 奇抜―突□
9 改造―変□
10 監禁―幽□
11 下品―□卑
12 帰省―帰□

かく　きょう　しゅう　せい　ぞん　だん　とく　ぴ　ふく　へい　や　ろう

解答

1 幼稚（ようち）―老練（ろうれん）
2 公開（こうかい）―秘匿（ひとく）
3 本業（ほんぎょう）―副業（ふくぎょう）
4 執着（しゅうちゃく）―断念（だんねん）
5 興奮（こうふん）―鎮静（ちんせい）
6 破損（はそん）―修繕（しゅうぜん）
7 異議（いぎ）―異存（いぞん）
8 奇抜（きばつ）―突飛（とっぴ）
9 改造（かいぞう）―変革（へんかく）
10 監禁（かんきん）―幽閉（ゆうへい）
11 下品（げひん）―野卑（やひ）
12 帰省（きせい）―帰郷（ききょう）

意味 8［奇抜＝風変わりで、人の意表をつくこと］

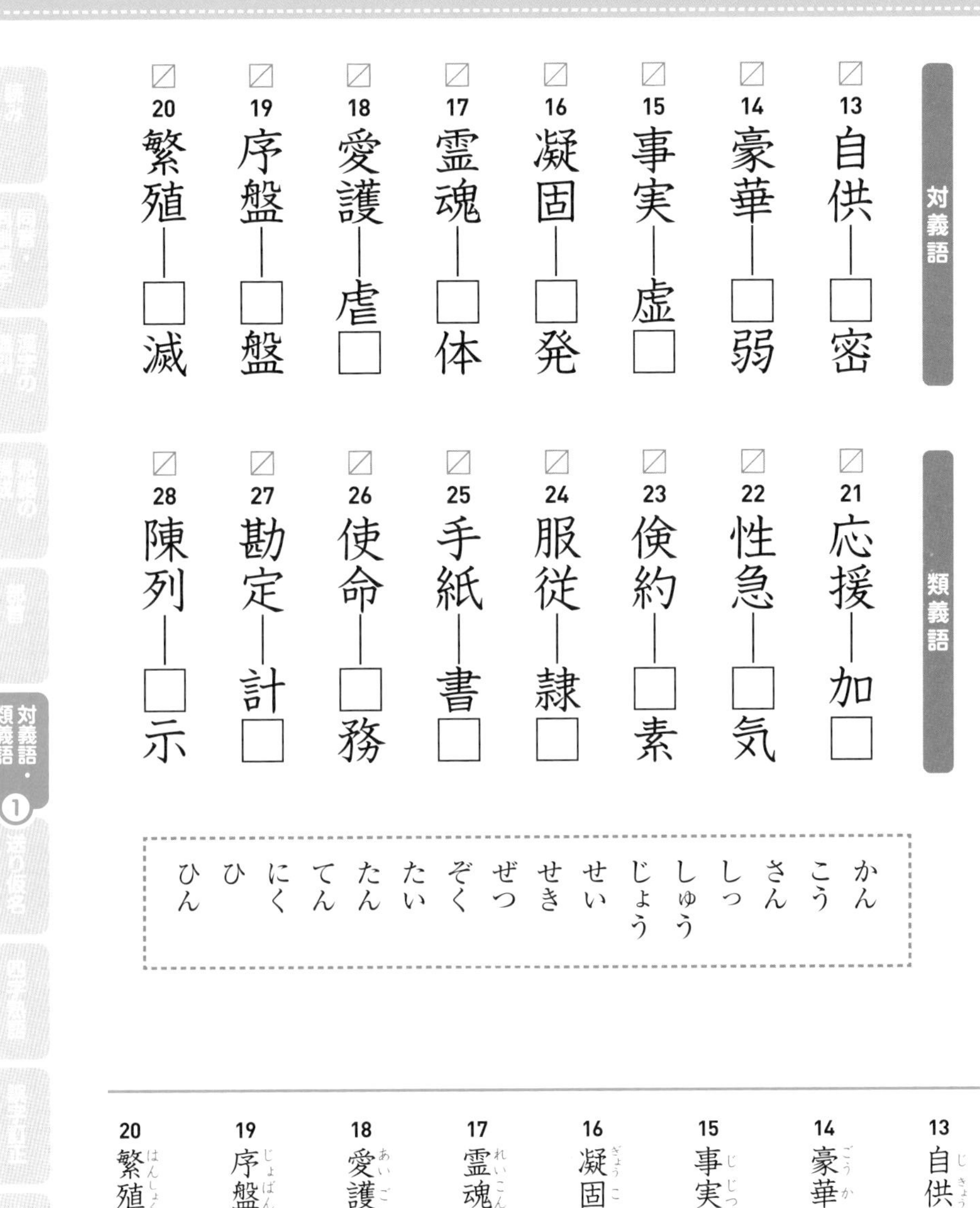

対義語

13 自供—□密
14 豪華—□弱
15 事実—虚□
16 凝固—□発
17 霊魂—□体
18 愛護—虐□
19 序盤—□盤
20 繁殖—□滅

類義語

21 応援—加□
22 性急—□気
23 倹約—□素
24 服従—隷□
25 手紙—書□
26 使命—□務
27 勘定—計□
28 陳列—□示

かん　こう　さん　しっ　しゅう　じょう　せい　せき　ぜつ　ぞく　たい　たん　てん　にく　ひ　ひん

---

13 自供（じきょう）—秘密（ひみつ）
14 豪華（ごうか）—貧弱（ひんじゃく）
15 事実（じじつ）—虚構（きょこう）
16 凝固（ぎょうこ）—蒸発（じょうはつ）
17 霊魂（れいこん）—肉体（にくたい）
18 愛護（あいご）—虐待（ぎゃくたい）
19 序盤（じょばん）—終盤（しゅうばん）
20 繁殖（はんしょく）—絶滅（ぜつめつ）

21 応援（おうえん）—加勢（かせい）
22 性急（せいきゅう）—短気（たんき）
23 倹約（けんやく）—質素（しっそ）
24 服従（ふくじゅう）—隷属（れいぞく）
25 手紙（てがみ）—書簡（しょかん）
26 使命（しめい）—責務（せきむ）
27 勘定（かんじょう）—計算（けいさん）
28 陳列（ちんれつ）—展示（てんじ）

でる順 C

対義語・類義語 ②

15分で解こう!

20点以上とれれば合格!

得点 1回目 /28 2回目 /28

次の□内のひらがなを漢字に直して□に入れ、対義語・類義語を作れ。□内のひらがなは一度だけ使い、一字記入せよ。

対義語

1 需要―供□
2 辞退―承□
3 冷水―熱□
4 伐採―□樹
5 過失―□意
6 是認―□認

類義語

7 辛酸―困□
8 敢行―□行
9 日月―□陰
10 激賞―□賛
11 陳列―展□
12 力点―主□

がん きゅう く こ こう じ しょく ぜっ だく だん とう ひ

解答

1 需要(じゅよう)―供給(きょうきゅう)
2 辞退(じたい)―承諾(しょうだく)
3 冷水(れいすい)―熱湯(ねっとう)
4 伐採(ばっさい)―植樹(しょくじゅ)
5 過失(かしつ)―故意(こい)
6 是認(ぜにん)―否認(ひにん)
7 辛酸(しんさん)―困苦(こんく)
8 敢行(かんこう)―断行(だんこう)
9 日月(にちげつ)―光陰(こういん)
10 激賞(げきしょう)―絶賛(ぜっさん)
11 陳列(ちんれつ)―展示(てんじ)
12 力点(りきてん)―主眼(しゅがん)

意味 6[是認=人の行いや思想などを、よいと認めること] 7[辛酸=つらい思いや苦しみ]

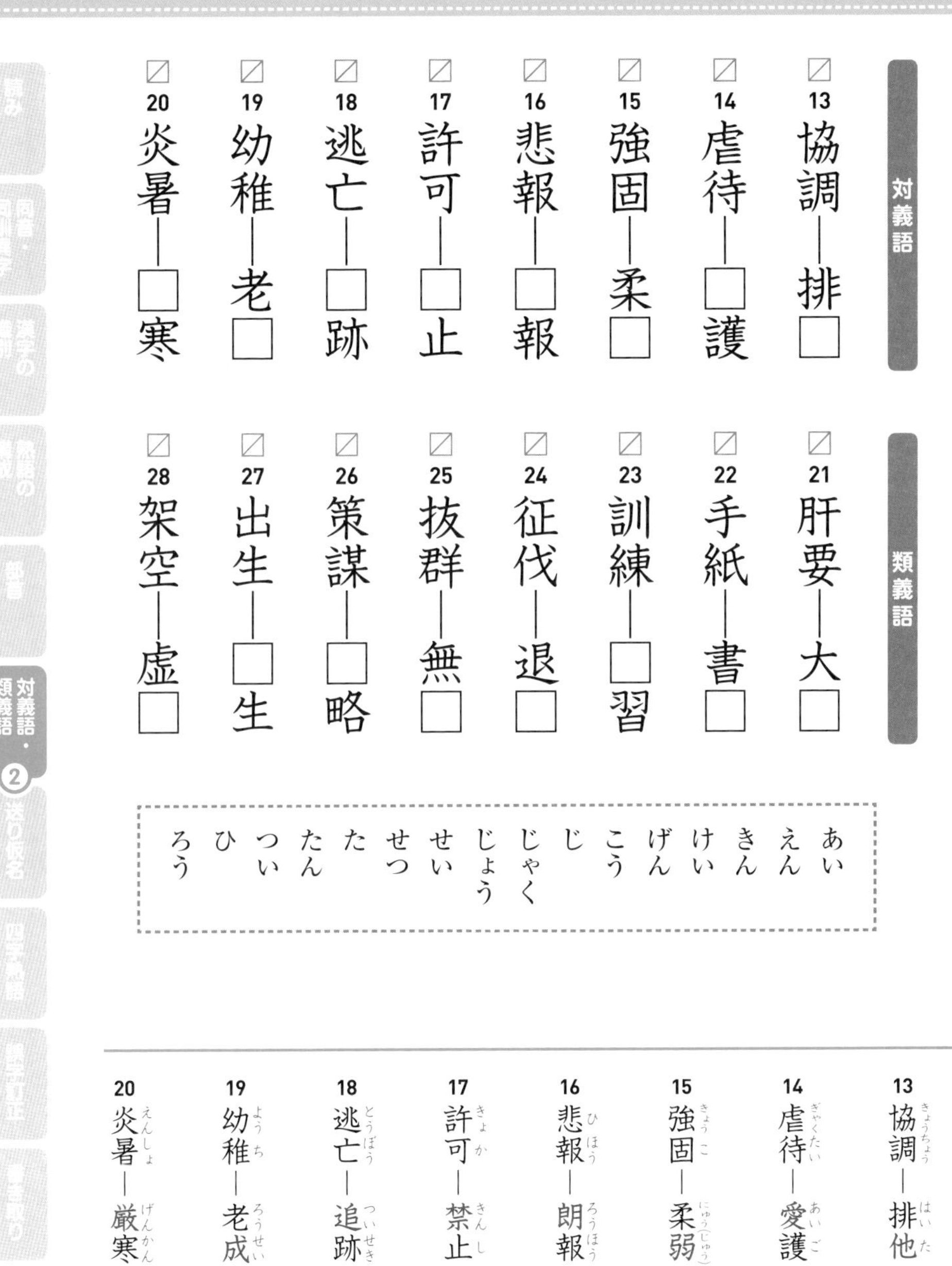

対義語

13 協調―排□
14 虐待―□護
15 強固―柔□
16 悲報―□報
17 許可―□止
18 逃亡―□跡
19 幼稚―老□
20 炎暑―□寒

類義語

21 肝要―大□
22 手紙―書□
23 訓練―□習
24 征伐―退□
25 抜群―無□
26 策謀―□略
27 出生―□生
28 架空―虚□

あい　えん　きん　けい　げん　こう　じ　じゃく　じょう　せい　せつ　たん　た　つい　ひ　ろう

---

13 協調（きょうちょう）―排他（はいた）
14 虐待（ぎゃくたい）―愛護（あいご）
15 強固（きょうこ）―柔弱（にゅうじゃく（じゅうじゃく））
16 悲報（ひほう）―朗報（ろうほう）
17 許可（きょか）―禁止（きんし）
18 逃亡（とうぼう）―追跡（ついせき）
19 幼稚（ようち）―老成（ろうせい）
20 炎暑（えんしょ）―厳寒（げんかん）

21 肝要（かんよう）―大切（たいせつ）
22 手紙（てがみ）―書状（しょじょう）
23 訓練（くんれん）―演習（えんしゅう）
24 征伐（せいばつ）―退治（たいじ）
25 抜群（ばつぐん）―無比（むひ）
26 策謀（さくぼう）―計略（けいりゃく）
27 出生（しゅっしょう）―誕生（たんじょう）
28 架空（かくう）―虚構（きょこう）

注意 15［柔弱は「じゅうじゃく」とも読む］

でる順 C

対義語・類義語 ③

次の□内のひらがなを漢字に直して□に入れ、対義語・類義語を作れ。□内のひらがなは一度だけ使い、一字記入せよ。

対義語

1 架空—□在
2 強制—□意
3 詳細—□要
4 違反—□守
5 希薄—□密
6 解放—□束

類義語

7 安値—□価
8 幽閉—□禁
9 激励—鼓□
10 丹念—□明
11 借金—負□
12 勘弁—容□

がい　かん　こう　こく　さい　じつ　しゃ　じゅん　にん　のう　ぶ　れん

解答

1 架空(かくう)—実在(じつざい)
2 強制(きょうせい)—任意(にんい)
3 詳細(しょうさい)—概要(がいよう)
4 違反(いはん)—遵守(じゅんしゅ)
5 希薄(きはく)—濃密(のうみつ)
6 解放(かいほう)—拘束(こうそく)
7 安値(やすね)—廉価(れんか)
8 幽閉(ゆうへい)—監禁(かんきん)
9 激励(げきれい)—鼓舞(こぶ)
10 丹念(たんねん)—克明(こくめい)
11 借金(しゃっきん)—負債(ふさい)
12 勘弁(かんべん)—容赦(ようしゃ)

対義語

13 虚構—事□
14 質素—豪□
15 都心—□外
16 具体—□象
17 愛護—□待
18 賢明—暗□
19 必然—□然
20 極楽—地□

類義語

21 阻害—□魔
22 両者—□方
23 期待—□望
24 処置—□置
25 重要—□心
26 豊富—□沢
27 早速—□刻
28 横着—□慢

か　かん　ぎゃく　ぐ　ぐう　こう　ごく　じつ　じゃ　じゅん　しょく　そ　そう　そっ　たい　ちゅう

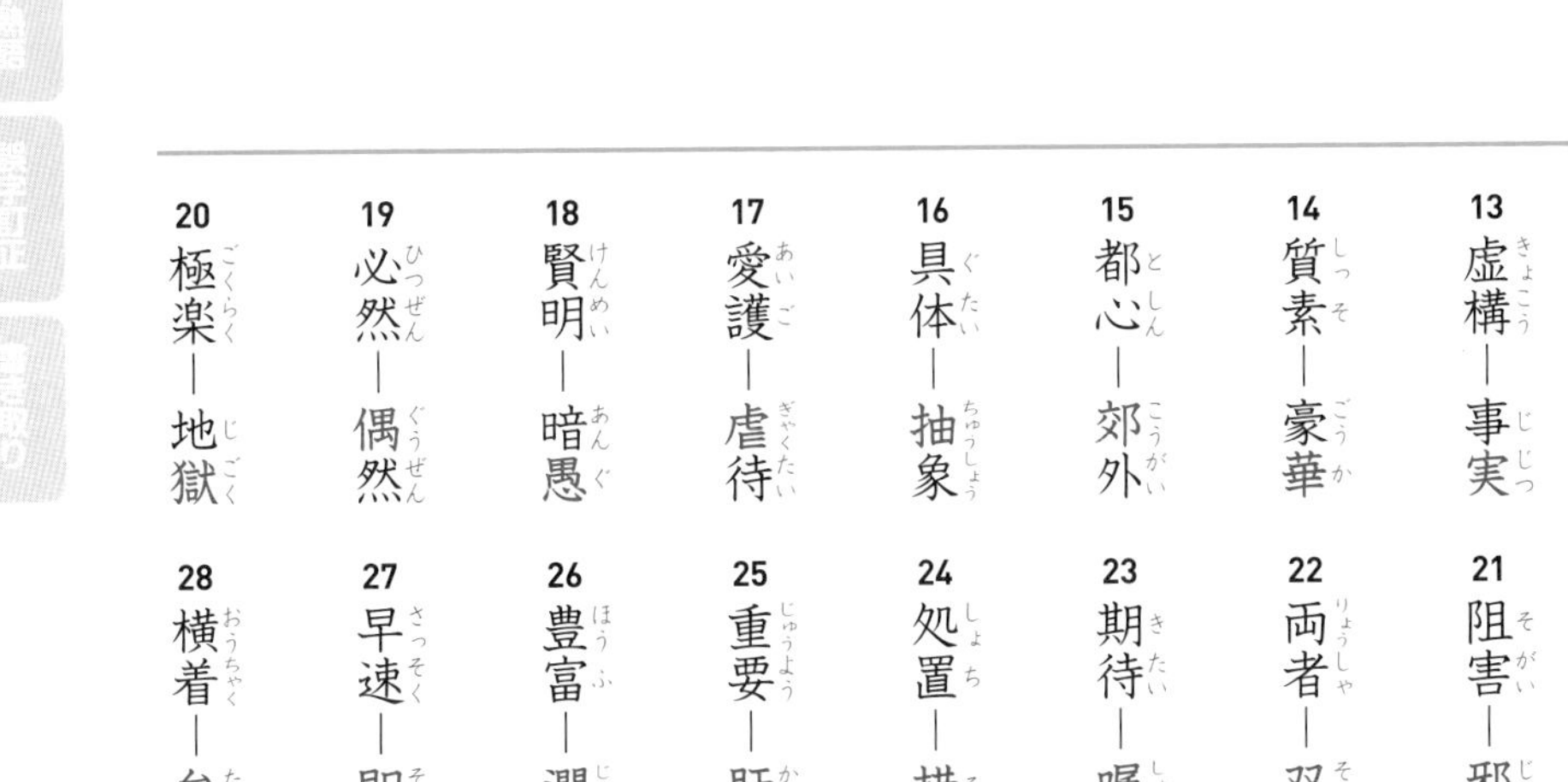
13 虚構（きょこう）—事実（じじつ）
14 質素（しっそ）—豪華（ごうか）
15 都心（としん）—郊外（こうがい）
16 具体（ぐたい）—抽象（ちゅうしょう）
17 愛護（あいご）—虐待（ぎゃくたい）
18 賢明（けんめい）—暗愚（あんぐ）
19 必然（ひつぜん）—偶然（ぐうぜん）
20 極楽（ごくらく）—地獄（じごく）

21 阻害（そがい）—邪魔（じゃま）
22 両者（りょうしゃ）—双方（そうほう）
23 期待（きたい）—嘱望（しょくぼう）
24 処置（しょち）—措置（そち）
25 重要（じゅうよう）—肝心（かんじん）
26 豊富（ほうふ）—潤沢（じゅんたく）
27 早速（さっそく）—即刻（そっこく）
28 横着（おうちゃく）—怠慢（たいまん）

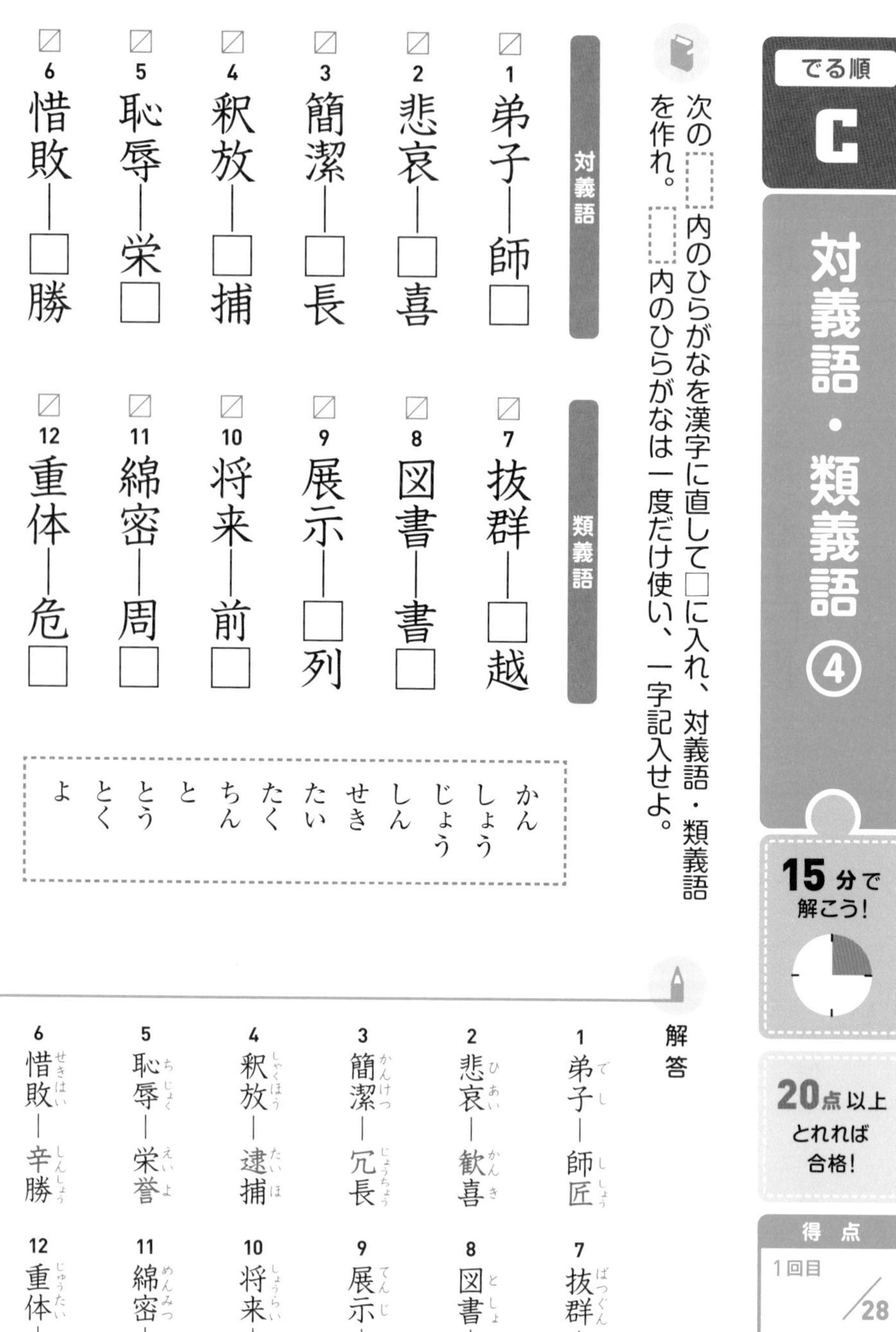

でる順 C

対義語・類義語 ④

15分で解こう!

20点以上とれれば合格!

得点 1回目 /28 2回目 /28

次の□内のひらがなを漢字に直して□に入れ、対義語・類義語を作れ。□内のひらがなは一度だけ使い、一字記入せよ。

対義語

1 弟子―師□
2 悲哀―□喜
3 簡潔―□長
4 釈放―□捕
5 恥辱―栄□
6 惜敗―□勝

類義語

7 抜群―□越
8 図書―書□
9 展示―□列
10 将来―前□
11 綿密―周□
12 重体―危□

かん しょう じょう しん せき たい たく ちん と とう とく よ

解答

1 弟子(でし)―師匠(ししょう)
2 悲哀(ひあい)―歓喜(かんき)
3 簡潔(かんけつ)―冗長(じょうちょう)
4 釈放(しゃくほう)―逮捕(たいほ)
5 恥辱(ちじょく)―栄誉(えいよ)
6 惜敗(せきはい)―辛勝(しんしょう)
7 抜群(ばつぐん)―卓越(たくえつ)
8 図書(としょ)―書籍(しょせき)
9 展示(てんじ)―陳列(ちんれつ)
10 将来(しょうらい)―前途(ぜんと)
11 綿密(めんみつ)―周到(しゅうとう)
12 重体(じゅうたい)―危篤(きとく)

対義語

☐ 13 助長―□害

☐ 14 極寒―□暑

☐ 15 勤勉―□慢

☐ 16 概要―□細

☐ 17 棄却―採□

☐ 18 老成―幼□

☐ 19 事実―□構

☐ 20 新鮮―□腐

類義語

☐ 21 対等―互□

☐ 22 役人―官□

☐ 23 発覚―□見

☐ 24 妨害―邪□

☐ 25 制裁―処□

☐ 26 高低―起□

☐ 27 不足―欠□

☐ 28 繁栄―□盛

えん　かく　きょ　しょう　そ　たい　たく　ち　ちん　ばつ　ふく　ぼう　ま　り　りゅう　ろ

---

13 助長（じょちょう）―阻害（そがい）

14 極寒（ごっかん）―炎暑（えんしょ）

15 勤勉（きんべん）―怠慢（たいまん）

16 概要（がいよう）―詳細（しょうさい）

17 棄却（ききゃく）―採択（さいたく）

18 老成（ろうせい）―幼稚（ようち）

19 事実（じじつ）―虚構（きょこう）

20 新鮮（しんせん）―陳腐（ちんぷ）

21 対等（たいとう）―互角（ごかく）

22 役人（やくにん）―官吏（かんり）

23 発覚（はっかく）―露見（ろけん）

24 妨害（ぼうがい）―邪魔（じゃま）

25 制裁（せいさい）―処罰（しょばつ）

26 高低（こうてい）―起伏（きふく）

27 不足（ふそく）―欠乏（けつぼう）

28 繁栄（はんえい）―隆盛（りゅうせい）

送り仮名

次の——線のカタカナを漢字一字と送り仮名(ひらがな)に直せ。

1 生地をよくこねてノバス。
2 彼女は農家にトツイダ。
3 早く起きるようにウナガサれた。
4 太鼓のココロヨイリズムが響く。
5 墓参に郷里をオトズレル。
6 最後までネバッて勝った試合だ。
7 わがままな娘にナヤマされる。
8 新人の中でモットモ元気がある。
9 つかの間の平和をアジワッた。
10 サイワイ被害はなかった。
11 一身上の都合で会社をヤメル。
12 彼はだれからもシタワレている。
13 六月ナカバに試験が実施される。
14 同じメニューにアキル。
15 やる気をオコス。
16 見通しをアヤマル。
17 早く完成するようにハカラウ。
18 からまった糸がトケル。

15分で解こう!

得点
1回目 /42
2回目 /42

解答

1 伸ばす
2 嫁いだ
3 促さ
4 快い
5 訪れる
6 粘っ
7 悩ま
8 最も
9 味わっ
10 幸い
11 辞める
12 慕われ
13 半ば
14 飽きる
15 起こす
16 誤る
17 計らう
18 解ける

19 失敗続きでニガル弟。
20 コマヤカナ心配りに感動する。
21 税金をオサメル。
22 手間をハブイて効率を上げる。
23 ハチに刺されてイタイ。
24 学問をキワメル。
25 キタル十月十日は決勝戦だ。
26 我がチームは強敵をマカシた。
27 スクナイ機会を生かして勝つ。
28 ヒトリ悲しみに沈む。
29 突然ハゲシイ雨が降ってきた。
30 足の速さをクラベル。

31 小さいパソコンがホシイ。
32 アンテナを針金でササエル。
33 祭りにちょうちんをサゲル。
34 ごみをステル。
35 教会で結婚式をアゲル。
36 会の進行役をツトメル。
37 美しさを花にタトエル。
38 都会の生活にナレル。
39 コンクリートがカタマル。
40 資料の収集にツトメル。
41 桜の花が咲きソメル。
42 武士が主君にツカエル。

---

19 苦る
20 細やかな
21 納める
22 省い
23 痛い
24 究める
25 来る
26 負かし
27 少ない
28 独り
29 激しい
30 比べる

31 欲しい
32 支える
33 提げる
34 捨てる
35 挙げる
36 務める
37 例える
38 慣れる
39 固まる
40 努める
41 初める
42 仕える

でる順 C

四字熟語 ①

15分で解こう!

17点以上とれれば合格!

得点 1回目 /24 2回目 /24

次の(　)に漢字二字を入れて、四字熟語を完成せよ。

1 (テキシャ)生存

2 一騎(トウセン)

3 (シブン)五裂

4 (タンジュン)明快

5 門戸(カイホウ)

6 悪逆(ムドウ)

7 (ジガ)自賛

8 (イッキョ)一動

9 (ゼンジン)未踏

10 (ジダイ)錯誤

解答

1 適者生存(てきしゃせいぞん) 環境に最も順応した者だけが生き残ること。

2 一騎当千(いっきとうせん) 一人で千人の敵に向かうほど強いさま。

3 四分五裂(しぶんごれつ) ばらばらで統一されていないこと。

4 単純明快(たんじゅんめいかい) 考え方が素直ですっきりしてわかりやすいさま。

5 門戸開放(もんこかいほう) 自由に出入りなどを許すこと。

6 悪逆無道(あくぎゃくむどう) 人の道にはずれた、はなはだしい悪事。

7 自画自賛(じがじさん) 自分で自分のことをほめること。

8 一挙一動(いっきょいちどう) ちょっとした動作・振る舞いのこと。

9 前人未踏(ぜんじんみとう) 今までだれも足を踏み入れていないこと。

10 時代錯誤(じだいさくご) 時代の異なるものを混同して考えること。

他例 1 [適者生存は「生存」を書かせることもある]

11 （イキ）揚揚

12 百鬼（ヤコウ）

13 鶏口（ギュウゴ）

14 悪口（ゾウゴン）

15 権謀（ジュッスウ）

16 （ヒガン）達成

17 酔生（ムシ）

18 異体（ドウシン）

19 （リロ）整然

20 （ブツジョウ）騒然

21 条件（ハンシャ）

22 故事（ライレキ）

23 博覧（キョウキ）

24 （イットウ）両断

---

11 意気揚揚（いきようよう） 誇らしげなさま。得意なさま。

12 百鬼夜行（ひゃっきやこう（ぎょう）） 悪人らが時を得て、勝手に振る舞うこと。

13 鶏口牛後（けいこうぎゅうご） 大組織の下より小組織の長になるほうがよい。

14 悪口雑言（あっこうぞうごん） 口汚くいろいろ悪口を言うこと。

15 権謀術数（けんぼうじゅっすう） 人をあざむくはかりごと。

16 悲願達成（ひがんたっせい） 心からの願いをなしとげること。

17 酔生夢死（すいせいむし） 何もせず、むだに一生を過ごすこと。

18 異体同心（いたいどうしん） からだは別々でも心は一つであること。

19 理路整然（りろせいぜん） 考えや話などの筋道がきちんとしていること。

20 物情騒然（ぶつじょうそうぜん） 世間の様子が乱れて不穏なさま。

21 条件反射（じょうけんはんしゃ） 特定の刺激に対しての反応。

22 故事来歴（こじらいれき） 昔から伝わる事物の起源やいわれ。

23 博覧強記（はくらんきょうき） 広く書物を読み、内容を覚えていること。

24 一刀両断（いっとうりょうだん） 速やかに決断し処理すること。

他例 11［意気揚揚は「意気揚々」の形で出題されることもある］

でる順 C

四字熟語 ②

15分で解こう!

17点以上とれれば合格!

得点
1回目　/24
2回目　/24

次の（　）に漢字二字を入れて、四字熟語を完成せよ。

1 （ゴショウ）大事

2 （コウロン）卓説

3 力戦（フントウ）

4 （チュウヤ）兼行

5 （シンシン）気鋭

6 大義（メイブン）

7 （シソウ）堅固

8 （アクセン）苦闘

9 （キュウタイ）依然

10 （トウイ）即妙

解答

1 後生大事（ごしょうだいじ）　何かをとても大切にすること。

2 高論卓説（こうろんたくせつ）　すぐれた立派な議論や意見。

3 力戦奮闘（りきせんふんとう）　力を尽くして、自分の能力をふるうこと。

4 昼夜兼行（ちゅうやけんこう）　昼も夜も区別なく事を続けること。

5 新進気鋭（しんしんきえい）　新人で、意気ごみが盛んで将来性のあるさま。

6 大義名分（たいぎめいぶん）　人として守る道義、行為の基準となる道理。

7 志操堅固（しそうけんご）　考えなどを固く守って変えないこと。

8 悪戦苦闘（あくせんくとう）　不利な状況での死にものぐるいの苦しい戦い。

9 旧態依然（きゅうたいいぜん）　昔のままで進歩・発展のないさま。

10 当意即妙（とういそくみょう）　その場に合うように機転をきかすこと。

11 応急（ショチ）

12（タンシン）赴任

13 一心（ドウタイ）

14（ジゴ）承諾

15（シタサキ）三寸

16 多岐（ボウヨウ）

17 一日（センシュウ）

18 二者（タクイツ）

19（ヘンゲン）隻語

20（エンコウ）近攻

21（キセイ）緩和

22（ショッケン）濫用

23 粉飾（ケッサン）

24 百家（ソウメイ）

---

11 応急処置（おうきゅうしょち） 急場の間に合わせ。

12 単身赴任（たんしんふにん） 家族を伴わずに一人で任地へ行くこと。

13 一心同体（いっしんどうたい） 複数の人が心を一つにして、固く結びつくこと。

14 事後承諾（じごしょうだく） 物事が終わったあと承諾を求めること。

15 舌先三寸（したさきさんずん） 心がこもっておらず口先だけであること。

16 多岐亡羊（たきぼうよう） 方針をどれに決めてよいかわからないこと。

17 一日千秋（いちじつせんしゅう） 非常に待ち遠しいこと。

18 二者択一（にしゃたくいつ） 二つの事柄の、どちらか一方を選ぶこと。

19 片言隻語（へんげんせきご） ほんのちょっとした短い言葉。

20 遠交近攻（えんこうきんこう） 遠い国と結び、近い国を攻め取る策。

21 規制緩和（きせいかんわ） 制限や決まりをゆるめること。

22 職権濫用（しょっけんらんよう） 職務上の権限を不当に用いること。

23 粉飾決算（ふんしょくけっさん） 利益または損失をいつわって決算すること。

24 百家争鳴（ひゃっかそうめい） 多くの学者が自由に論争すること。

他例 11［応急処置は「応急」を書かせることもある］

でる順 C

四字熟語 ③

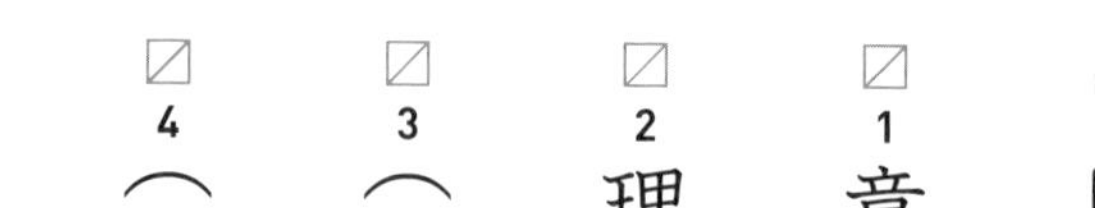

次の（　）に漢字二字を入れて、四字熟語を完成せよ。

☐ 1 意気（ショウテン）

☐ 2 理非（キョクチョク）

☐ 3 （ゼヒ）善悪

☐ 4 （イフウ）堂堂

☐ 5 （ゼント）洋洋

☐ 6 全身（ゼンレイ）

☐ 7 暖衣（ホウショク）

☐ 8 （オメイ）返上

☐ 9 一意（センシン）

☐ 10 （キカイ）千万

解答

1 意気衝天（いきしょうてん） 意気込みが天をつくほど盛んなこと。

2 理非曲直（りひきょくちょく） 道理にかなったこととはずれていること。

3 是非善悪（ぜひぜんあく） 物事のよしあし。

4 威風堂堂（いふうどうどう） 態度などに威厳が満ちあふれて立派なさま。

5 前途洋洋（ぜんとようよう） 将来が希望に満ち満ちていること。

6 全身全霊（ぜんしんぜんれい） 体力と精神力のすべて。

7 暖衣飽食（だんいほうしょく） 衣食にことかかない、ぜいたくな暮らし。

8 汚名返上（おめいへんじょう） 悪い評判を打ち消す行為。

9 一意専心（いちいせんしん） ひたすら一つのことに心を集中すること。

10 奇怪千万（きかいせんばん） 普通では考えられないくらい不思議なさま。

15分で解こう！

17点以上とれれば合格！

得点

1回目 /24

2回目 /24

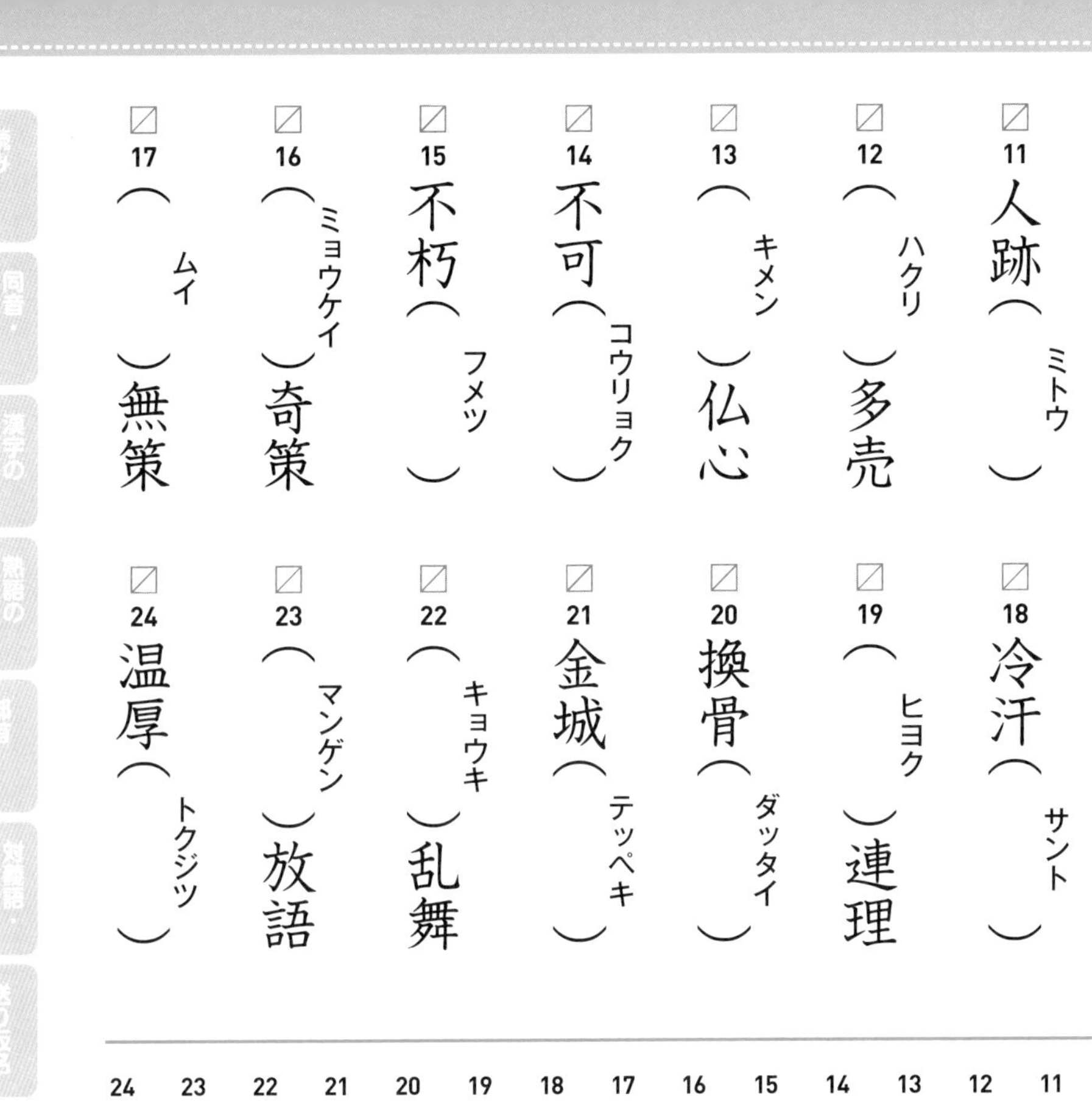

11 人跡（ミトウ）

12 （ハクリ）多売

13 （キメン）仏心

14 不可（コウリョク）

15 不朽（フメツ）

16 （ミョウケイ）奇策

17 （ムイ）無策

18 冷汗（サント）

19 （ヒヨク）連理

20 換骨（ダッタイ）

21 金城（テッペキ）

22 （キョウキ）乱舞

23 （マンゲン）放語

24 温厚（トクジツ）

---

11 人跡未踏（じんせきみとう） 人が足を踏み入れたことがないこと。

12 薄利多売（はくりたばい） 利益の少ない物を多量に売ること。

13 鬼面仏心（きめんぶっしん） 外見は恐ろしいが、優しい心を持っていること。

14 不可抗力（ふかこうりょく） 人力では対抗できない外力や事態のこと。

15 不朽不滅（ふきゅうふめつ） いつまでも滅びないこと。

16 妙計奇策（みょうけいきさく） 非常にすぐれたはかりごと。

17 無為無策（むいむさく） 何の対策も立てず、腕をこまねいていること。

18 冷汗三斗（れいかんさんと） 恐ろしさや恥ずかしさで冷や汗をかくさま。

19 比翼連理（ひよくれんり） 男女の愛が深いことのたとえ。

20 換骨奪胎（かんこつだったい） 他人の作品に手を加え自分のものとすること。

21 金城鉄壁（きんじょうてっぺき） 金や鉄で造ったような堅固な城のこと。

22 狂喜乱舞（きょうきらんぶ） 乱れ舞うように非常に喜ぶさま。

23 漫言放語（まんげんほうご） とりとめのない言葉をやたらと言うこと。

24 温厚篤実（おんこうとくじつ） 人柄が穏やかで情が深く誠実なこと。

でる順 C

誤字訂正 ①

得点
1回目 /28
2回目 /28

次の各文にまちがって使われている同じ読みの漢字が一字ある。その誤字と正しい漢字を記せ。

1 部員たちは主将から深頼される選手になるため毎日の練習を怠らない。

2 結果も大事だが、問題解決の過提での努力は自分自身を成長させる。

3 子供の入場料金を回正したところ、結果的に全体の入場者数が増加した。

4 警察の必死の説得の末、遂に立てこもり犯が拡保された。

5 雪崩に巻き込まれた何人かの登山者が、無事に急助されたと報道した。

6 その雑誌は学述的な用語が多く使用され、一般には浸透していない。

7 少女は両親と祖父母の愛情に包まれて、穏やかで心の易しい子に育った。

8 日本雄数のみかん産地で農業をいとなむ父から、手紙が届いた。

9 ホームヘルパーが高齢者の家庭を訪問して介互を行う。

10 長男として実家の父親が経映している飲食店の後を継ぐ決心をした。

11 会社再建のために排水の陣を敷いて事業に取り組む。

12 業績の低迷を受け、抜本的な綱造改革を行う必要に迫られる。

解答

1 深→信（信頼）
2 提→程（過程）
3 回→改（改正）
4 拡→確（確保）
5 急→救（救助）
6 述→術（学術）
7 易→優（優しい）
8 雄→有（有数）
9 互→護（介護）
10 映→営（経営）
11 排→背（背水の陣）
12 綱→構（構造）

他例 4［確認］ 5［救急車］ 7［優先・優待］

13 若手を起用して会社の活性化を図るという方申は変えない。

14 正社員を募収すると、多くの志願者がエントリーしてきた。

15 彼はどんなトラブルも敏即に処理するので、多くの社員にたよられている。

16 彼は税理士の師格を取得するために、寝る間も惜しんで勉強している。

17 時事問題を分かりやすく回説するニュース番組が人気を博している。

18 高い技術をもつ企業が、小惑星探差のプロジェクトに参加する。

19 単身赴認中の夫は、毎週末に車で帰ってきて、家族と共に過ごす。

20 異文化交流を体験してからは、前にも増して海外留学に協味がわいた。

21 夏バテを防ぐためには、水分補吸とよく食べることが欠かせない。

22 狭い路地裏には、輸入雑架を販売している小規模な店が軒を連ねている。

23 法案が成立するかどうか、最後まで余断を許さない。

24 大物政治家がからんだ汚職事件についての採判が、報道された。

25 世代を問わず、地域の住民たちが交流できる場所を無料で定供する。

26 好古学を専攻して昔の文化や慣習を研究してみたい。

27 博覧会に出す作品が完成したので、気分展換のために田舎の温泉へ行く。

28 県内の博物館で昔ながらの道具を用いて機を折る実演を見学した。

---

13 申→針（方針）
14 収→集（募集）
15 即→速（敏速）
16 師→資（資格）
17 回→解（解説）
18 差→査（探査）
19 認→任（赴任）
20 協→興（興味）
21 吸→給（補給）
22 架→貨（雑貨）
23 余→予（予断）
24 採→裁（裁判）
25 定→提（提供）
26 好→考（考古学）
27 展→転（転換）
28 折→織（織る）

他例 14［集団］ 23［予想・予防］ 26［考慮］

でる順 C

誤字訂正 ②

次の各文にまちがって使われている同じ読みの漢字が一字ある。その誤字と正しい漢字を記せ。

1 感先を予防するためには、規則正しい生活と栄養を採ることも大事だ。

2 痛みを緩話するために一般的に使用される薬物の一種だ。

3 啓約を締結したら、履行期限を遵守して、信頼を維持しなければならない。

4 その道路標識は劣化により倒れる危検があり、取り替えられた。

5 保護措置を近急にとらないとゴリラは絶滅するという警告が出された。

6 その施設には食料品など多様な物資が貴付された。

7 将軍や重鎮など権力者の愛雇を得て、貿易を順調に拡大した。

8 新築物件を購入するために借り入れた資金を、裁権者に全額完済した。

9 戦時中の文献には、自国の正当性を事更に強調する論考が散見される。

10 歴史上有名な合戦は寺のつり金に刻まれた銘文がきっかけだという説がある。

11 気象衛星から撮られた画像には、細い筋状に延びる雲が観測された。

12 高僧を招声するため、大海を隔てた地に派遣される特使の勅命を受けた。

解答

1 先→染（感染）
2 話→和（緩和）
3 啓→契（契約）
4 検→険（危険）
5 近→緊（緊急）
6 貴→寄（寄付）
7 雇→顧（愛顧）
8 裁→債（債権）
9 事→殊（殊更）
10 金→鐘（鐘）
11 延→伸（伸びる）
12 声→請（招請）

意味 12［招請＝頼んで来てもらうこと。招待］

☐ 13 豪勢な意匠が施された伝統建築群が湖半に沿って建っている。

☐ 14 長く続いた内粉に終止符が打たれ、新たな国家体制の幕が上がった。

☐ 15 主役として初めての舞台に立った彼女の演技は特に味力的であった。

☐ 16 幾度となく世界各地で猛偉を振るった天然痘の根絶に人類は成功した。

☐ 17 相次ぐケガで、試合に出場することができず、引退するべきかどうか苦脳する。

☐ 18 多彩な出演陣で話題のドラマの撮映には、巨額の資金が投入された。

☐ 19 図書館の悦覧室が広くなり、調べものが楽になった。

☐ 20 研究者は患部を消煙し鎮痛する効果が期待できる薬剤を開発した。

☐ 21 同窓の援故で便宜を図るという申し出を断り、独力での挑戦を決意した。

☐ 22 不温な空気を素早く察知して、議長は十五分の休憩を提案した。

☐ 23 繁花街を避けて郊外に家を建てた友人は快適な生活を満喫している。

☐ 24 予算が下りたので、金会を求める海底探査にようやく着手できる。

☐ 25 災害時の解滅的な打撃を回避するため、施設の補強をしなければならない。

☐ 26 収獲時期になると、家族総出でリンゴを箱に詰める作業が深夜まで続く。

☐ 27 梅雨時の健康法としては、室内の湿気をうまく処理することが関要だ。

☐ 28 利害が対立する人たちの意見を調整して練り上げられた貴画について詳述した。

---

13 半→畔（湖畔）
14 粉→紛（内紛）
15 味→魅（魅力的）
16 偉→威（猛威）
17 脳→悩（苦悩）
18 映→影（撮影）
19 悦→閲（閲覧室）
20 煙→炎（消炎）
21 援→縁（縁故）
22 温→穏（不穏）
23 花→華（繁華街）
24 会→塊（金塊）
25 解→壊（壊滅的）
26 獲→穫（収穫）
27 関→肝（肝要）
28 貴→企（企画）

意味 21［縁故＝血縁や同郷などによるつながり］

でる順 C 書き取り ①

30点以上とれれば合格!

得点 1回目 /42 2回目 /42

次の——線のカタカナを漢字に直せ。

1 ゴウカな式典に参加する。
2 予定通りにカイサイされる。
3 家のかぎをフンシツした。
4 恵まれない人々にジゼンを施す。
5 体のジクがぶれないように歩く。
6 カクジツに勝てる相手だ。
7 今週は私がスイジの当番だ。
8 語学をセンモンとした学校に通う。
9 文章を書く前にコウソウを練る。
10 ビョウシンが一回りする。
11 重要なアンケンが山積している。
12 その状況に弁明のヨチはない。
13 コイにボールをぶつける。
14 新製品のセンデンポスター。
15 赤をキチョウとするデザイン。
16 海外シサツを終えて帰国する。
17 トウブンをとりすぎてはいけない。
18 やせたいのでフッキンを鍛える。

解答

1 豪華
2 開催
3 紛失
4 慈善
5 軸
6 確実
7 炊事
8 専門
9 構想
10 秒針
11 案件
12 余地
13 故意
14 宣伝
15 基調
16 視察
17 糖分
18 腹筋

☐ 19 式典がセイカイのうちに終わる。
☐ 20 ソウバン間違いに気づくだろう。
☐ 21 深海をタンサする。
☐ 22 雨にぬれてアワれな姿だ。
☐ 23 ナマリ加工の部品を買った。
☐ 24 青春時代をカエリみる。
☐ 25 どんよりとしたハイイロの空。
☐ 26 ツミを憎んで人を憎まず。
☐ 27 大雨で川の流れがハゲしい。
☐ 28 冷静な判断が子どもの命をスクった。
☐ 29 自由のハタジルシを掲げる。
☐ 30 ゴミがひどいにおいをハナつ。

☐ 31 タえず背後に気を配る。
☐ 32 少女は顔を赤くしてテれている。
☐ 33 一部区間をノゾく路線で使えます。
☐ 34 加熱や消毒をし、食中毒をフセぐ。
☐ 35 塩をまいてキヨめる。
☐ 36 冷たい麦茶がホしい。
☐ 37 古いタテモノを壊す。
☐ 38 野原でワラビをトる。
☐ 39 風もなく穏やかなヒヨリ。
☐ 40 クマが冬眠からメザめた。
☐ 41 ツバメの数がへっている。
☐ 42 初夏の訪れをツげる花。

19 盛会
20 早晩
21 探査
22 哀
23 鉛
24 省
25 灰色
26 罪
27 激
28 救
29 旗印
30 放

31 絶
32 照
33 除
34 防
35 清
36 欲
37 建物
38 採
39 日和
40 目覚
41 減
42 告

意味 29［旗印＝行動の目標として掲げる理念］

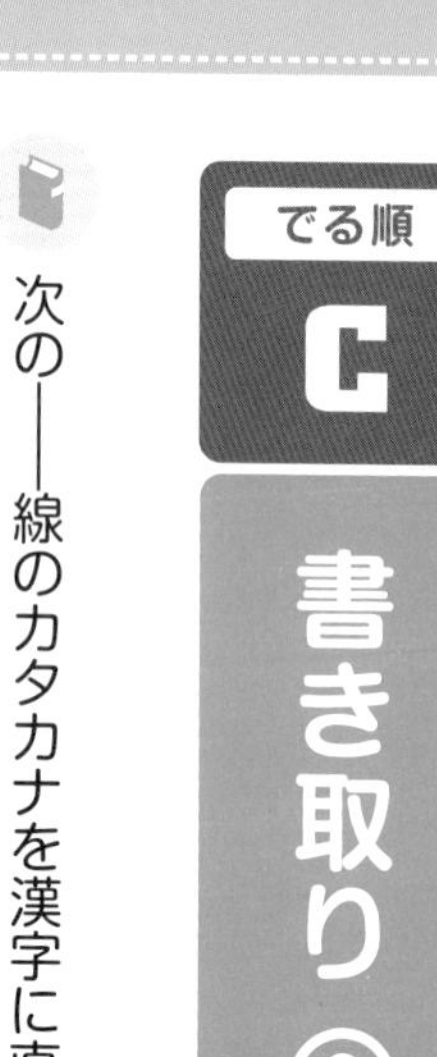

次の——線のカタカナを漢字に直せ。

1 **キソ**からしっかりと身につける。
2 **ダイタン**なデザインが人目を引く。
3 **テツガク**の歴史を研究する。
4 子供を**ネンド**で遊ばせる。
5 **ソウリョク**を挙げたバックアップ。
6 **ハイキ**ガスの少ない車を選ぶ。
7 違反すると**バッキン**を払わねばならない。
8 付録が欲しくて**ザッシ**を買う。
9 交通**キソク**を守る。
10 保健所の**エイセイ**検査を受ける。
11 **ゾウキ**提供についてのニュース。
12 宅配便は**ヨクジツ**届く。
13 石油を**ユニュウ**する。
14 **トウケイ**データを活用する。
15 実用化まで**シコウ**錯誤を続けた。
16 ネコはネズミの**テンテキ**だ。
17 チョウの**ヒョウホン**を作る。
18 **トウショ**の方針通り進める。

30点以上
とれれば
合格!

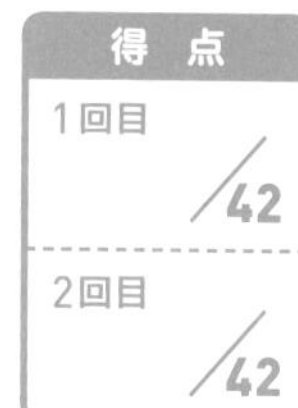

解答

1 基礎
2 大胆
3 哲学
4 粘土
5 総力
6 排気
7 罰金
8 雑誌
9 規則
10 衛生
11 臓器
12 翌日
13 輸入
14 統計
15 試行
16 天敵
17 標本
18 当初

読み
同音・同訓異字
漢字の識別
熟語の構成
部首
対義語・類義語
送り仮名
四字熟語
誤字訂正
書き取り②

☑ 19 一億円のサツタバを積む。
☑ 20 新しいコウソウビルが建設中だ。
☑ 21 部活のカンユウポスターを作った。
☑ 22 助けてもらったオンガエしをしたい。
☑ 23 アマトウなのでお酒よりもお菓子がいい。
☑ 24 ヨーロッパ各国のシロをめぐる。
☑ 25 失敗してシタウちする。
☑ 26 指定先に商品をオサめる。
☑ 27 ツクエの上に花を飾る。
☑ 28 明るくてホガらかな好青年。
☑ 29 そんなにイクジ無しだったのか。
☑ 30 マゴに手を引かれて散歩する。

☑ 31 成人としてのカドデを祝う。
☑ 32 私の父親はとてもキムズカしい。
☑ 33 兄が参考書をカしてくれた。
☑ 34 長年かけて信頼関係をキズいた。
☑ 35 ハタを使ってタペストリーを織る。
☑ 36 ほおをソめてはにかむ。
☑ 37 食事の誘いをきっぱりコトワった。
☑ 38 アヤういところを助かる。
☑ 39 来週までにアタマキンを支払う。
☑ 40 先輩の厳しい指導にネを上げる。
☑ 41 カワのベルトを腰に巻いた。
☑ 42 勝利のメガミがほほえむ。

19 札束
20 高層
21 勧誘
22 恩返
23 甘党
24 城
25 舌打
26 納
27 机
28 朗
29 意気地
30 孫

31 門出
32 気難
33 貸
34 築
35 機
36 染
37 断
38 危
39 頭金
40 音
41 革
42 女神

意味 31 [門出＝新しい生活を始めること]

でる順 C 書き取り ③

15分で解こう!

30点以上とれれば合格!

得点 1回目 /42 2回目 /42

次の――線のカタカナを漢字に直せ。

1 保護者のドウハンがないと入場できない。
2 一般家庭にテレビがフキュウした。
3 キップ売り場を探す。
4 コフンの発掘作業をする。
5 全力でナイフンを阻止する。
6 仕事のイライをメールで受け取る。
7 有害物質をキュウチャクする紙。
8 電話カイセンを増設した。
9 学力のシンキョウが著しい。
10 日本語教師のヨウセイ講座に通う。
11 見張りを厳重にしてボウビを固める。
12 ウサギは長い耳で危険をサッチする。
13 裁判所のチョウテイに委ねる。
14 外交方針をカクギで決定する。
15 サンソボンベをボートに積む。
16 ミズバショウのグンラクを写す。
17 産業をおこしボウエキを活発にする。
18 努力を高くヒョウカする。

解答

1 同伴
2 普及
3 切符
4 古墳
5 内紛
6 依頼
7 吸着
8 回線
9 進境
10 養成
11 防備
12 察知
13 調停
14 閣議
15 酸素
16 群落
17 貿易
18 評価

意味 9［進境＝進歩や上達のぐあい］

19 命令にハイハンする行動をとる。

20 ゲイノウカイは華やかに見える。

21 センレンされたデザインの服。

22 満員電車で肩をセバめる。

23 ユカに物を置かない。

24 はかない抵抗をココロみる。

25 そう言われてもコマる。

26 ヒントを得てなぞがトける。

27 テストの答案用紙がヤブれる。

28 塩を入れてよくマぜる。

29 首相になって国をオサめる。

30 ぽかぽかとアタタかい陽気。

31 声を掛けるとエガオで振り向いた。

32 一つのフシメを迎えた。

33 婚礼を取りハカらう。

34 友達を自宅にマネく。

35 アツいもてなしを受ける。

36 晴れた秋の空にワタグモが浮かぶ。

37 夜が明けソめるころ出発する。

38 腕に包帯をマく。

39 ぼんやりとマチカドにたたずむ。

40 七福神はタカラブネに乗っている。

41 美しい柄の手織りのヌノ地。

42 この不始末は母校のナオれだ。

---

19 背反
20 芸能界
21 洗練
22 狭
23 床
24 試
25 困
26 解
27 破
28 混
29 治
30 暖

31 笑顔
32 節目
33 計
34 招
35 厚
36 綿雲
37 初
38 巻
39 街角
40 宝船
41 布
42 名折

他例 19［背後］

書き取り ④

30点以上とれれば合格!

次の――線のカタカナを漢字に直せ。

1 うまみをチュウシュツする製法を開発した。
2 買い物したいというショウドウを抑える。
3 表紙にジョウブな紙を使う。
4 社長のレイジョウが迎えの車に乗る。
5 蔵のジョウマエをおろす。
6 役所に事業の許可をシンセイする。
7 シンサンをなめる。
8 港に船がサンセキ停泊している。
9 外来種をハイセキする取り組み。
10 祖父のソウギが執り行われた。
11 カイゾクを警戒して航路を進む。
12 この地域はチクサンが盛んだ。
13 煙でチッソクしないための換気口。
14 ヘリコプターがゆっくりとジョウショウした。
15 新政府のジュウチンとして君臨する。
16 商品をたなにチンレツする。
17 スイハン器でお米をたく。
18 トクメイの投書は受け付けません。

解答

1 抽出
2 衝動
3 丈夫
4 令嬢
5 錠前
6 申請
7 辛酸
8 三隻
9 排斥
10 葬儀
11 海賊
12 畜産
13 窒息
14 上昇
15 重鎮
16 陳列
17 炊飯
18 匿名

意味 7［辛酸＝つらく苦しい思い］

19 子どもの権利にショウテンをあてる。
20 ロウバシンながら忠告する。
21 コハンにたたずむ静かな日本旅館。
22 きめがアラく仕立てられた衣装。
23 イガタに金属を流し込んで作る。
24 大木から仏像をホる。
25 ブタ肉の消費量が多い。
26 雲行きがアヤしくなってきた。
27 船のホが風を受けてたわんでいる。
28 母は教育にタズサわっている。
29 地面にフしてじっと待つ。
30 水田で稲のホが揺れる。

31 忘年会の参加者をツノる。
32 兄をシタって上京する。
33 城の壁がクズれたので補修する。
34 肩口が破けた服をヌい合わせた。
35 その話はもう聞きアきた。
36 園児が風船を大きくフクらませる。
37 スミを流したような空だ。
38 約束を破ったウめ合わせをする。
39 跡取りのいない家がムコを取った。
40 おいしいモモを送ってもらった。
41 いちょうの木々がマルハダカになった。
42 親友のハゲましの言葉に涙した。

---

19 焦点
20 老婆心
21 湖畔
22 粗
23 鋳型
24 彫
25 豚
26 怪
27 帆
28 携
29 伏
30 穂

31 募
32 慕
33 崩
34 縫
35 飽
36 膨
37 墨
38 埋
39 婿
40 桃
41 丸裸
42 励

意味 23［鋳型＝溶かした金属を流し込むための型］

書き取り⑤

30点以上とれれば合格!

次の——線のカタカナを漢字に直せ。

1 一週間ホテルにタイザイした。
2 難破船が島にヒョウチャクした。
3 ここはキフクの激しい土地だ。
4 海でセンスイの訓練をする。
5 社会にホウシする活動を始めた。
6 ホウジン帰国者が増えている。
7 ビンボウ揺すりはやめなさい。
8 ソアクな品を高く売られた。
9 歳出が年々ボウチョウしている。
10 なんとか失点をソシした。
11 ソウガンキョウで野鳥を観察する。
12 学校の補修工事がカンリョウした。
13 祖父のソウシキのため学校を休む。
14 各地を転々とホウロウする生活。
15 ワンガン戦争の深いつめあと。
16 社員のためのイアン旅行を企画する。
17 長年の夢がかないエツラクに浸る。
18 図書館で古い新聞をエツランする。

解答

1 滞在
2 漂着
3 起伏
4 潜水
5 奉仕
6 邦人
7 貧乏
8 粗悪
9 膨張
10 阻止
11 双眼鏡
12 完了
13 葬式
14 放浪
15 湾岸
16 慰安
17 悦楽
18 閲覧

意味 17［悦楽＝喜びや楽しみ］

19 治療にショウエンザイを用いた。
20 オウベイ文化を上手に取り入れた。
21 動物へのギャクタイを未然に防ぐ。
22 手に汗ニギるサスペンス映画を見た。
23 学校行事でイネカりを体験する。
24 農園で園児がイモホりをした。
25 相手にネバられて逆転を許した。
26 両者の考えにはヘダたりがある。
27 自転車をヌスまれた。
28 六車線の道路が町をツラヌく。
29 ご活躍をおイノりします。
30 生徒の目をカガヤかせた言葉。

31 かばんに荷物をツめる。
32 連日の雨で工事はアシブみしている。
33 山に登って思い切りサケぶ。
34 深夜の電話にムナサワぎがした。
35 オロかな行為には手を貸さない。
36 コトサラ強い相手を選んでいどむ。
37 目の前にクワ畑が広がっている。
38 ようやくメグみの雨が降り出した。
39 減税をカカげて選挙に当選した。
40 地元にもどった姉は家業をツいだ。
41 あの出来事が親子の仲をサいた。
42 ニワトリの卵をふんだんに使う。

19 消炎剤
20 欧米
21 虐待
22 握
23 稲刈
24 芋掘
25 粘
26 隔
27 盗
28 貫
29 祈
30 輝

31 詰
32 足踏
33 叫
34 胸騒
35 愚
36 殊更
37 桑
38 恵
39 掲
40 継
41 裂
42 鶏

意味 19［消炎剤＝炎症(しょう)を取り去る薬］

30点以上とれれば合格!

得点	
1回目	/42
2回目	/42

次の――線のカタカナを漢字に直せ。

1 話がカキョウに入る。

2 ゲンソウ的な景色が広がる。

3 先進国の食糧支援がガシを防ぐ。

4 祖母が介護シセツへ入居した。

5 キッサ店でコーヒーを飲む。

6 夏は野菜のシュウカクで忙しい。

7 官庁のガイカク団体を監査する。

8 エンカクから操作できる装置。

9 日本は平野よりサンガク地帯が多い。

10 警備員がジョウチュウしている。

11 長年競技から離れてカンが狂った。

12 新しいワクセイを発見した。

13 彼女はカンキュウをつけて演説した。

14 彼はイッカンして無罪を主張した。

15 ぜんそくの発作のユウイン。

16 焼失した神社の再建がキトされた。

17 祖母の七カイキの法事が行われた。

18 申し入れをショウダクする。

解答

1 佳境
2 幻想
3 餓死
4 施設
5 喫茶
6 収穫
7 外郭
8 遠隔
9 山岳
10 常駐
11 勘
12 惑星
13 緩急
14 一貫
15 誘因
16 企図
17 回忌
18 承諾

意味 15［誘因＝ある作用や状態などを引き起こす原因］

☐ 19 それは全く**コンキョ**がない。

☐ 20 **キョクタン**な言い方を避ける。

☐ 21 幕府は黒船に**キョウイ**を感じた。

☐ 22 手料理を作って客を**ムカ**える。

☐ 23 広葉樹は冬になると葉が**カ**れる。

☐ 24 長い間みがき上げた腕前を**ホコ**る。

☐ 25 専門的な仕事を**ウ**け負う。

☐ 26 事の重大性を**サト**って対策を打つ。

☐ 27 声を**アラダ**てる状況ではない。

☐ 28 腕の筋肉を**キタ**える。

☐ 29 **モヨ**りの駅まで徒歩五分だ。

☐ 30 客人を祝う宴会が**モヨオ**された。

☐ 31 **ココチ**よい音楽が流れている。

☐ 32 大豆を**ハッコウ**させてみそを作る。

☐ 33 和装をするので**タビ**をはいた。

☐ 34 洞穴の中は空気が**シメ**っている。

☐ 35 開演日に向け**シバイ**の練習に励む。

☐ 36 母の**ニモノ**の味がなつかしい。

☐ 37 江戸時代に**ホ**られた井戸。

☐ 38 強い台風が日本列島を**オソ**う。

☐ 39 法律を**タテ**に取って主張する。

☐ 40 色々な考えが頭の中を**メグ**る。

☐ 41 除夜の**カネ**が鳴る。

☐ 42 和室の**タタミ**の香りでいやされる。

---

19 根拠
20 極端
21 脅威
22 迎
23 枯
24 誇
25 請
26 悟
27 荒立
28 鍛
29 最寄
30 催

31 心地
32 発酵
33 足袋
34 湿
35 芝居
36 煮物
37 掘
38 襲
39 盾
40 巡
41 鐘
42 畳

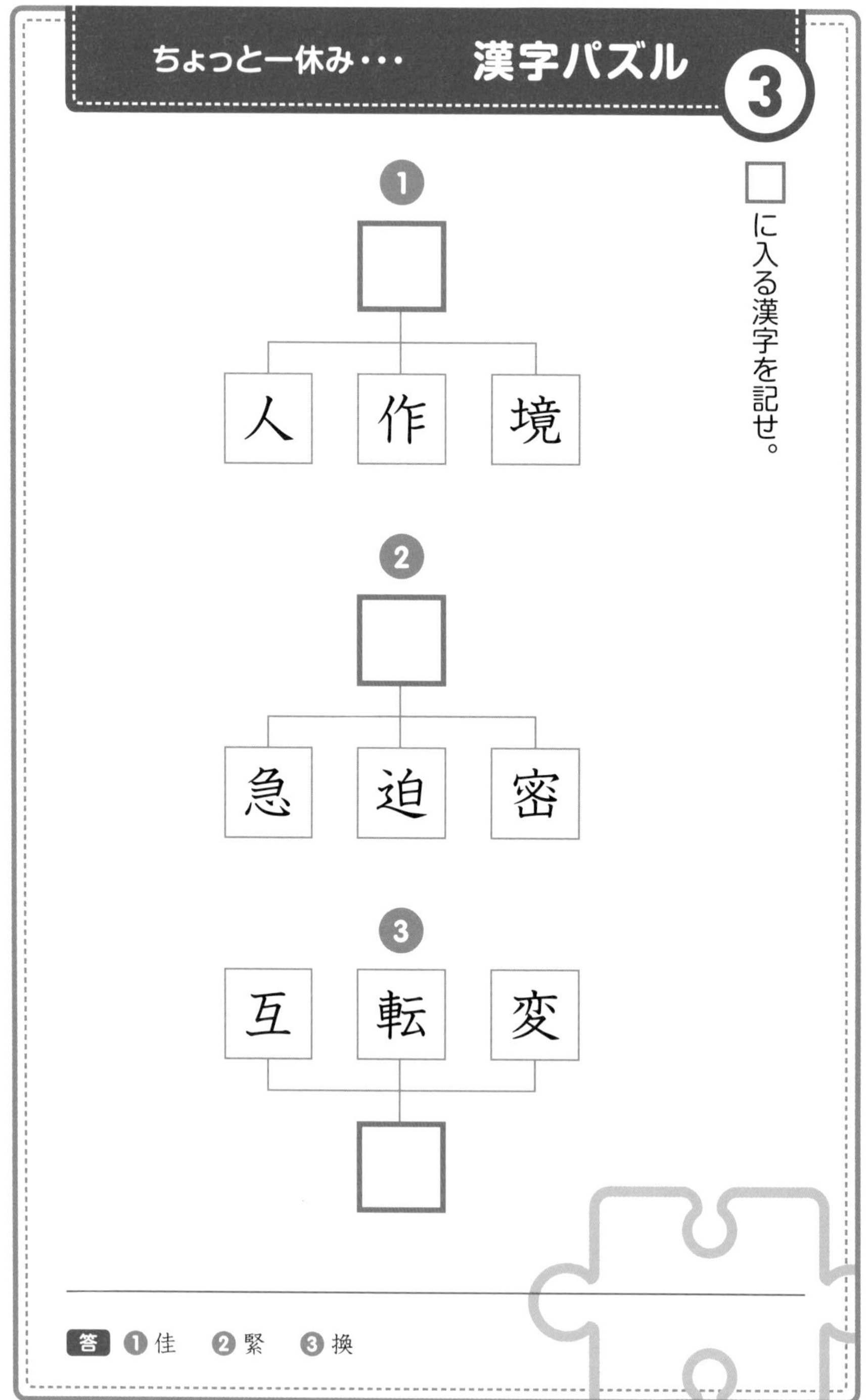
ちょっと一休み・・・　漢字パズル
3
□に入る漢字を記せ。
1
人
作
境
2
急
迫
密
3
互
転
変
答 1 佳　2 緊　3 換

予想問題

本番形式の予想問題3回分

第1回 予想問題

制限時間 60分
合格点 140点
得点 /200

1 次の――線の**漢字の読み**を**ひらがな**で記せ。

各1点 /30

1 現在**捕鯨**漁業は制限されている。（　　）
2 **境内**に立つとすがすがしい。（　　）
3 内戦の**犠牲**者をとむらう。（　　）
4 どちらに進むか運命の**岐路**に立つ。（　　）
5 一九四八年のベルリン**封鎖**。（　　）
6 **耐乏**生活に苦しんだ。（　　）
7 **冗漫**なストーリーの小説だ。（　　）
8 **廊下**を走ってはいけません。（　　）
9 船上でモデルの**撮影**をする。（　　）
10 フラスコ内でガスが**凝結**する。（　　）
11 バーゼル条約を**受諾**する。（　　）
12 **強引**に部員の反対を押し切る。（　　）

2 次の――線の**カタカナ**にあてはまる漢字をそれぞれの**ア～オ**から**一つ**選び、**記号**を記せ。

各2点 /30

1 **カン**慢な動きのかめ。（　　）
2 大雨で道が**カン**水する。（　　）
3 きちんと精査することが**カン**要だ。（　　）

（**ア** 緩　**イ** 観　**ウ** 冠　**エ** 肝　**オ** 勧）

4 パンが真っ黒に**コ**げる。（　　）
5 心を**コ**めて料理する。（　　）
6 政治家が私腹を**コ**やす。（　　）

（**ア** 込　**イ** 肥　**ウ** 混　**エ** 請　**オ** 焦）

7 **ホウ**名帳に署名する。（　　）
8 **ホウ**食を慎む。（　　）
9 話題の**ホウ**画を見に行く。（　　）

（**ア** 奉　**イ** 芳　**ウ** 飽　**エ** 邦　**オ** 宝）

13 その行動は**常軌**をいっしている。（　　）
14 **娯楽**費を削らなければならない。（　　）
15 **随時**相談に応じます。（　　）
16 先生を**敬慕**している。（　　）
17 布を**紫紺**に染める。（　　）
18 山中に**潜伏**して抵抗を続ける。（　　）
19 選手の**激励**会を開催する。（　　）
20 これは**暫定**的な処置だ。（　　）
21 モーパッサンの『脂肪の**塊**』を読む。（　　）
22 不器用な自分が**恨**めしい。（　　）
23 彼はいつも**穏**やかに話す。（　　）
24 無い知恵を**絞**るのは大変だ。（　　）
25 技芸の道を**究**める。（　　）
26 卵入りのおかゆを**炊**く。（　　）
27 金属に模様を**彫**る。（　　）
28 敵の目を**欺**く作戦。（　　）
29 積み荷が**崩**れる。（　　）
30 弟はよく乗り物に**酔**う。（　　）

10 **ジュン**粋な気持ちを裏切る。（　　）
11 市の**ジュン**回バスに乗る。（　　）
12 運転には交通法規の**ジュン**守が大切だ。（　　）
（**ア** 巡　**イ** 遵　**ウ** 準　**エ** 潤　**オ** 純）

13 **キョウ**迫電話について警察に届ける。（　　）
14 海**キョウ**を越えて隣国へ渡った。（　　）
15 テロの**キョウ**弾に倒れる。（　　）
（**ア** 脅　**イ** 峡　**ウ** 狭　**エ** 凶　**オ** 競）

3 **1〜5**の三つの□に**共通する漢字**を入れて熟語を作れ。漢字は**ア〜コ**から**一つ**選び、**記号**を記せ。

各2点　／10

1 □起・□盛・興□（　　）
2 □在・□納・沈□（　　）
3 鼓□・皮□・網□（　　）
4 遺□・□出・脱□（　　）
5 □誤・交□・□乱（　　）

ア 流	**イ** 総	**ウ** 存	**エ** 隆	**オ** 漏
カ 惑	**キ** 膜	**ク** 奮	**ケ** 錯	**コ** 滞

解答は226ページ

4 **熟語の構成**のしかたには次のようなものがある。

各2点 ／20

ア	同じような意味の漢字を重ねたもの	（**岩石**）
イ	反対または対応の意味を表す字を重ねたもの	（**高低**）
ウ	上の字が下の字を修飾しているもの	（**洋画**）
エ	下の字が上の字の目的語・補語になっているもの	（**着席**）
オ	上の字が下の字の意味を打ち消しているもの	（**非常**）

次の熟語は右の**ア**～**オ**のどれにあたるか、**一つ**選び、**記号**を記せ。

1 呼吸（　　）
2 丘陵（　　）
3 傍聴（　　）
4 隔離（　　）
5 休憩（　　）
6 廉売（　　）
7 基礎（　　）
8 減刑（　　）
9 未了（　　）
10 幼稚（　　）

6 後の□内のひらがなを漢字に直して□に入れ、**対義語・類義語**を作れ。□内のひらがなは一度だけ使い、**一字記入**せよ。

各2点 ／20

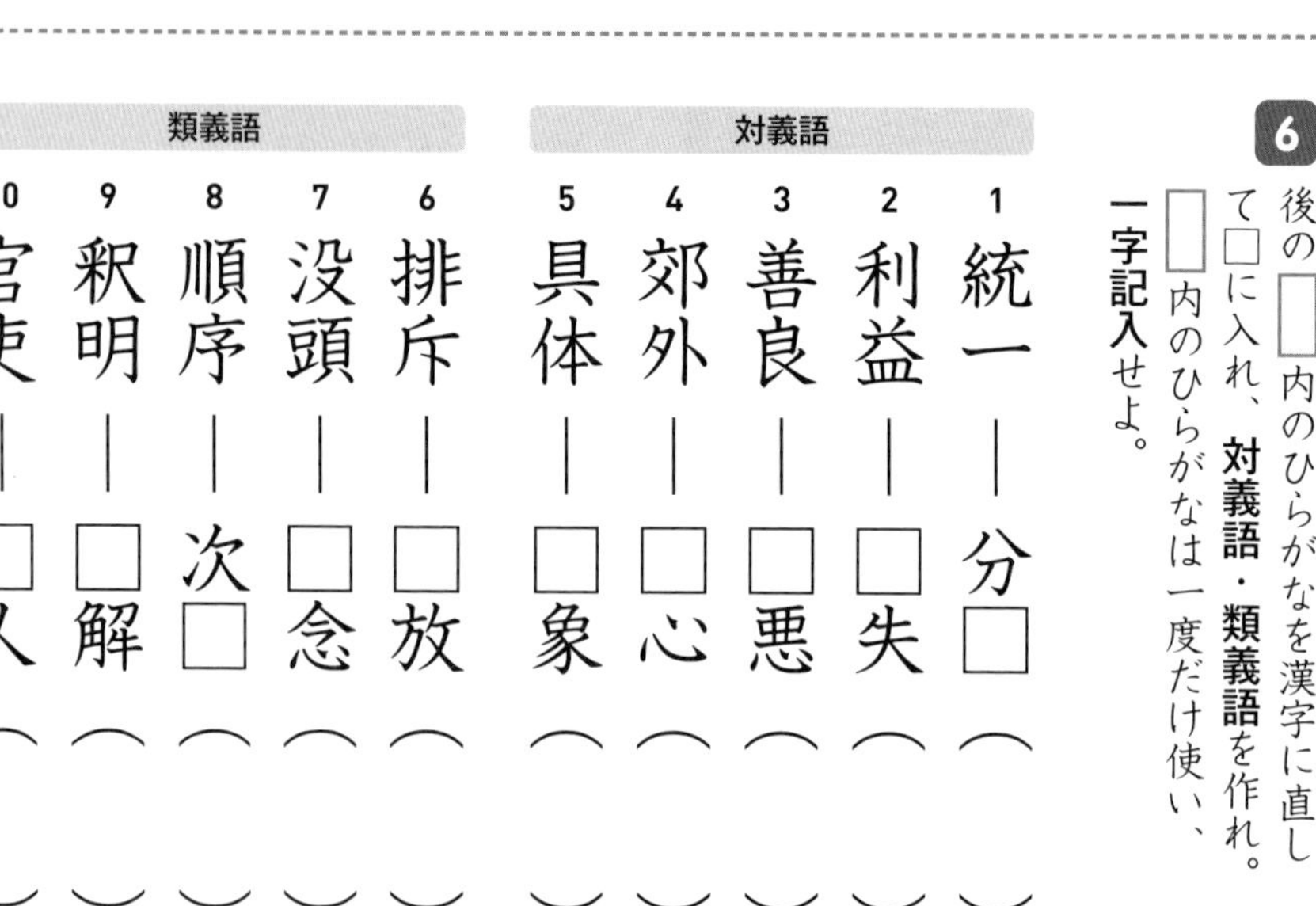

対義語

1 統一―分□（　　）
2 利益―□失（　　）
3 善良―□悪（　　）
4 郊外―□心（　　）
5 具体―□象（　　）

類義語

6 排斥―□放（　　）
7 没頭―□念（　　）
8 順序―次□（　　）
9 釈明―□解（　　）
10 官吏―□人（　　）

5 次の漢字の**部首**を**ア〜エ**から**一つ**選び、**記号**を記せ。

各1点 ／10

1 墨（ア 里　イ 土　ウ 黒　エ 灬）（　）

2 掛（ア 扌　イ 土　ウ 士　エ 卜）（　）

3 斗（ア 一　イ 丨　ウ 十　エ 斗）（　）

4 殴（ア 匚　イ 殳　ウ 几　エ 又）（　）

5 帝（ア 立　イ 巾　ウ 冖　エ 亠）（　）

6 勘（ア 一　イ 匚　ウ 八　エ 力）（　）

7 膨（ア 月　イ 士　ウ 豆　エ 彡）（　）

8 克（ア 十　イ 口　ウ 一　エ 儿）（　）

9 搾（ア 扌　イ ⺳　ウ 𠂉　エ 丨）（　）

10 赴（ア 土　イ 走　ウ 卜　エ 𧾷）（　）

じゃ・せん・そん・だい・ちゅう・つい・と・べん・やく・れつ

7 次の――線の**カタカナを漢字一字と送りがな（ひらがな）**に直せ。

各2点 ／10

例 問題にコタエル。（答える）

1 不摂生は寿命をチヂメル。（　）

2 降雨後の川遊びはアブナイ。（　）

3 試験をあさってにヒカエル。（　）

4 温泉に行き英気をヤシナウ。（　）

5 流れにサカラウ。（　）

解答は226ページ

8 文中の**四字熟語**の――線の**カタカナ**を**漢字**に直せ。**二字記入**せよ。

各2点 ／20

1 彼は**ダイタン不敵**な人だ。（　　）
2 開発プランが**ウンサン霧消**する。（　　）
3 この店は**センキャク万来**のにぎわいだ。（　　）
4 **キショク満面**の笑い顔。（　　）
5 **シンショウ棒大**な記事だった。（　　）
6 新党の構想は**同床イム**だ。（　　）
7 税の問題は**議論ヒャクシュツ**だ。（　　）
8 彼女は**大器バンセイ**のタイプである。（　　）
9 **明鏡シスイ**の気持ちだ。（　　）
10 その様子は、まさに**怒髪ショウテン**だった。（　　）

10 次の――線の**カタカナ**を**漢字**に直せ。

各2点 ／40

1 中高**イッカン**校に入学する。（　　）
2 **カンジュク**する前に野菜を収穫する。（　　）
3 先輩のチームに**カカン**にいどむ。（　　）
4 **キッサ**店でコーヒーを飲む。（　　）
5 貴殿の能の舞を**ハイケン**しました。（　　）
6 全員で**シュクハイ**をあげる。（　　）
7 台風が**モウイ**をふるう。（　　）
8 **キッポウ**に思わず笑顔になる。（　　）
9 彼のやり方を**ヒハン**する。（　　）

9 次の各文にまちがって使われている**同じ読みの漢字**が**一字**ある。**上に誤字**を、**下に正しい漢字**を記せ。

各2点　/10

1 この仕事に関しては神頼して任せたのだから放棄するような行為は許されない。（　・　）

2 地域粉争により難民となった子どもたちを救うために活動する。（　・　）

3 高齢者の場合、医療費の自己負端額は少なくて済む。（　・　）

4 温暖化対策のためにむやみな森林伐裁をやめるべきだ。（　・　）

5 和室から吹き抜けのあるリビングルームへと改創することにした。（　・　）

10 熱した水がジョウハツする。（　）

11 腹をワって話す。（　）

12 おにぎりにウメボしを入れる。（　）

13 新しいタタミのいいにおい。（　）

14 鉛筆を削る前にナイフをトぐ。（　）

15 自分の部屋で小鳥をカう。（　）

16 シニセの旅館に泊まる。（　）

17 ペンキがヌりたてのベンチ。（　）

18 何もできない自分がナサけない。（　）

19 彼のボクシングの技はカタヤブりだ。（　）

20 罪をにくんで人をニクまず。（　）

解答は226ページ

第2回 予想問題

制限時間 **60**分

合格点 **140**点

得点　／200

1

次の——線の**漢字の読み**を**ひらがな**で記せ。

各1点

1 消防士が**敢然**と猛火に立ち向かう。（　　）

2 国の**負債**総額は増えるばかりだ。（　　）

3 **不滅**の名作と言われる映画。（　　）

4 その依頼を**承諾**する。（　　）

5 国際情勢が**緊迫**している。（　　）

6 **突如**降りかかる災難。（　　）

7 請求に**遅滞**なく応じる。（　　）

8 空港内の**免税**店で働いている。（　　）

9 整った**輪郭**の顔の女性。（　　）

10 寒さで水道管が**破裂**した。（　　）

11 感情を**抑制**する力がない。（　　）

12 ドルは**基軸**通貨と呼ばれる。（　　）

2

次の——線の**カタカナ**にあてはまる漢字をそれぞれの**ア**～**オ**から**一つ**選び、**記号**を記せ。

各2点　／30

1 **チン**火に手間取る。（　　）

2 災害で地盤が**チン**下した。（　　）

3 商品を**チン**列ケースに入れる。（　　）

（**ア** 鎮　**イ** 陳　**ウ** 沈　**エ** 賃　**オ** 珍）

4 **ユウ**玄な響きのある音色。（　　）

5 将来を**ユウ**慮する。（　　）

6 着陸機が**ユウ**導路に入った。（　　）

（**ア** 雄　**イ** 憂　**ウ** 誘　**エ** 幽　**オ** 遊）

7 強**コウ**な姿勢で会談に臨む。（　　）

8 **コウ**妙な手口。（　　）

9 アパートの契約を**コウ**新する。（　　）

（**ア** 巧　**イ** 硬　**ウ** 郊　**エ** 更　**オ** 綱）

13 険阻な山道を越えていく。（　　）
14 華美を極めるインテリア。（　　）
15 議場は殺伐とした空気だ。（　　）
16 赤字を表す符号をつける。（　　）
17 クレジットカードを紛失した。（　　）
18 外壁の塗装工事をする。（　　）
19 財産の譲与に関する法律。（　　）
20 高山病によって幻覚を見る。（　　）
21 歴史は、知れば知る程おもしろい。（　　）
22 晴れた日に芝生で寝転ぶ。（　　）
23 この物語は何度読んでも飽きない。（　　）
24 漢字についての本を著した。（　　）
25 くつのかかとが擦れる。（　　）
26 言ってもむだだと悟る。（　　）
27 暖炉の炎を見つめる。（　　）
28 水車が緩やかに回る。（　　）
29 彼の物言いにむっとして膨れる。（　　）
30 事前に注意を促す。（　　）

10 これまでの非行をクい改める。（　　）
11 期限をクり延べる。（　　）
12 クちることのない名声。（　　）
（ア 食　イ 朽　ウ 悔　エ 繰　オ 来）

13 大敗したからといってヒ屈になるな。（　　）
14 公園に句ヒが建てられた。（　　）
15 ギャラリーでヒ蔵品を展示する。（　　）
（ア 卑　イ 被　ウ 秘　エ 碑　オ 避）

3 **1～5**の三つの□に**共通する漢字**を入れて熟語を作れ。漢字は**ア～コ**から**一つ**選び、**記号**を記せ。

各2点　／10

1 □子・窒□・利□（　　）
2 □壊・□落・雪□（　　）
3 □願・悲□・□歓（　　）
4 □除・□斥・□他（　　）
5 提□・連□・必□（　　）

ア 排	**イ** 息	**ウ** 劇	**エ** 崩	**オ** 哀
カ 携	**キ** 全	**ク** 乗	**ケ** 便	**コ** 峰

解答は228ページ

4 **熟語の構成**のしかたには次のようなものがある。

各2点 ／20

ア 同じような意味の漢字を重ねたもの（**岩石**）
イ 反対または対応の意味を表す字を重ねたもの（**高低**）
ウ 上の字が下の字を修飾しているもの（**洋画**）
エ 下の字が上の字の目的語・補語になっているもの（**着席**）
オ 上の字が下の字の意味を打ち消しているもの（**非常**）

次の熟語は右の**ア**〜**オ**のどれにあたるか、**一つ**選び、**記号**を記せ。

1 解凍（　）
2 不穏（　）
3 廉価（　）
4 添削（　）
5 円卓（　）

6 需給（　）
7 遭遇（　）
8 彼我（　）
9 出没（　）
10 登壇（　）

6 後の□内のひらがなを漢字に直して□に入れ、**対義語・類義語**を作れ。□内のひらがなは一度だけ使い、**一字記入**せよ。

各2点 ／20

対義語

1 逮捕―釈□（　）
2 浮動―□定（　）
3 詳細―□要（　）
4 虚像―□像（　）
5 虐待―愛□（　）

類義語

6 潤沢―豊□（　）
7 了解―□得（　）
8 勘弁―容□（　）
9 名誉―光□（　）
10 永遠―恒□（　）

5 次の漢字の**部首**を**ア〜エ**から**一つ**選び、**記号**を記せ。

各1点　／10

1 婆（**ア** 氵　**イ** 皮　**ウ** 女　**エ** 又）（　）

2 冠（**ア** 冖　**イ** 二　**ウ** 儿　**エ** 寸）（　）

3 衰（**ア** 亠　**イ** 口　**ウ** 一　**エ** 衣）（　）

4 慕（**ア** 艹　**イ** 日　**ウ** 大　**エ** ⺗）（　）

5 哲（**ア** 扌　**イ** ノ　**ウ** 口　**エ** 斤）（　）

6 房（**ア** 一　**イ** 尸　**ウ** 戸　**エ** 方）（　）

7 虚（**ア** 虍　**イ** ノ　**ウ** 八　**エ** 一）（　）

8 圏（**ア** 匚　**イ** 口　**ウ** 己　**エ** 巻）（　）

9 喫（**ア** 口　**イ** 人　**ウ** 刀　**エ** 大）（　）

10 雇（**ア** 戸　**イ** 一　**ウ** 隹　**エ** 尸）（　）

えい・がい・きゅう・こ・ご・じつ・しゃ・なつ・ふ・ほう

7 次の――線の**カタカナ**を**漢字一字と送りがな（ひらがな）**に直せ。

各2点　／10

例 問題に**コタエル**。（答える）

1 親思いの**ヤサシイ**子ども。（　）

2 そでのほつれを**ツクロウ**。（　）

3 師の恩に**ムクイル**。（　）

4 子どもの**キヨラカナ**歌声。（　）

5 父の三回忌の法要を**イトナム**。（　）

解答は228ページ

8 文中の**四字熟語**の――線の**カタカナ**を**漢字**に直せ。**二字記入**せよ。

各２点 /20

1 **オメイ**返上のチャンスだ。（　）

2 彼に何を話しても**バジ**東風だ。（　）

3 一大事に**ヘイシン**低頭で謝る。（　）

4 市場の商品は**ギョクセキ**混交だ。（　）

5 **ゼンジン**未到の記録を樹立した。（　）

6 首尾**イッカン**した主張だ。（　）

7 大胆**フテキ**な作戦だ。（　）

8 無我**ムチュウ**で逃げる。（　）

9 縦横**ムジン**に動き回る。（　）

10 九分**クリン**間にあわないだろう。（　）

10 次の――線の**カタカナ**を**漢字**に直せ。

各２点 /40

1 **フクスイ**盆に返らず。（　）

2 十二人の**バイシン**員。（　）

3 **シャショウ**がアナウンスする。（　）

4 **ケイジ**板にポスターをはる。（　）

5 判定を不服として**カンシュウ**が騒いだ。（　）

6 洗剤に入っている**コウソ**。（　）

7 論文としての**テイサイ**を整える。（　）

8 **テンラン**会を秋に開く。（　）

9 子どもが**ロウドク**する。（　）

9 次の各文にまちがって使われている**同じ読みの漢字**が**一字**ある。**上に誤字**を、**下に正しい漢字**を記せ。

各2点　／10

1 休日に湖半にある宿に泊まり、静かなひとときを過ごす。（　・　）

2 楽しい仲間と意見を交換できたことがこの会の大きな集穫だった。（　・　）

3 今後の都市計画の方申について県の職員が説明をおこないます。（　・　）

4 このエリアを単当するのは、能力があると評判の人物だ。（　・　）

5 イングランドの名門クラブに、日本人選手が異籍すると発表された。（　・　）

---

10 ウイルス**タイサク**ソフトを買う。（　）

11 箱の中で**カイコ**を育てている。（　）

12 口で言うほど**ヤサ**しい問題ではない。（　）

13 **オロシ**価格が大幅に下がる。（　）

14 妹はケーキに目を**カガヤ**かせた。（　）

15 羽織のひもを**ユ**う。（　）

16 それは**カシコ**い買い物をしたね。（　）

17 広い知識を**サズ**ける。（　）

18 青い色のワンピースがよく**ニア**う。（　）

19 外国**カワセ**相場をチェックする。（　）

20 注文されたケーキを箱に**ツ**める。（　）

解答は 228 ページ

第3回 予想問題

制限時間 60分

合格点 140点

得点 /200

1 次の——線の**漢字の読み**を**ひらがな**で記せ。

各1点 /30

1 **出納**帳ソフトを使う。（　）
2 飲酒と**喫煙**は胎児に悪影響を与える。（　）
3 **骨髄**を移植する手術。（　）
4 ついに**病魔**を克服した。（　）
5 被災地に**匿名**で現金が送られてきた。（　）
6 夏には**幽霊**をテーマにした番組が多い。（　）
7 そういう**魂胆**とは驚いたものだ。（　）
8 自然の**摂理**に従って生きる。（　）
9 前回の**雪辱**を果たす。（　）
10 議事の**円滑**な進行。（　）
11 課長に**昇任**する。（　）
12 水産資源の**濫獲**を防ぐ。（　）

2 次の——線の**カタカナ**にあてはまる漢字をそれぞれの**ア～オ**から**一つ**選び、**記号**を記せ。

各2点 /30

1 **タク**越した能力をもつ。（　）
2 宣言を採**タク**する。（　）
3 アメリカの西部開**タク**時代。（　）
（**ア** 宅　**イ** 託　**ウ** 卓　**エ** 拓　**オ** 択）

4 **コウ**乙つけがたい。（　）
5 鉱山の**コウ**内。（　）
6 東京近**コウ**に住む。（　）
（**ア** 甲　**イ** 郊　**ウ** 坑　**エ** 孝　**オ** 校）

7 池の清**ソウ**作業をした。（　）
8 天下無**ソウ**の武将とたたえられる。（　）
9 冠婚**ソウ**祭用のバッグを買う。（　）
（**ア** 騒　**イ** 双　**ウ** 葬　**エ** 操　**オ** 掃）

13 給水制限を緩和する。（　　）
14 大事な箇所を抜粋する。（　　）
15 彼はなかなかの倹約家である。（　　）
16 海洋汚染の進行を食い止める。（　　）
17 膨大な予算になる。（　　）
18 準備万端ととのえて出発した。（　　）
19 船は竹芝(たけしば)を出帆した。（　　）
20 香辛料をたくさん入れたカレー。（　　）
21 資産を売って損失を穴埋めする。（　　）
22 地下足袋をはいて作業をする。（　　）
23 筆は穂先のよしあしが命だ。（　　）
24 ブドウを一房食べる。（　　）
25 あの人は肝がすわっている。（　　）
26 中学生になると背が急に伸びる。（　　）
27 厳正な態度で公判に臨む。（　　）
28 最寄り駅まで妹と歩く。（　　）
29 恋に心が揺れる。（　　）
30 ようやく快方に赴く。（　　）

10 この風景画にもアきがきた。（　　）
11 台風の被害にアう。（　　）
12 門前に国旗をアげる。（　　）
（**ア** 揚　**イ** 飽　**ウ** 明　**エ** 遭　**オ** 挙）

13 政策のシ問委員の役目を果たす。（　　）
14 老人福シについて講演する。（　　）
15 検査の実シ要綱を決める。（　　）
（**ア** 祉　**イ** 旨　**ウ** 施　**エ** 諮　**オ** 士）

3 **1～5**の三つの□に**共通する漢字**を入れて熟語を作れ。漢字は**ア～コ**から**一つ**選び、**記号**を記せ。

各2点　／10

1 □在・□輪・□留（　　）
2 破□・□傷・決□（　　）
3 □膜・□土・□液（　　）
4 □世・遠□・□絶（　　）
5 野□・□勇・□声（　　）

ア 書	**イ** 駐	**ウ** 粘	**エ** 壊	**オ** 裂
カ 隔	**キ** 皮	**ク** 断	**ケ** 原	**コ** 蛮

解答は230ページ

4

熟語の構成のしかたには次のようなものがある。

各2点　／20

ア　同じような意味の漢字を重ねたもの　（**岩石**）
イ　反対または対応の意味を表す字を重ねたもの　（**高低**）
ウ　上の字が下の字を修飾しているもの　（**洋画**）
エ　下の字が上の字の目的語・補語になっているもの　（**着席**）
オ　上の字が下の字の意味を打ち消しているもの　（**非常**）

次の熟語は右の**ア**〜**オ**のどれにあたるか、**一つ**選び、**記号**を記せ。

1　貧乏（　）
2　訪欧（　）
3　吉凶（　）
4　脅威（　）
5　錯誤（　）

6　棄権（　）
7　疾走（　）
8　精粗（　）
9　炊飯（　）
10　不審（　）

6

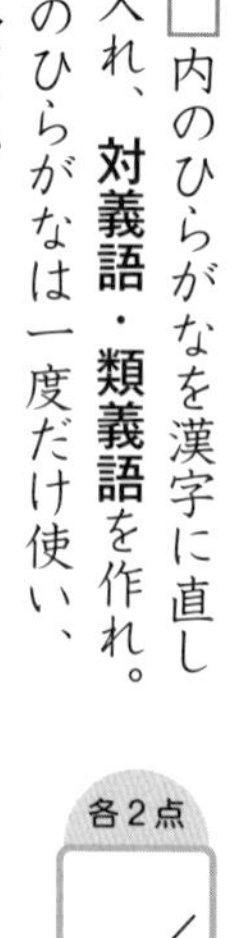

後の□内のひらがなを漢字に直して□に入れ、**対義語**・**類義語**を作れ。□内のひらがなは一度だけ使い、**一字記入**せよ。

各2点　／20

対義語

1　抽象―□体（　）
2　普通―□殊（　）
3　削除―添□（　）
4　違反―遵□（　）
5　保守―□新（　）

類義語

6　鼓舞―激□（　）
7　高慢―□大（　）
8　傍観―座□（　）
9　団結―結□（　）
10　展示―陳□（　）

5 次の漢字の**部首**を**ア〜エ**から**一つ**選び、記号を記せ。

各1点　／10

1 吏（ア 一　イ 口　ウ ノ　エ 人）（　）
2 髪（ア 髟　イ 彡　ウ 又　エ 長）（　）
3 奪（ア 大　イ 隹　ウ 一　エ 寸）（　）
4 痘（ア 疒　イ 广　ウ 亠　エ 豆）（　）
5 廉（ア 丶　イ ノ　ウ 广　エ 八）（　）
6 卸（ア ノ　イ 二　ウ 止　エ 卩）（　）
7 壱（ア 士　イ 冖　ウ 一　エ 匕）（　）
8 獄（ア 犭　イ 言　ウ 口　エ 大）（　）
9 斥（ア ノ　イ 一　ウ 斤　エ 氏）（　）
10 系（ア 止　イ 匕　ウ 幺　エ 糸）（　）

か・かく・ぐ・し・しゅ・そく・そん・とく・れい・れつ

7 次の――線の**カタカナ**を**漢字一字と送りがな（ひらがな）**に直せ。

各2点　／10

例 問題に**コタエル**。（答える）

1 その町で魚を**アキナッ**ている。（　）
2 **マッタク**役立たないアドバイスだ。（　）
3 景気に影響を**オヨボス**。（　）
4 これまでの半生を**カエリミル**。（　）
5 がんばって**ケワシイ**山道を登りきる。（　）

解答は230ページ

8 文中の**四字熟語**の――線の**カタカナ**を**漢字**に直せ。**二字記入**せよ。

各２点　／20

1 チンシ黙考する。（　）
2 シンキ一転勉強に熱を入れる。（　）
3 デンコウ石火のはやわざである。（　）
4 上司はキメン仏心で、怒らない。（　）
5 シンショウ必罰の人事だった。（　）
6 まさに老成エンジュクの技だ。（　）
7 難攻フラクのとりでを攻める。（　）
8 余生を晴耕ウドクで過ごす。（　）
9 恥ずかしくて冷汗サントの気持ち。（　）
10 絶えず離合シュウサンする。（　）

10 次の――線の**カタカナ**を**漢字**に直せ。

各２点　／40

1 ものづくりにグチョクに取り組む。（　）
2 ハケン社員を雇っている。（　）
3 ヒボンな文才を持つ小説家だ。（　）
4 セイカイのうちに幕を閉じる。（　）
5 カイテイされた本を買う。（　）
6 プロジェクトチームをシキする。（　）
7 武将のキバ像を見に行く。（　）
8 ギワクの判定に泣かされる。（　）
9 多数党が政権をジュリツする。（　）

9 次の各文にまちがって使われている**同じ読みの漢字**が**一字**ある。**上に誤字**を、**下に正しい漢字**を記せ。

各2点 /10

1 勤務については、来月からシフト制度が動入される予定になっている。（　・　）

2 英語力をアップするためには、教科書を暗証することが大事だ。（　・　）

3 日本では古くから外国文化を上手に求収して独自の風土にあった文化を築いてきた。（　・　）

4 インターネットにあふれる情報について、慎重に利用するように契鐘を鳴らす。（　・　）

5 季節が換わるたびに衣類を整とんして片づけることが、ものを増やさない極意です。（　・　）

10 適切な**ショチ**をほどこす。（　）

11 隣の部屋に話が**モ**れる。（　）

12 **トリイ**は神社の神域を象徴する門。（　）

13 企業の存続を**アヤ**ぶむ。（　）

14 この国道は河川に**ソ**っている。（　）

15 じっくり**アズキ**を煮る。（　）

16 ホームページに写真を**ノ**せる。（　）

17 ビルが**キソ**い立つ都心。（　）

18 **ムコ**をもらう。（　）

19 神社で**イノ**る。（　）

20 **トウゲ**からの景色を楽しむ。（　）

解答は230ページ

第1回 予想問題 解答と解説

1 読み

各1点 計30点

1 ほげい
2 けいだい
3 ぎせい
4 きろ
5 ふうさ
6 たいぼう
7 じょうまん
8 ろうか
9 さつえい
10 ぎょうけつ
11 じゅだく
12 ごういん
13 じょうき
14 ごらく
15 ずいじ
16 けいぼ
17 しこん
18 せんぷく
19 げきれい
20 ざんてい

3 漢字の識別

各2点 計10点

1 エ（隆）
2 コ（滞）
3 キ（膜）
4 オ（漏）
5 ケ（錯）

4 熟語の構成

各2点 計20点

1	2	3	4	5
イ	ア	ウ	ア	ア
6	7	8	9	10
ウ	ア	エ	オ	ア

7 漢字と送りがな

各2点 計10点

1 縮（ちぢ）める
2 危（あぶ）ない
3 控（ひか）える
4 養（やしな）う
5 逆（さか）らう

8 四字熟語

各2点 計20点

1 大胆（不敵）（だいたんふてき）
2 雲散（霧消）（うんさんむしょう）
3 千客（万来）（せんきゃくばんらい）
4 喜色（満面）（きしょくまんめん）
5 針小（棒大）（しんしょうぼうだい）
6 （同床）異夢（どうしょういむ）
7 （議論）百出（ぎろんひゃくしゅつ）
8 （大器）晩成（たいきばんせい）
9 （明鏡）止水（めいきょうしすい）
10 （怒髪）衝天（どはつしょうてん）

（　）内は解答の補足です。

1 読み

2 境内＝神社や寺院の敷地内。
10 凝結＝気体が液体になること。凝縮。
15 随時＝その時々。好きな時。
17 紫紺＝紺色の入った紫色。
19 激励＝はげまし、ふるい立たせること。

2 同音・同訓異字

7 芳名＝他人を敬い、その姓名をいう語。
11 巡回＝各地を順々に回っていくこと。

4 熟語の構成

4 隔離＝へだて離すこと。
6 廉売＝安い値段で売ること。

6 対義語・類義語

2 損失＝財産や利益などをそこない、失うこと。

8 四字熟語

10 怒髪衝天＝激怒する様子。

21 かたまり
22 うら(めしい)
23 おだ(やか)
24 しぼ(る)
25 きわ(める)
26 た(く)
27 ほ(る)
28 あざむ(く)
29 くず(れる)
30 よ(う)

2 同音・同訓異字

各2点 計30点

1 ア（緩慢）
2 ウ（冠水）
3 エ（肝要）
4 オ（焦げる）
5 ア（込めて）
6 イ（肥やす）
7 イ（芳名）
8 ウ（飽食）
9 エ（邦画）
10 オ（純粋）
11 ア（巡回）
12 イ（遵守）
13 ア（脅迫）
14 イ（海峡）
15 エ（凶弾）

5 部首

各1点 計10点

1	2	3	4	5	6	7	8	9	10
イ（土 つち）	ア（扌 てへん）	エ（斗 とます）	イ（殳 るまた・ほこづくり）	イ（巾 はば）	エ（力 ちから）	ア（月 にくづき）	エ（儿 ひとあし・にんにょう）	ア（扌 てへん）	イ（走 そうにょう）

6 対義語・類義語

各2点 計20点

1 （分）裂
2 損（失）
3 邪（悪）
4 都（心）
5 抽（象）
6 追（放）
7 専（念）
8 （次）第
9 弁（解）
10 役（人）

9 誤字訂正

各2点 計10点

誤字・正字

1 神（頼）・信（頼）
2 粉（争）・紛（争）
3 （負）端・（負）担
4 （伐）裁・（伐）採
5 （改）創・（改）装

10 書き取り

各2点 計40点

1 一貫
2 完熟
3 果敢
4 喫茶
5 拝見
6 祝杯
7 猛威
8 吉報
9 批判
10 蒸発
11 割（って）
12 梅干（し）
13 畳
14 研（ぐ）
15 飼（う）
16 老舗
17 塗（り）
18 情（け）
19 型破（り）
20 憎（まず）

---

10 書き取り

5 拝見＝見ることをへりくだっていう言葉。
7 猛威＝すさまじい勢い。
16 老舗＝伝統や格式のある、由緒正しい古い店。

第2回 予想問題 解答と解説

1 読み
各1点 計30点

1 かんぜん
2 ふさい
3 ふめつ
4 しょうだく
5 きんぱく
6 とつじょ
7 ちたい
8 めんぜい
9 りんかく
10 はれつ
11 よくせい
12 きじく
13 けんそ
14 かび
15 さつばつ
16 ふごう
17 ふんしつ
18 とそう
19 じょうよ
20 げんかく

3 漢字の識別
各2点 計10点

1 イ（息）
2 エ（崩）
3 オ（哀）
4 ア（排）
5 カ（携）

4 熟語の構成
各2点 計20点

1	2	3	4	5
エ	オ	ウ	イ	ウ
6	7	8	9	10
イ	ア	イ	イ	エ

7 漢字と送りがな
各2点 計10点

1 優（やさ）しい
2 繕（つくろ）う
3 報（むく）いる
4 清（きよ）らかな
5 営（いとな）む

8 四字熟語
各2点 計20点

1 汚名（おめい）（返上（へんじょう））
2 馬耳（ばじ）（東風（とうふう））
3 平身（へいしん）（低頭（ていとう））
4 玉石（ぎょくせき）（混交（こんこう））
5 前人（ぜんじん）（未到（みとう））
6 （首尾（しゅび））一貫（いっかん）
7 （大胆（だいたん））不敵（ふてき）
8 （無我（むが））夢中（むちゅう）
9 （縦横（じゅうおう））無尽（むじん）
10 （九分（くぶ））九厘（くりん）

（ ）内は解答の補足です。

1 読み

7 遅滞＝物事の進行が予定通りにいかず、とどこおること。

15 殺伐＝とげとげしいさま。あたたかみが感じられない様子。

19 譲与＝財産や権利などをただで他人に与えること。

2 同音・同訓異字

9 更新＝新しく改めること。契約を継続すること。

15 秘蔵＝人にあまり見せず、しまっておくこと。

5 部首

1 婆…女（おんな） 氵（さんずい）ではない。

8 四字熟語

1 汚名返上＝成果を挙げ、悪い評判をしりぞけること。

10 九分九厘＝ほとんど完全に近い様子。

21 ほど
22 しばふ
23 あ(きない)
24 あらわ(した)
25 す(れる)
26 さと(る)
27 ほのお
28 ゆる(やか)
29 ふく(れる)
30 うなが(す)

2 同音・同訓異字

各2点 計30点

1 ア(鎮火)
2 ウ(沈下)
3 イ(陳列)
4 エ(幽玄)
5 イ(憂慮)
6 ウ(誘導路)
7 イ(強硬)
8 ア(巧妙)
9 エ(更新)
10 ウ(悔い)
11 エ(繰り)
12 イ(朽ちる)
13 ア(卑屈)
14 エ(句碑)
15 ウ(秘蔵)

5 部首

各1点 計10点

1	2	3	4	5	6	7	8	9	10
ウ(女 おんな)	ア(冖 わかんむり)	エ(衣 ころも)	エ(⺗ したごころ)	ウ(口 くち)	ウ(戸 とだれ・とかんむり)	ア(虍 とらがしら・とらかんむり)	イ(囗 くにがまえ)	ア(口 くちへん)	ウ(隹 ふるとり)

6 対義語・類義語

各2点 計20点

1 (釈)放
2 固(定)
3 概(要)
4 実(像)
5 (愛)護
6 (豊)富
7 納(得)
8 (容)赦
9 (光)栄
10 (恒)久

9 誤字訂正

各2点 計10点

	誤字	正字
1	(湖)半	(湖)畔
2	集(穫)	収(穫)
3	(方)申	(方)針
4	単(当)	担(当)
5	異(籍)	移(籍)

10 書き取り

各2点 計40点

1 覆水
2 陪審
3 車掌
4 掲示
5 観衆
6 酵素
7 体裁
8 展覧
9 朗読
10 対策
11 蚕
12 易(しい)
13 卸
14 輝(かせた)
15 結(う)
16 賢(い)
17 授(ける)
18 似合(う)
19 為替
20 詰(める)

10 書き取り

1 覆水盆に返らず＝一度したことは、取り返しがつかないこと。

2 陪審＝一般市民の中から選ばれた人たちが、裁判の審理に参加すること。

19 為替＝現金以外の方法により、金銭を決済する方法のこと。

問題は214ページ

第3回 予想問題 解答と解説

（　）内は解答の補足です。

1 読み

各1点 計30点

1 すいとう
2 きつえん
3 こつずい
4 びょうま
5 とくめい
6 ゆうれい
7 こんたん
8 せつり
9 せつじょく
10 えんかつ
11 しょうにん
12 らんかく
13 かんわ
14 ばっすい
15 けんやく
16 おせん
17 ぼうだい
18 ばんたん
19 しゅっぱん
20 こうしんりょう

3 漢字の識別

各2点 計10点

1 イ（駐）
2 オ（裂）
3 ウ（粘）
4 カ（隔）
5 コ（蛮）

4 熟語の構成

各2点 計20点

1	2	3	4	5
ア	エ	イ	ア	ア
6	**7**	**8**	**9**	**10**
エ	ウ	イ	エ	オ

7 漢字と送りがな

各2点 計10点

1 商っ
2 全く
3 及ぼす
4 顧みる
5 険しい

8 四字熟語

各2点 計20点

1 沈思（黙考）
2 心機（一転）
3 電光（石火）
4 鬼面（仏心）
5 信賞（必罰）
6 （老成）円熟
7 （難攻）不落
8 （晴耕）雨読
9 （冷汗）三斗
10 （離合）集散

---

1 読み

3 骨髄＝骨の中心にある組織。
4 病魔＝病気を魔物にたとえた言葉。
14 抜粋＝書物などからすぐれた部分や必要な部分を抜き出すこと。
18 万端＝ある事に関するあらゆる事柄や方法。
22 足袋＝足にはく袋状のはき物。
28 最寄り＝すぐ近く。付近。

2 同音・同訓異字

5 坑内＝炭坑などの内部。

5 部首

2 髪…髟（かみがしら） 彡（さんづくり）ではない。

6 対義語・類義語

7 尊大＝威張って、偉そうな態度をとること。

7 漢字と送りがな

3 及ぼす＝ある作用や影響などが達するようにする。

21 あなう（め）
22 たび
23 ほさき
24 ひとふさ
25 きも
26 の（びる）
27 のぞ（む）
28 もよ（り）
29 ゆ（れる）
30 おもむ（く）

2 同音・同訓異字

各2点 計30点

1 ウ（卓越）
2 オ（採択）
3 エ（開拓）
4 ア（甲乙）
5 ウ（坑内）
6 イ（近郊）
7 オ（清掃）
8 イ（無双）
9 ウ（葬祭）
10 イ（飽き）
11 エ（遭う）
12 ア（揚げる）
13 エ（諮問）
14 ア（福祉）
15 ウ（実施）

5 部首

各1点 計10点

1	2	3	4	5	6	7	8	9	10
イ（口 くち）	ア（髟 かみがしら）	ア（大 だい）	ア（疒 やまいだれ）	ウ（广 まだれ）	エ（卩 わりふ・ふしづくり）	ア（士 さむらい）	ア（犭 けものへん）	ウ（斤 きん）	エ（糸 いと）

6 対義語・類義語

各2点 計20点

1 具（体）
2 特（殊）
3 （添）加
4 （遵）守
5 革（新）
6 （激）励
7 尊（大）
8 （座）視
9 （結）束
10 （陳）列

9 誤字訂正

各2点 計10点

誤字・正字

1 動（入）・導（入）
2 （暗）証・（暗）唱
3 求（収）・吸（収）
4 契（鐘）・警（鐘）
5 換（わる）・変（わる）

10 書き取り

各2点 計40点

1 愚直
2 派遣
3 非凡
4 盛会
5 改訂
6 指揮
7 騎馬
8 疑惑
9 樹立
10 処置
11 漏（れる）
12 鳥居
13 危（ぶむ）
14 沿（って）
15 小豆
16 載（せる）
17 競（い）
18 婿
19 祈（る）
20 峠

---

8 四字熟語

1 沈思黙考＝もの思いにふけり、黙って深く考えこむこと。

4 鬼面仏心＝見た目は怖そうだが、心はとてもやさしいこと。

5 信賞必罰＝賞や罰を与えることを、厳格に行うこと。

9 冷汗三斗＝強い恐怖や恥ずかしさで冷や汗が出ること。

9 誤字訂正

2 暗唱＝書いてある文を暗記し、それを口に出して唱えること。

10 書き取り

2 派遣＝任務を与えて、ある場所に行かせること。

3 非凡＝平凡でない様子。

9 樹立＝しっかりとうち立てること。

13 危ぶむ＝悪い結果になるのではないかと不安に思う。

問題は220ページ

準2級 チャレンジテスト

制限時間 60分

合格点 140点

得点 ／200

1 次の——線の**漢字の読み**を**ひらがな**で記せ。

各1点 ／30

1 **珠玉**の短編を残した作家。（　　）
2 顔も性格も**酷似**している姉妹。（　　）
3 **音痴**と言われるが歌は好きだ。（　　）
4 住宅ローンの**控除**を受ける。（　　）
5 深夜に**漠然**とテレビを見る。（　　）
6 制度の**撤廃**を求める声が上がる。（　　）
7 **頑固**な人と話をすると疲れる。（　　）
8 足のけがが**快癒**する。（　　）
9 デパートの人込みはとても**窮屈**だ。（　　）
10 良くないうわさが**流布**する。（　　）
11 ついに**土壇場**に立たされた。（　　）
12 **追悼**の言葉が涙を誘う。（　　）

2 次の漢字の**部首**を記せ。

例 菜（艹）　間（門）

各1点 ／10

1 奪（　　）
2 尼（　　）
3 辛（　　）
4 艦（　　）
5 窯（　　）
6 充（　　）
7 誓（　　）
8 畝（　　）
9 衷（　　）
10 昆（　　）

13 食品の偽装表示が問題となる。（　　）

14 システムに弊害が生じる。（　　）

15 実力を遺憾なく発揮する。（　　）

16 風邪の症状が続いている。（　　）

17 デフレの傾向はますます顕著だ。（　　）

18 包括的な業務提携をする。（　　）

19 覇権を争うライバルが現れる。（　　）

20 こちらに押印してください。（　　）

21 父が窓枠を修理する。（　　）

22 今年はじめて霜が降りた。（　　）

23 休日に岬までドライブをする。（　　）

24 クラスで一人だけ肌合いが違う。（　　）

25 テストで満点をとって褒められた。（　　）

26 彼は近代日本絵画の礎を築いた。（　　）

27 賄い付きの下宿に住んでいる。（　　）

28 だれにでも醜い部分はある。（　　）

29 祖父は先月、老衰で逝った。（　　）

30 雪崩の恐れにより登頂を延ばす。（　　）

3 **熟語の構成**のしかたには次のようなものがある。

各2点　／20

ア 同じような意味の漢字を重ねたもの（**岩石**）

イ 反対または対応の意味を表す字を重ねたもの（**高低**）

ウ 上の字が下の字を修飾しているもの（**洋画**）

エ 下の字が上の字の目的語・補語になっているもの（**着席**）

オ 上の字が下の字の意味を打ち消しているもの（**非常**）

次の**熟語**は、右の**ア**～**オ**のどれにあたるか、**一つ**選び、**記号**で記せ。

1 無尽（　　）

2 惜別（　　）

3 濫造（　　）

4 遍在（　　）

5 逓減（　　）

6 扶助（　　）

7 被爆（　　）

8 閑静（　　）

9 防疫（　　）

10 慶弔（　　）

解答は 238 ページ

4 次の**四字熟語**について、〔問1〕と〔問2〕に答えよ。

〔問1〕

下の□内のひらがなを**漢字**にして（1～10）に入れ、**四字熟語**を完成せよ。□内のひらがなは一度だけ使い、**一字記入**せよ。

各2点 ／20

ア　一朝一（1）

イ　夏炉冬（2）

ウ　容姿（3）麗

エ　（4）計奇策

オ　（5）思黙考

カ　信賞必（6）

キ　外（7）内剛

ク　付和（8）同

きょう　じゅう　せき　せん　たん　ちん　ばつ　ぼう　みょう　らい

---

5 次の1～5の**対義語**、6～10の**類義語**を後の□の中から選び、**漢字**で記せ。□の中の語は一度だけ使うこと。

各2点 ／20

対義語

1　純白－（　）

2　左遷－（　）

3　逸材－（　）

4　高尚－（　）

5　湿潤－（　）

類義語

6　午睡－（　）

7　憶測－（　）

8　湯船－（　）

9　伯仲－（　）

10　将来－（　）

ケ（9）喜乱舞

コ 多岐（10）羊

〔問2〕

次の11～15の**意味**にあてはまるものを〔問1〕の**ア～コ**の**四字熟語**から**一つ**選び、**記号**を記せ。

各2点 ／10

11 軽々しく、他人の言動にすぐに同調すること。（　　）

12 役に立たない物事のたとえ。（　　）

13 方針が多く、どれに決めてよいかわからないこと。（　　）

14 我を忘れて喜ぶさま。（　　）

15 人の意表をつくような優れたはかりごと。（　　）

えいてん・かんそう・ごかく・しっこく・すいりょう・ぜんと・ていぞく・ひるね・ぼんさい・よくそう

6 次の——線の**カタカナ**を**漢字**に直せ。

各2点 ／20

1 心ない発言が心**ショウ**を悪くする。（　　）

2 隠された不**ショウ**事を公表する。（　　）

3 イベント・スペースを**ヘイ**設する。（　　）

4 電池を**ヘイ**列につなぐ。（　　）

5 今と昔では**カク**世の感がある。（　　）

6 武力で威**カク**する。（　　）

7 素直には首**コウ**できない。（　　）

8 味方のシュートで均**コウ**が破れる。（　　）

9 優しい先輩に恋い**コ**がれる。（　　）

10 ひどい目に遭って**コ**りる。（　　）

解答は238ページ

7 次の各文にまちがって使われている**同じ読みの漢字**が**一字**ある。**上に誤字**を、**下に正しい漢字**を記せ。

1 ある調査によると若年層の恵語は誤った使われ方がしばしばされるらしい。（　・　）

2 業績悪化による賃金の引き下げの影響が子供の教育費にまで波給する。（　・　）

3 幼少のころから旅客機の想縦が夢だったので、航空会社に就職した。（　・　）

4 いつも迷惑な行動を繰り返す友人にみんな激しく噴慨している。（　・　）

---

9 次の――線の**カタカナ**を**漢字**に直せ。

各2点 /50

1 全国を**モウラ**するサービス。（　）

2 原油価格が**ボウトウ**する。（　）

3 ギターで美しい**センリツ**を奏でる。（　）

4 **ソウゾウ**しい世の中になった。（　）

5 コンサートの**ヨイン**に浸る。（　）

6 **ケイコク**の景色を楽しむ。（　）

7 **モッキン**の練習をする。（　）

8 ピアノの曲を**アンプ**する。（　）

9 ドライバーの注意を**カンキ**する。（　）

10 集中力が**サンマン**になる。（　）

11 寄付された**ジョウザイ**を活用する。（　）

12 貿易**マサツ**が問題となる。（　）

5 家賃がきちんと払えなかったので、速刻立ち退くよう通知が届いた。 （　・　）

8 次の——線の**カタカナ**を**漢字一字と送りがな（ひらがな）**に直せ。

各2点 ／10

例 問題にコタエル。（答える）

1 医師に痛みをウッタエル。（　）
2 長いスランプにオチイル。（　）
3 改革プランを白紙にモドス。（　）
4 スルドイ目つきでにらみつける。（　）
5 アヤウイところを救われる。（　）

13 ブランドイメージがシッツイする。（　）
14 一般市民が戦争のギセイになる。（　）
15 沖でタンカーがザショウした。（　）
16 キリが深くなったので車を止めた。（　）
17 身のタケ以上の仕事をこなす。（　）
18 荷物を部屋のカタスミに置く。（　）
19 新しい気持ちで新年をムカえる。（　）
20 妻だけが心のササえだ。（　）
21 鳥がツバサを広げている。（　）
22 モモがおいしい季節がやってきた。（　）
23 イモをふかして食べる。（　）
24 夜ふかしはツツシみなさい。（　）
25 だれかのサケぶ声が聞こえた。（　）

解答は238ページ

準2級 チャレンジテスト 解答と解説

1 読み

各1点 計30点

1 しゅぎょく
2 こくじ
3 おんち
4 こうじょ
5 ばくぜん
6 てっぱい
7 がんこ
8 かいゆ
9 きゅうくつ
10 るふ
11 どたんば
12 ついとう
13 ぎそう
14 へいがい
15 いかん
16 しょうじょう
17 けんちょ
18 ほうかつ
19 はけん
20 おういん

3 熟語の構成

各2点 計20点

1	2	3	4	5
オ	エ	ウ	ウ	ウ
6	**7**	**8**	**9**	**10**
ア	エ	ア	エ	イ

4 四字熟語

各2点 計20点

〈問1〉

1 （一朝一）夕
2 （夏炉冬）扇
3 （容姿）端（麗）
4 妙（計奇策）
5 沈（思黙考）
6 （信賞必）罰

6 同音・同訓異字

各2点 計20点

1 （心）証
2 （不）祥（事）
3 併（設）
4 並（列）
5 隔（世）
6 （威）嚇
7 （首）肯
8 （均）衡
9 焦（がれる）
10 懲（りる）

7 誤字訂正

各2点 計10点

	誤字		正字
1	恵（語）	→	敬（語）
2	（波）給	→	（波）及
3	想（縦）	→	操（縦）
4	噴（慨）	→	憤（慨）
5	速（刻）	→	即（刻）

（　）内は解答の補足です。

1 読み

11 土壇場＝ものごとがせっぱつまった状態。
23 岬＝海や湖で突き出ている陸の先端のこと。

2 部首

4 ふねへん＝艇 舶 般
10 ひ＝暫 昇 晶

3 熟語の構成

1 無尽＝「未」「不」「無」「非」が一字目にきたら意味の打ち消し。
7 被爆＝「被る←爆撃を」と解釈。
8 閑静＝どちらも「しずか」の意。

4 四字熟語

1 一朝一夕＝一日か二日の短い日時、わずかな時間のこと。
3 容姿端麗＝姿や形が整っていて美しいさま。
5 沈思黙考＝黙って深く考えること。
6 信賞必罰＝賞罰を厳正にすること。
7 外柔内剛＝表面は柔和そうだが意志は強いこと。

21 まどわく
22 しも
23 みさき
24 はだあ(い)
25 ほ(められた)
26 いしずえ
27 まかな(い)
28 みにく(い)
29 い(った)
30 なだれ

2 部首

各1点 計10点

1 大(だい)
2 尸(かばね・しかばね)
3 辛(からい)
4 舟(ふねへん)
5 宀(あなかんむり)
6 儿(ひとあし・にんにょう)
7 言(げん)
8 田(た)
9 衣(ころも)
10 日(ひ)

---

7 (外)柔(内)剛（がいじゅうないごう）
8 (付和)雷(同)（ふわらいどう）
9 狂(喜乱舞)（きょうきらんぶ）
10 (多岐)亡(羊)（たきぼうよう）

〔問2〕

各2点 計10点

11 ク
12 イ
13 コ
14 ケ
15 エ

5 対義語・類義語

各2点 計20点

1 漆黒（しっこく）
2 栄転（えいてん）
3 凡才（ぼんさい）
4 低俗（ていぞく）
5 乾燥（かんそう）
6 昼寝（ひるね）
7 推量（すいりょう）
8 浴槽（よくそう）
9 互角（ごかく）
10 前途（ぜんと）

---

8 漢字と送りがな

各2点 計10点

1 訴える（うった）
2 陥る（おちい）
3 戻す（もど）
4 鋭い（するど）
5 危うい（あや）

9 書き取り

各2点 計50点

1 網羅（もうら）
2 暴騰（ぼうとう）
3 旋律（せんりつ）
4 騒々(しい)（そうぞう）
(騒騒)
5 余韻（よいん）
6 渓谷（けいこく）
7 木琴（もっきん）
8 暗譜（あんぷ）
9 喚起（かんき）
10 散漫（さんまん）
11 浄財（じょうざい）
12 摩擦（まさつ）
13 失墜（しっつい）
14 犠牲（ぎせい）
15 座礁（ざしょう）
16 霧（きり）
17 丈（たけ）
18 片隅（かたすみ）
19 迎(える)（むか）
20 支(え)（ささ）
21 翼（つばさ）
22 桃（もも）
23 芋（いも）
24 慎(み)（つつし）
25 叫(ぶ)（さけ）

---

5 対義語・類義語

4 高尚＝程度が高く、知的で上品なようす。

6 同音・同訓異字

5 隔世＝時代が移り変わったこと。

7 首肯＝うなずくこと。承知すること。

7 誤字訂正

2 波及＝影響がだんだん広がっていくこと。

4 憤慨＝非常に怒ること。

8 漢字と送りがな

5 危うい＝×危い

9 書き取り

9 喚起＝注意や自覚などをよびおこすこと。

11 浄財＝慈善事業や寺などに寄付するお金。

でる順×分野別
漢検問題集 五訂版 別冊

でる順用例付き
配当漢字表

3級

◎3級配当漢字表
◎おもな特別な読み、熟字訓・当て字
◎中学校で習う読み（教育漢字）
◎部首一覧

旺文社

3級　配当漢字表

特に覚えておいた方がよい内容を資料としてまとめました。ねらわれやすい問題と過去のデータからでる順上位の漢字・熟語には・が付いています。しっかり覚えましょう。

【配当漢字表の見方】

❶**五十音見出し**

❷……過去の出題データから、でる順上位の漢字にを付けました。

❸**漢字**……3級の配当漢字284字を並べました。

❹**読み**……音読みはカタカナ、訓読みはひらがな、送り仮名は細字で示しています。高校で習う読みには（　）が付いています。

❺**部首**……「漢検」で採用している部首・部首名です。部首が問われる問題としてよくでる漢字には、部首の下にが付いています。

❻**意味**……漢字の基本的な意味を示しています。

❼**用例**……出題されやすいと思われる問題形式とその用例をまとめました。特にねらわれやすいものにはが付いています。

音	漢字	読み	部首	意味	用例
ア	哀	アイ／あわれ／あわれむ	口 くち	かなしい・あわれむ・かわいそうに思う	漢字識別 悲哀(ひあい)・哀願(あいがん)・哀惜(あいせき) 熟語構成 哀歓(あいかん)（悲しみ↔喜び） 読み 哀(あわ)れ・哀切(あいせつ)
イ	慰	イ／なぐさめる／なぐさむ	心 こころ	心を安らかにさせる・いたわる・なぐさめる	読み 慰(なぐさ)める・慰留(いりゅう) 熟語構成 慰霊(いれい)（慰める←霊を） 漢字識別 慰労(いろう)
エ	詠	エイ／（よむ）	言 ごんべん	詩歌(しいか)をよむ・うたう・感動しほめる	読み 熟語構成 朗詠(ろうえい)（声高らかに↓うたう） 同音同訓 詠嘆(えいたん)
	悦	エツ	忄 りっしんべん	よろこぶ・たのしむ	読み 漢字識別 恐悦(きょうえつ)・満悦(まんえつ) 熟語構成 悦楽(えつらく)（どちらも「たのしむ」）
	閲	エツ	門 もんがまえ	注意深く調べる・経過する	読み 閲覧(えつらん)・校閲(こうえつ) 漢字識別 検閲(けんえつ)・閲歴(えつれき)
	炎	エン／ほのお	火 ひ	燃える・熱気が強い・発熱や痛みのある病気	読み 炎(ほのお)・気炎(きえん) 同音同訓 炎天下(えんてんか) 漢字識別 炎上(えんじょう)・肺炎(はいえん)
	宴	エン	宀 うかんむり	さかもり・たのしみ	読み 同音同訓 祝宴(しゅくえん)・宴席(えんせき) 書き取り 宴会(えんかい)

行	漢字	読み	部首	意味	出題例
オ	欧	オウ	欠 あくび・かける	ヨーロッパの略	熟語構成 訪欧(ほうおう)（訪れる←欧州を） 読み 渡欧(とおう)
オ	殴	（オウ） なぐる	殳 るまた・ほこづくり	うつ・なぐる・たたく	読み 殴(なぐ)られる・殴(なぐ)る
オ	乙	オツ	乙 おつ	十干の第二・甲の次・気のきいた	読み 甲乙(こうおつ)
オ	卸	おろす おろし	卩 わりふ・ふしづくり	おろす・問屋(とんや)から小売りに売り渡す	読み 書き取り 卸値(おろしね)・卸(おろ)す
オ	穏	オン おだやか	禾 のぎへん	やすらか・おだやか	読み 穏便(おんびん)・穏(おだ)やか 漢字識別 平穏(へいおん)・穏当(おんとう) 熟語構成 不穏(ふおん)（穏やかではない）・安穏(あんのん)（どちらも「やすらか」）
カ	佳	カ	イ にんべん	すぐれている・美しい・めでたい	読み 同音同訓 佳境(かきょう)・佳作(かさく) 四字熟語 佳人薄命(かじんはくめい)
カ	架	カ かける かかる	木 き	たな・物をのせる台・空間にさしわたす	読み 架空(かくう)・架(か)ける 同音同訓 架線(かせん)・担架(たんか)・高架(こうか)

漢字	読み	部首	意味	出題例
華	カ (ケ) はな	艹 くさかんむり	はな・はなやか・栄える・中国のこと	読み 華やいだ・華美・繁華街 同音同訓 豪華
嫁	(カ) よめ とつぐ	女 おんなへん	よめ入りする・責任を他におしつける	読み 花嫁 送り仮名 嫁ぐ 書き取り 嫁入り
餓	ガ	飠 しょくへん	うえる・食べ物がなくてひもじい	同音同訓 餓死・餓鬼
怪	カイ あやしい あやしむ	忄 りっしんべん	ふしぎに思う・普通でない・あやしいもの	漢字識別 奇怪・怪談・怪物 熟語構成 怪力（並外れた↓力） 送り仮名 怪しい 四字熟語 複雑怪奇
悔	カイ くいる くやむ くやしい	忄 りっしんべん	残念に思う・くやむ・人の死をとむらう	読み 悔恨・悔しい・悔やむ・悔悟 同音同訓 熟語構成 後悔（後で↓悔やむ） 送り仮名 悔いる
塊	カイ かたまり	土 つちへん	つちくれ・かたまり	読み 塊 同音同訓 金塊・団塊
慨	ガイ	忄 りっしんべん	なげく・かなしみいたむ・いきどおる	読み 同音同訓 感慨・慨嘆 四字熟語 感慨無量

漢字	読み	部首	意味	出題例
該	ガイ	言 ごんべん	かねそなわる・あてはまる・物を指定する	読み 該博（がいはく） 同音同訓 該当（がいとう）・当該（とうがい）
概	ガイ	木 きへん	おおよそ・あらまし・おもむき	読み 概要（がいよう）・概略（がいりゃく） 漢字識別 気概（きがい）・概要（がいよう）・概念（がいねん） 同音同訓 概況（がいきょう） 誤字訂正 概算（がいさん）
郭	カク	阝 おおざと	とりでなどのかこい・物の外まわり・大きい	読み 輪郭（りんかく）・外郭（がいかく） 同音同訓 城郭（じょうかく）
隔	カク へだてる へだたる	阝 こざとへん	さえぎる・はなれる・へだたる・へだて	読み 隔絶（かくぜつ）・隔（へだ）たり・間隔（かんかく） 漢字識別 遠隔（えんかく）・隔離（かくり）・隔世（かくせい）
穫	カク	禾 のぎへん	とりいれる・かりとる	同音同訓 誤字訂正 書き取り 収穫（しゅうかく）
岳	ガク たけ	山 やま	高くて大きな山・妻の父母の呼称	読み 岳父（がくふ） 熟語構成 書き取り 山岳（さんがく）（どちらも「やま」）
掛	かける かかる かかり	扌 てへん	かける・かかり・かけ	同音同訓 掛（か）ける 読み 仕掛（しか）け 書き取り 掛（か）け値（ね）

滑

カツ・コツ／すべる・なめらか

氵 さんずい

すべる・なめらか・順調に事が進む

読み 円滑(えんかつ)・潤滑(じゅんかつ)

漢字識別 滑走(かっそう)・滑車(かっしゃ)・滑降(かっこう)

肝

カン／きも

月 にくづき

きも・まごころ・たいせつなところ

読み 肝試し(きもだめし)

同音同訓 肝要(かんよう)・肝心(かんじん)

熟語構成 肝炎(かんえん)（肝臓の↓炎症(しょう)）

冠

カン／かんむり

冖 わかんむり

かんむり・元服する・最もすぐれている

読み 栄冠(えいかん)・弱冠(じゃっかん)

漢字識別 無冠(むかん)・冠水(かんすい)

四字熟語 冠婚葬祭(かんこんそうさい)

勘

カン

力 ちから

よく考える・罪を問いただす・第六感

同音同訓 勘弁(かんべん)・勘違(かんちが)い

読み 勘案(かんあん)

漢字識別 勘定(かんじょう)・勘当(かんどう)

貫

カン／つらぬく

貝 かい・こがい

つらぬく・やりぬく・つきとおす・昔の金銭の単位

読み 貫通(かんつう)・貫(つらぬ)く

同音同訓 突貫(とっかん)・縦貫(じゅうかん)

四字熟語 首尾一貫(しゅびいっかん)

喚

カン

口 くちへん

大声をあげる・呼びよせる・注意をひく

読み

同音同訓 喚起(かんき)・喚問(かんもん)

漢字識別 召喚(しょうかん)・喚声(かんせい)

換

カン／かえる・かわる

扌 てへん

とりかえる・変更する・あらためる

熟語構成 換気(かんき)（換える↑空気を）

漢字識別 互換性(ごかんせい)・換算(かんさん)・換言(かんげん)・転換(てんかん)

同音同訓 換(か)える・交換(こうかん)

			キ			
敢	緩	企	忌	軌	既	棋
カン	カン ゆるい ゆるやか ゆるむ ゆるめる	キ くわだてる	キ (いむ) (いまわしい)	キ	キ すでに	キ
攵 のぶん ぼくづくり	糸 いとへん	人 ひとやね	心 こころ	車 くるまへん	旡 なし ぶ すでのつくり	木 きへん
あえてする・思い切って行う	ゆったりしている・のろい・ゆるめる	くわだてる・くわだて	さける・はばかる・ものいみ・命日	わだち・みちすじ・きまり	すでに・もはや・つきる	将棋・碁(ご)・将棋をさす・碁をうつ
漢字識別 敢然(かんぜん)・敢闘(かんとう) **読み** 果敢(かかん)・勇敢(ゆうかん) **類義語** 敢行(かんこう)—決行	**読み** 緩(ゆる)やか・緩和(かんわ) **熟語構成** 緩急(かんきゅう)（のろい↕はやい） **漢字識別** 緩慢(かんまん) **四字熟語** 緩急自在(かんきゅうじざい)	**読み** 企画(きかく)・企(くわだ)て **同音同訓** 企図(きと) **漢字識別** 企業(きぎょう)	**読み** **同音同訓** 忌避(きひ)・忌引(きび)き **書き取り** 回忌(かいき)・忌中(きちゅう)	**読み** **同音同訓** **漢字識別** 軌道(きどう)・軌跡(きせき)・常軌(じょうき)	**読み** 既成(きせい)・既(すで)に・既婚(きこん)・既定(きてい)・既知(きち) **同音同訓** 既存(きそん(きぞん))・皆既(かいき)	**読み** **同音同訓** 棋士(きし) **書き取り** 将棋(しょうぎ)

棄

キ

木 き

すてる・とりあげない

読み 同音同訓 漢字識別 放棄・破棄・棄権・遺棄・

棄却・投棄

騎

キ

馬 うまへん

馬にのる・馬にのって戦う兵士

同音同訓 一騎打ち 熟語構成 騎兵（馬に乗った↓兵士）

読み 騎手

欺

ギ あざむく

欠 あくび かける

あざむく・だます

読み 書き取り 欺く・欺かれる

犠

ギ

牜 うしへん

神に供える動物・いけにえ

読み 熟語構成 犠牲（どちらも「いけにえ」）

書き取り 犠打

菊

キク

艹 くさかんむり

きく・キク科の多年草

読み 菊・野菊・菊花

熟語構成 残菊（咲き残っている↓菊）

吉

キチ キツ

口 くち

よい・めでたい・さいわい

熟語構成 吉凶（良いこと↕悪いこと）

読み 漢字識別 吉報・不吉

喫

キツ

口 くちへん

たべる・のむ

読み 漢字識別 喫煙・満喫・喫水

熟語構成 喫茶（飲む↑茶を）

漢字	読み	部首	意味	出題例
虐	ギャク (しいたげる)	虍 とらがしら とらかんむり	むごく扱う・しいたげる	漢字識別 残虐(ざんぎゃく)・自虐(じぎゃく)・暴虐(ぼうぎゃく) 読み 虐待(ぎゃくたい)
虚	キョ (コ)	虍 とらがしら とらかんむり	中身がない・実(じつ)がない・私心がない・弱い	読み 漢字識別 虚勢(きょせい)・空虚(くうきょ)・虚脱(きょだつ)・虚栄(きょえい)・虚弱(きょじゃく) 熟語構成 虚実(きょじつ)(うそ↔まこと)
峡	キョウ	山 やまへん	谷あい・細長くせまい所	読み 峡谷(きょうこく) 同音同訓 書き取り 海峡(かいきょう)
脅	キョウ (おびやかす) おどす おどかす	肉 にく	おびやかす・こわがらせる	読み 脅威(きょうい)・脅(おど)す 同音同訓 脅迫状(きょうはくじょう) 熟語構成 脅威(きょうい)(どちらも「おびやかす」)
凝	ギョウ こる こらす	冫 にすい	こり固まる・物事に一心になる	読み 凝縮(ぎょうしゅく)・凝視(ぎょうし)・凝結(ぎょうけつ)・凝固(ぎょうこ) 同音同訓 送り仮名 凝(こ)らす
斤	キン	斤 きん	まさかり・おの・尺貫法の重さの単位	読み 同音同訓 一斤(いっきん)
緊	キン	糸 いと	固くしめる・さしせまる・ちぢめる	読み 漢字識別 緊迫(きんぱく)・緊密(きんみつ)・緊縮(きんしゅく)・緊張(きんちょう) 書き取り 緊急(きんきゅう)

ク

愚
グ
おろか
心 こころ
まぬけ・ばかにする・へりくだる意味を表す
読み ◎愚か
熟語構成 ◎賢愚（賢い↔愚か）・愚問（愚かな→質問）
漢字識別 愚劣・暗愚

偶
グウ
亻 にんべん
つれ・二で割り切れる数・人形・たまたま
読み 偶然
漢字識別 ◎偶像・◎配偶者・偶発・偶数

遇 ◎
グウ
辶 しんにょう しんにゅう
であう・思いがけなくあう・もてなす
読み 待遇・遭遇・処遇
熟語構成 不遇（ふさわしい扱いでない）

ケ

刑
ケイ
刂 りっとう
しおき・罰する・おきて
漢字識別 刑罰・求刑・刑期
同音同訓 刑法・厳刑
熟語構成 減刑（減らす←刑を）

契
ケイ
（ちぎる）
大 だい
約束をする・割り印
読み ◎契機
同音同訓
誤字訂正
書き取り 契約

啓
ケイ
口 くち
教え導く・道を開く・申し上げる
同音同訓
漢字識別 啓発・拝啓・啓示

掲
ケイ
かかげる
扌 てへん
高くかかげる・目につくようにあげる
読み ◎掲げる・掲載・掲揚
同音同訓 掲示

漢字	読み	部首	意味	出題
携	ケイ たずさえる たずさわる	扌 てへん	手に持つ・手をつなぐ	読み 携(たずさ)わる・提携(ていけい) 同音同訓 漢字識別 必携(ひっけい)・連携(れんけい)・携行(けいこう)
憩	ケイ いこい (いこう)	心 こころ	やすむ・いこう	読み 憩(いこ)い 同音同訓 熟語構成 休憩(きゅうけい)（どちらも「やすむ」）
鶏	ケイ にわとり	鳥 とり	にわとり	読み 鶏(にわとり) 熟語構成 鶏舎(けいしゃ)（鶏の↓小屋）・養鶏(ようけい)（飼う↑鶏を） 漢字識別 闘鶏(とうけい) 四字熟語 鶏口牛後(けいこうぎゅうご)
鯨	ゲイ くじら	魚 うおへん	クジラ・大きいもの、多いことのたとえ	読み 熟語構成 捕鯨(ほげい)（捕る↑鯨を） 四字熟語 鯨飲馬食(げいいんばしょく)
倹	ケン	イ にんべん	つましい・むだをはぶく・控えめにする	読み 同音同訓 熟語構成 倹約(けんやく)（どちらも「むだをはぶく」）
賢	ケン かしこい	貝 かい こがい	才知にすぐれている・他の事物に対する敬称	熟語構成 賢愚(けんぐ)（賢い↔愚か） 同音同訓 賢明(けんめい)・賢人(けんじん)・先賢(せんけん) 読み 賢(かしこ)い
幻	ゲン まぼろし	幺 よう いとがしら	まぼろし・まどわす	読み 幻(まぼろし)・幻滅(げんめつ)・幻想(げんそう)・幻影(げんえい) 熟語構成 夢幻(むげん)（どちらも「まぼろし」）

漢字	読み	部首	意味	出題
孤	コ	子 こへん	みなしご・ひとり・ひとつ	熟語構成 孤独（こどく）（どちらも「ひとり」） 読み 孤島（ことう）・孤立（こりつ）・孤高（ここう） 四字熟語 孤城落日（こじょうらくじつ）
弧	コ	弓 ゆみへん	弓なりに曲がった線・円周の一部分	読み 同音同訓 弧（こ） 熟語構成 弧状（こじょう）（弓なりな↓状態）
雇	コ やとう	隹 ふるとり	やとう	読み 雇う（やとう）・雇用（こよう） 熟語構成 解雇（かいこ）（解く↑雇用を）
顧	コ かえりみる	頁 おおがい	ふり返って見る・心にかける・思いめぐらす	読み 顧みる（かえりみる）・回顧（かいこ）・顧問（こもん） 漢字識別 顧客（こきゃく）・愛顧（あいこ）・顧慮（こりょ）
娯	ゴ	女 おんなへん	たのしむ・たのしみ	読み 熟語構成 娯楽（ごらく）（どちらも「たのしい」）
悟	ゴ さとる	忄 りっしんべん	さとい・はっきり理解する・さとり	読み 悟る（さとる）・覚悟（かくご）・悔悟（かいご）
孔	コウ	子 こへん	あな・とおる・孔子のこと	同音同訓 気孔（きこう）・噴気孔（ふんきこう） 読み 鼻孔（びこう）

漢字	音読み・訓読み	部首・部首名	意味	出題分野・用例
巧	コウ たくみ	エ たくみへん	たくみ・仕事の上手なこと	読み 巧み／四字熟語 巧言令色／同音同訓 漢字識別 精巧・技巧・巧妙
甲	コウ カン	田 た	よろい・こうら・第一番め・音の調子が高い	読み 甲乙／同音同訓 甲骨・手の甲／書き取り 甲高い
坑	コウ	土 つちへん	地面に掘ったあな	読み 炭坑／同音同訓 坑道・坑内
拘	コウ	扌 てへん	とらえる・こだわる	読み／漢字識別 拘束／同音同訓 拘禁・拘置所
郊	コウ	阝 おおざと	まちはずれ	読み／同音同訓 近郊・郊外
控	(コウ) ひかえる	扌 てへん	ひかえる・さし引く・訴える・告げる	読み 控える
慌	(コウ) あわてる あわただしい	忄 りっしんべん	あわてる・おそれる	読み／送り仮名 慌ただしい・慌てる

漢字	読み	部首	意味	出題例
硬	コウ かたい	石 いしへん	かたい・かたさ・くじけない	漢字識別 硬直(こうちょく)・強硬(きょうこう)・硬貨(こうか)・硬筆(こうひつ) 同音同訓 硬化(こうか)・硬式(こうしき)・硬水(こうすい) 読み 生硬(せいこう)・硬(かた)い
絞	(コウ) しぼる しめる しまる	糸 いとへん	くびる・しめる・しぼる	読み 書き取り 絞(しぼ)る 同音同訓 絞(し)める
綱	コウ つな	糸 いとへん	つな・おおもと・規則・大きな区分け	同音同訓 綱領(こうりょう) 読み 綱渡(つなわた)り 漢字識別 大綱(たいこう)・綱紀(こうき)・要綱(ようこう)
酵	コウ	酉 とりへん	発酵すること・酒のもと	読み 発酵(はっこう) 漢字識別 酵母(こうぼ)・酵素(こうそ)
克	コク	儿 ひとあし にんにょう	打ち勝つ・じゅうぶんにいき届く	読み 漢字識別 克服(こくふく)・克明(こくめい)・相克(そうこく)
獄	ゴク	犭 けものへん	かんごく・訴える	漢字識別 獄中(ごくちゅう)・監獄(かんごく)・投獄(とうごく) 読み 地獄(じごく) 熟語構成 脱獄(だつごく)(ぬけ出す←監獄を)
恨	コン うらむ うらめしい	忄 りっしんべん	うらみに思う・くやむ	読み 悔恨(かいこん)・痛恨(つうこん)・遺恨(いこん)・恨(うら)む・恨(うら)めしい

漢字	読み	部首	意味	出題例
紺	コン	糸 いとへん	こんいろ	読み 濃紺（のうこん）・紫紺（しこん） 同音同訓 紺色（こんいろ）
魂	コン たましい	鬼 おに	たましい・こころ・精神	読み 闘魂（とうこん）・商魂（しょうこん） 漢字識別 魂胆（こんたん）・精魂（せいこん）・霊魂（れいこん） 熟語構成 鎮魂（ちんこん）（しずめる↑魂を）
墾	コン	土 つち	田畑をひらく・たがやす	読み 同音同訓 開墾（かいこん）
サ				
債	サイ	イ にんべん	清算すべき貸借関係・債券のこと	読み 負債（ふさい） 漢字識別 国債（こくさい）・債権（さいけん）・債券（さいけん）
催	サイ もよおす	イ にんべん	うながす・もよおす	読み 開催（かいさい）・催（もよお）す 漢字識別 主催（しゅさい）・催涙弾（さいるいだん） 同音同訓 催促（さいそく） 熟語構成 催眠（さいみん）（催す↑眠りを）
削	サク けずる	リ りっとう	けずる・へらす	読み 熟語構成 添削（てんさく）（添える↕削る）・削（けず）る 漢字識別 削減（さくげん）・削除（さくじょ）・掘削（くっさく）
搾	（サク） しぼる	扌 てへん	強くしめつける・しぼる	読み 搾（しぼ）る

サ

錯

サク

金 かねへん

まじり合い・混乱する・まちがう・入れちがう

漢字識別 交錯・錯覚・錯乱

熟語構成 錯誤（どちらも「あやまり」）

四字熟語 試行錯誤

撮

サツ
とる

扌 てへん

カメラでうつす・つまむ・つかむ

読み **熟語構成** 撮影（撮る↑姿を）

同音同訓 撮る

擦

サツ
する
すれる

扌 てへん

こする・さする

読み 擦過傷

同音同訓 擦る

暫

ザン

日 ひ

しばらく・わずかの時間・にわかに

読み **熟語構成** 暫定（一時的に↓定める）・暫時（しばらくの↓時間）

シ

祉

シ

ネ しめすへん

さいわい・めぐみ

読み **同音同訓** **書き取り** 福祉

施

シ
（セ）
ほどこす

方 ほうへん かたへん

おこなう・もうける・ほどこす・あたえる

読み 施設・施す

同音同訓 施政

漢字識別 施行・施策・実施

諮

シ
はかる

言 ごんべん

上の者が下の者に相談する・問う

同音同訓 諮問

読み 諮る

	侍	慈	軸	疾	湿	赦	邪
読み	ジ さむらい	ジ (いつくしむ)	ジク	シツ	シツ しめる しめす	シャ	ジャ
部首	亻 にんべん	心 こころ	車 くるまへん	疒 やまいだれ	氵 さんずい	赤 あか	阝 おおざと
意味	君主のそば近くにつかえる・武士	いつくしむ・仏の広大無辺の愛	車の心棒・巻きもの・回転運動の中心	やまい・なやみ・にくむ・はやい	水気をおびる・しめらせる	罪や失敗をゆるす	心がねじけている・害をなすもの
用例	読み 侍(さむらい) 同音同訓 侍従(じじゅう)	読み 慈善(じぜん)・慈悲(じひ) 漢字識別 慈愛(じあい)・慈母(じぼ)・慈雨(じう)	読み 基軸(きじく) 書き取り 主軸(しゅじく) 漢字識別 機軸(きじく)・車軸(しゃじく)・軸足(じくあし)・中軸(ちゅうじく)	読み 漢字識別 疾駆(しっく)・疾走(しっそう)・疾風(しっぷう)	読み 湿原(しつげん)・湿潤(しつじゅん)・多湿(たしつ)・湿(しめ)っている 熟語構成 乾湿(かんしつ)(乾く↔湿る) 漢字識別 除湿(じょしつ)・陰湿(いんしつ)	読み 容赦(ようしゃ) 漢字識別 赦免(しゃめん)・恩赦(おんしゃ)	熟語構成 正邪(せいじゃ)(正しい↔悪い)・邪悪(じゃあく)(どちらも「よこしまなわるいもの」) 読み 邪推(じゃすい)・邪魔(じゃま) 書き取り 風邪(かぜ)

殊

シュ
こと

歹 かばねへん
いちたへん
がつへん

ことなる・特にすぐれている

読み 殊勝(しゅしょう)・特殊(とくしゅ)・殊(こと)

寿

ジュ
ことぶき

寸 すん

長生きをする・とし・いのち・めでたいこと

読み 長寿(ちょうじゅ)

四字熟語 不老長寿(ふろうちょうじゅ)

潤

ジュン
うるおう
うるおす
うるむ

氵 さんずい

水けをふくむ・恵み・利益をあたえる・つや

読み 潤い(うるお)・潤沢(じゅんたく)・豊潤(ほうじゅん)・湿潤(しつじゅん)

漢字識別 利潤(りじゅん)・潤滑(じゅんかつ)・潤色(じゅんしょく)・潤滑油(じゅんかつゆ)

遵

ジュン

辶 しんにょう
しんにゅう

きまりにしたがう

読み

同音同訓 遵守(じゅんしゅ)

熟語構成 遵法(じゅんぽう)(守る↑法を)

如

ジョ
(ニョ)

女 おんなへん

その通りだ・似ている・状態をあらわす語

読み 突如(とつじょ)・欠如(けつじょ)・躍如(やくじょ)

徐

ジョ

彳 ぎょうにんべん

ゆっくりと・おもむろに

読み

漢字識別

熟語構成 徐行(じょこう)(ゆっくり↓行く)

匠

ショウ

匚 はこがまえ

技能者・名人・先生・くふう

同音同訓

漢字識別 巨匠(きょしょう)・意匠(いしょう)

読み 師匠(ししょう)・宗匠(そうしょう)・名匠(めいしょう)

昇	ショウ のぼる	日 ひ	日がのぼる・上にあがる・のぼらせる	**読み** 昇進(しょうしん)・昇降(しょうこう)・昇任(しょうにん) **同音同訓** **漢字識別** 昇格(しょうかく)・上昇(じょうしょう)・昇華(しょうか)・昇進(しょうしん)
掌	ショウ	手 て	手のひら・物事をつかさどる	**読み** 掌握(しょうあく)・掌中(しょうちゅう) **同音同訓** 合掌(がっしょう) **書き取り** 車掌(しゃしょう)
晶	ショウ	日 ひ	あきらか・鉱物がもつ一定の形象	**読み** **同音同訓** **漢字識別** 結晶(けっしょう)・液晶(えきしょう)・水晶(すいしょう)
焦	ショウ こげる こがす こがれる （あせる）	灬 れんが れっか	こげる・こがす・いらだつ・やつれる	**読み** 焦点(しょうてん)・焦燥(しょうそう) **同音同訓** 焦(こ)がす **漢字識別** 焦慮(しょうりょ)
衝	ショウ	行 ぎょうがまえ ゆきがまえ	つきあたる・つきやぶる・かなめ	**読み** **同音同訓** **漢字識別** 折衝(せっしょう)・衝動(しょうどう)・衝撃(しょうげき)・衝突(しょうとつ) **四字熟語** 意気衝天(いきしょうてん)
鐘	ショウ かね	金 かねへん	つりがね	**読み** 鐘(かね) **同音同訓** **漢字識別** **熟語構成** 警鐘(けいしょう)（警告する↓鐘）・鐘楼(しょうろう)（つり鐘の↓やぐら）・晩鐘(ばんしょう)（夕方の↓鐘）
冗	ジョウ	冖 わかんむり	むだな・くどい	**読み** 冗漫(じょうまん)・冗談(じょうだん)・冗費(じょうひ) **同音同訓** 冗長(じょうちょう)

嬢

ジョウ

女　おんなへん

むすめ・少女

同音同訓　お嬢(じょう)さん・令嬢(れいじょう)

錠

ジョウ

金　かねへん

じょうまえ・平たく丸めた固形の薬

読み　錠剤(じょうざい)

同音同訓

漢字識別　錠前(じょうまえ)・手錠(てじょう)

譲

ジョウ
ゆずる

言　ごんべん

他人にゆずりあたえる・へりくだる

読み　互譲(ごじょう)・譲歩(じょうほ)

漢字識別　譲渡(じょうと)・分譲(ぶんじょう)・委譲(いじょう)・譲与(じょうよ)

熟語構成　譲位(じょうい)（譲る↑位を）

嘱

ショク

口　くちへん

たのむ・いいつける・そそぐ

読み

漢字識別　委嘱(いしょく)・嘱望(しょくぼう)・嘱託(しょくたく)

辱

ジョク
（はずかしめる）

辰　しんのたつ

はずかしめる・かたじけない

読み

漢字識別　雪辱(せつじょく)・屈辱(くつじょく)・恥辱(ちじょく)

熟語構成　栄辱(えいじょく)（栄誉↔恥辱）

伸

シン
のびる
のばす
のべる

亻　にんべん

のびる・のばす・述べる

熟語構成　屈伸(くっしん)（曲げる↔伸ばす）・伸縮(しんしゅく)（伸びる↔縮む）

読み　伸(の)びた

漢字識別　伸張(しんちょう)・伸展(しんてん)・追伸(ついしん)

辛

シン
からい

辛　からい

つらい・からい味・かろうじて

漢字識別　辛酸(しんさん)・辛苦(しんく)・辛勝(しんしょう)

同音同訓　辛抱(しんぼう)・香辛料(こうしんりょう)

類義語　辛酸(しんさん)—苦難

ス

漢字	読み	部首・部首名	意味	用例
審	シン	宀 うかんむり	くわしい・ただす・判定する・明らかにする	読み 審美眼（しんびがん）・審議（しんぎ） 漢字識別 審判（しんぱん）・審査（しんさ）・陪審（ばいしん） 熟語構成 不審（ふしん）（明らかでない）
炊	スイ たく	火 ひへん	たく・煮たきして調理する	読み 雑炊（ぞうすい）・煮炊き（にたき） 同音同訓 炊事（すいじ）・自炊（じすい） 熟語構成 炊飯（すいはん）（炊く←飯を）
粋	スイ いき	米 こめへん	まじりけがない・すぐれたもの・風流	読み 同音同訓 抜粋（ばっすい）・純粋（じゅんすい）・不粋（ぶすい） 熟語構成 無粋（ぶすい）（粋でない）
衰	スイ おとろえる	衣 ころも	おとろえる・よわる	漢字識別 衰弱（すいじゃく）・衰微（すいび）・衰亡（すいぼう） 熟語構成 盛衰（せいすい）（盛ん↔衰える） 対義語 衰退（すいたい）―興隆
酔	スイ よう	酉 とりへん	酒によう・心をうばわれる	読み 陶酔（とうすい）・酔う（よう） 同音同訓 心酔（しんすい） 漢字識別 酔狂（すいきょう）
遂	スイ とげる	辶 しんにょう しんにゅう	なしとげる・ついに	読み 同音同訓 遂行（すいこう）・遂げる（とげる）・完遂（かんすい） 漢字識別 未遂（みすい）
穂	（スイ） ほ	禾 のぎへん	穀物のほ・ほの形のもの	読み 穂先（ほさき）・穂（ほ）・稲穂（いなほ）

ス		セ				
随	髄	瀬	牲	婿	請	斥
ズイ	ズイ	せ	セイ	（セイ）むこ	セイ（シン）（こう）うける	セキ
阝こざとへん	骨ほねへん	氵さんずい	牛うしへん	女おんなへん	言ごんべん	斤きん
ついていく・意のままになる	骨の中心部の組織・物事の中心部	川の浅い所・流れの速い所・立場	神に供える動物・いけにえ	むこ・おっと	願い求める・ひきうける	しりぞける・様子をさぐる
読み 追随（ついずい）・随時（ずいじ）・不随（ふずい）・随想（ずいそう） 漢字識別 随意（ずいい）・随筆（ずいひつ）・付随（ふずい）・随所（ずいしょ）	読み 神髄（しんずい）・骨髄（こつずい）	読み 浅瀬（あさせ）・瀬踏（せぶ）み	読み 同音同訓 熟語構成 犠牲（ぎせい）（どちらも「いけにえ」）	読み 娘婿（むすめむこ）・花婿（はなむこ）	読み 申請（しんせい）・要請（ようせい）・請（う）ける 同音同訓 下請（したう）け・請求（せいきゅう） 漢字識別 請願（せいがん）・請負（うけおい）	読み 同音同訓 熟語構成 書き取り 排斥（はいせき）（どちらも「しりぞける」）

ソ

漢字	読み	部首	意味	用例
隻	セキ	隹 ふるとり	ひとつ・わずか・対の片方を数える語	読み 数隻(すうせき) 同音同訓 三隻(さんせき)・一隻(いっせき) 四字熟語 片言隻語(へんげんせきご)
惜	セキ おしい おしむ	忄 りっしんべん	残念に思う・おしい・だいじにする	読み 惜敗(せきはい)・惜別(せきべつ)・惜しむ(お) 熟語構成 惜春(せきしゅん)(惜しむ↑春を) 漢字識別 哀惜(あいせき)
籍	セキ	⺮ たけかんむり	書物・戸別、人別などを記した帳簿	熟語構成 除籍(じょせき)(除く↑籍を)・移籍(いせき)(移す↑籍を) 同音同訓 在籍(ざいせき)・書籍(しょせき)・国籍(こくせき)
摂	セツ	扌 てへん	とりいれる・かねる・やしなう	読み 漢字識別 摂生(せっせい)・摂理(せつり)・摂取(せっしゅ)
潜	セン ひそむ もぐる	氵 さんずい	くぐる・水中にもぐる・かくれる	漢字識別 潜入(せんにゅう)・沈潜(ちんせん)・潜伏(せんぷく)・潜在(せんざい) 読み 送り仮名 潜む(ひそ) 熟語構成 潜水(せんすい)(潜る↑水に)
繕	ゼン つくろう	糸 いとへん	つくろう・なおす	読み 繕う(つくろ)・修繕(しゅうぜん)
阻	ソ (はばむ)	阝 こざとへん	けわしい・はばむ・へだてる	読み 同音同訓 険阻(けんそ)・阻害(そがい)・阻止(そし)

漢字	読み	部首	意味	用例
措	ソ	扌 てへん	すえおく・しまつする・ふるまい	同音同訓 類義語 措置—処理 読み 措辞
粗	ソ あらい	米 こめへん	あらい・大まか・そまつな・あらあらしい	熟語構成 精粗（細かい↕粗い） 読み 粗相 漢字識別 粗食・粗暴 対義語 粗野—優雅
礎	ソ（いしずえ）	石 いしへん	いしずえ・物事の大事な土台	読み 礎石 同音同訓 定礎 熟語構成 基礎（どちらも「もと」）
双	ソウ ふた	又 また	二つ・対・ならぶ	同音同訓 双方・双眼鏡 漢字識別 双生児 読み 双葉 四字熟語 古今無双
桑	（ソウ） くわ	木 き	くわ	読み 桑 書き取り 桑畑
掃	ソウ はく	扌 てへん	はらい清める・はらい除く	同音同訓 一掃・清掃 読み 掃く 漢字識別 掃除・掃討
葬	ソウ（ほうむる）	艹 くさかんむり	ほうむる・とむらい	同音同訓 葬儀・埋葬 漢字識別 会葬・葬送

タ

漢字	読み	部首	意味	出題例
遭	ソウ あう	⻌ しんにょう しんにゅう	めぐりあう・ でくわす	同音同訓 読み 熟語構成 遭難(そうなん)（遭う↑災難に）・遭遇(そうぐう)（どちらも「あう」）
憎	ゾウ にくむ にくい にくらしい にくしみ	忄 りっしんべん	にくむ・にくしみ	熟語構成 愛憎(あいぞう)（愛する↕憎む） 読み 憎(にく)む・憎(にく)めない・心憎(こころにく)い
促	ソク うながす	亻 にんべん	せきたてる・つまる・ すみやか	読み 促(うなが)す・促進(そくしん)・催促(さいそく) 漢字識別 促成(そくせい)
賊	ゾク	貝 かいへん	ぬすびと・反逆者	熟語構成 海賊(かいぞく)（海の→盗賊） 漢字識別 盗賊(とうぞく)・賊軍(ぞくぐん)・義賊(ぎぞく)
怠	タイ おこたる なまける	心 こころ	なまける・おこたる	同音同訓 漢字識別 怠慢(たいまん) 読み 怠(おこた)る 書き取り 怠(なま)ける
胎	タイ	月 にくづき	みごもる・子どもの やどるところ・ きざす	読み 同音同訓 胎児(たいじ)・胎動(たいどう) 漢字識別 胎盤(たいばん)・胎内(たいない)・受胎(じゅたい)
袋	（タイ） ふくろ	衣 ころも	ふくろ	読み 足袋(たび)・袋(ふくろ)・胃袋(いぶくろ)

漢字	読み	部首	意味	熟語
逮	タイ	辶 しんにょう しんにゅう	追いつく・追いかけつかまえる	読み 同音同訓 漢字識別 逮捕（たいほ）
滞（重要）	タイ とどこおる	氵 さんずい	とどこおる・とどまる	読み 滞る（とどこお）・停滞（ていたい）・沈滞（ちんたい） 漢字識別 滞在（たいざい）・滞納（たいのう）・延滞（えんたい）
滝	たき	氵 さんずい	たき	読み 滝（たき）
択	タク	扌 てへん	えらぶ・よりわける	熟語構成 （重要）選択（せんたく）（どちらも「えらぶ」） 読み 同音同訓 漢字識別 採択（さいたく）・択一（たくいつ）
卓（重要）	タク	十 じゅう	すぐれている・つくえ	読み （重要）卓越（たくえつ）・卓抜（たくばつ） 漢字識別 食卓（しょくたく）・教卓（きょうたく）・卓見（たっけん） 四字熟語 高論卓説（こうろんたくせつ）
託	タク	言 ごんべん	まかせる・かこつける・神仏のおつげ	読み 屈託（くったく）・嘱託（しょくたく） 漢字識別 結託（けったく）・供託（きょうたく） 同音同訓 委託（いたく）
諾	ダク	言（重要） ごんべん	ひきうける・承知する	読み 承諾（しょうだく）・快諾（かいだく）・許諾（きょだく）・受諾（じゅだく） 漢字識別 諾否（だくひ）

チ

漢字	読み	部首	意味	出題例
奪	ダツ うばう	大 だい	うばう・むりに人からとる	読み 争奪(そうだつ)・強奪(ごうだつ)・奪(うば)われる 漢字識別 奪回(だっかい)・略奪(りゃくだつ)・奪取(だっしゅ)
胆	タン	月 にくづき	きも・きもったま・こころ	漢字識別 魂胆(こんたん)・豪胆(ごうたん) 読み 大胆(だいたん) 類義語 落胆(らくたん)―失望
鍛	タン きたえる	金 かねへん	金属を熱し打ちきたえる・物事に習熟する	読み 鍛錬(たんれん)・鍛(きた)える
壇	ダン (タン)	土 つちへん	一段高くした所・ある仲間の社会	読み 画壇(がだん)・文壇(ぶんだん) 熟語構成 登壇(とうだん)(登る↑壇上に) 漢字識別 仏壇(ぶつだん)・演壇(えんだん) 書き取り 花壇(かだん)
稚	チ	禾 のぎへん (注意)	おさない・おさない者・子どもっぽい	熟語構成 (注意)幼稚(ようち)(どちらも「おさない」) 読み 稚魚(ちぎょ) 漢字識別 稚気(ちき)
畜	チク	田 た (注意)	家畜を飼う・人が飼う動物	読み 畜産(ちくさん) 漢字識別 家畜(かちく)・牧畜(ぼくちく)・畜生(ちくしょう)
窒	チツ	穴 あなかんむり	ふさがる・元素の一つ	読み 窒息(ちっそく)・窒素(ちっそ)

漢字	読み	部首	意味	用例
抽	チュウ	扌 てへん	ぬく・ひきだす	読み 抽出（ちゅうしゅつ）・抽象（ちゅうしょう） 漢字識別 抽選（ちゅうせん）
鋳	チュウ / いる	金 かねへん	金属をとかして型に入れて器物をつくる	同音同訓 鋳造（ちゅうぞう）・鋳（い）る 読み 漢字識別 鋳物（いもの）
駐	チュウ	馬 うまへん	とまる・とどまる	読み 常駐（じょうちゅう） 漢字識別 駐在（ちゅうざい）・駐留（ちゅうりゅう）・駐輪（ちゅうりん） 熟語構成 駐車（ちゅうしゃ）（とめる←車を）
彫	チョウ / ほる	彡 さんづくり	ほりきざむ・ほりもの	読み 彫（ほ）り・彫金（ちょうきん） 同音同訓 彫刻（ちょうこく）・彫像（ちょうぞう）
超	チョウ / こえる / こす	走 そうにょう	こえる・かけはなれる・すぐれる	熟語構成 超越（ちょうえつ）（どちらも「こえる」） 同音同訓 漢字識別 超人（ちょうじん）・超過（ちょうか）
聴	チョウ / きく	耳 みみへん	音声をきく・演説などをきく・くわしくきく	読み 聴衆（ちょうしゅう）・傾聴（けいちょう） 同音同訓 漢字識別 傍聴（ぼうちょう）・聴取（ちょうしゅ）・聴講（ちょうこう）
陳	チン	阝 こざとへん	ならべる・申したてる・古いもの	読み 陳腐（ちんぷ）・陳謝（ちんしゃ） 漢字識別 陳述（ちんじゅつ）・陳列（ちんれつ）・陳情（ちんじょう） 四字熟語 新陳代謝（しんちんたいしゃ）

	ツ	テ				ト
鎮	墜	帝	訂	締	哲	斗
チン （しずめる） （しずまる）	ツイ	テイ	テイ	テイ しまる しめる	テツ	ト
金 かねへん	土 つち	巾 はば	言 ごんべん	糸 いとへん	口 くち	斗 とます
おさえつける・しずめる・おもし・中心的存在	おちる・おとす・うしなう	天子・君主・みかど	はかる・ただす・定める	とりきめる・むすぶ・しめる	物事の深い道理・道理をきわめている人	ひしゃく・容積の単位・星座の名
漢字識別 重鎮・文鎮・鎮座・鎮痛剤 熟語構成 鎮魂（しずめる↑魂を） 類義語 鎮圧―平定	熟語構成 書き取り 墜落（どちらも「おちる」） 読み 失墜	同音同訓 皇帝・帝政・帝王・帝国 熟語構成 賢帝（賢明な↓帝）	同音同訓 読み 漢字識別 書き取り 改訂 熟語構成 訂正（どちらも「ただす」）	同音同訓 読み 締める 熟語構成 締結（どちらも「しめくくる」）	読み 哲学・変哲 漢字識別 先哲・哲理	同音同訓 北斗・北斗七星

塗

ト
ぬる

土　つち

ぬる・まみれる・みち

読み 塗布（とふ）・塗装（とそう）・塗（ぬ）る・朱塗（しゅぬ）り
熟語構成 塗料（とりょう）（塗る↓材料）

凍

トウ
こおる
こごえる

冫　にすい

こおる・こごえる

同音同訓 凍死（とうし）・冷凍（れいとう）
読み 凍（こご）える
漢字識別 凍結（とうけつ）・凍傷（とうしょう）・解凍（かいとう）

陶

トウ

阝　こざとへん

やきもの・うっとりする・教えみちびく

同音同訓 陶酔（とうすい）・陶芸（とうげい）・陶磁器（とうじき）
漢字識別 陶然（とうぜん）

痘

トウ

疒　やまいだれ

水ぶくれのできる熱性の病気・ほうそう

同音同訓 天然痘（てんねんとう）・水痘（すいとう）
読み 種痘（しゅとう）

匿

トク

匸　かくしがまえ

かくす・おもてに出さない

読み **同音同訓** **漢字識別** 秘匿（ひとく）・隠匿（いんとく）・匿名（とくめい）

篤

トク

⺮　たけかんむり

熱心だ・てあつい・病気が重い

読み **同音同訓** **漢字識別** 危篤（きとく）・篤実（とくじつ）・篤志家（とくしか）

豚

トン
ぶた

豕　ぶた・いのこ

ぶた・愚か者のたとえ

熟語構成 養豚（ようとん）（飼う↑豚を）
漢字識別 豚肉（ぶたにく）・豚舎（とんしゃ）
読み 子豚（こぶた）

行	漢字	読み	部首	意味	出題例
ニ	尿	ニョウ	尸 かばね しかばね	小便	漢字識別 検尿(けんにょう)・尿素(にょうそ)・糖尿病(とうにょうびょう) 熟語構成 排尿(はいにょう)(排出する↑尿を)
ネ	粘	ネン ねばる	米 こめへん	ねばり・ねばねばする	読み ☺粘着(ねんちゃく)・☺粘り(ねば) 漢字識別 粘膜(ねんまく)・粘土(ねんど) 熟語構成 粘液(ねんえき)(粘りけのある↓液体)
ハ	婆	バ	女 おんな	年をとった女の人	読み 老婆心(ろうばしん)・老婆(ろうば)
	排	ハイ	扌 てへん	おしのける・しりぞける・ならべる	漢字識別 排除(はいじょ)・排斥(はいせき)・排出(はいしゅつ) 熟語構成 ☺排他(はいた)(退ける↑他を)
	陪	バイ	阝 こざとへん	かさねる・つきしたがう・家来の家来	読み 漢字識別 書き取り 陪審(ばいしん)
	縛	バク しばる	糸 いとへん	しばる・つないで自由にさせない	読み 同音同訓 漢字識別 対義語 束縛(そくばく)―解放
	伐	バツ	イ にんべん	きる・うつ・ころす	読み 伐採(ばっさい)・殺伐(さつばつ) 漢字識別 濫伐(らんばつ)・討伐(とうばつ)・間伐(かんばつ)・征伐(せいばつ)

見出し	漢字	読み	部首	意味	用例
ハ	帆	ハン・ほ	巾 はばへん・きんべん	ほ・ほをあげてはしる	**読み** 帆柱(ほばしら)・出帆(しゅっぱん) **同音同訓** 帆走(はんそう)・帆船(はんせん) **四字熟語** 順風満帆(じゅんぷうまんぱん)
ハ	伴	ハン・バン・ともなう	イ にんべん	とも・ともなう	**読み** 伴う(ともなう)・相伴(しょうばん) **同音同訓** 同伴(どうはん)・随伴(ずいはん) **漢字識別** 伴奏(ばんそう)
ハ	畔	ハン	田 たへん	あぜ・ほとり・そば	**読み** 湖畔(こはん) **同音同訓** 河畔(かはん)・池畔(ちはん)
ハ	藩	ハン	艹 くさかんむり	封建時代の諸侯(しょこう)、また領地・さかい	**熟語構成** 脱藩(だっぱん)(ぬけ出す←藩を) **同音同訓** 藩校(はんこう)・藩主(はんしゅ)
ハ	蛮	バン	虫 むし	未開の土地の種族・道理なく荒々しい	**漢字識別** 蛮勇(ばんゆう)・野蛮(やばん)・蛮行(ばんこう)・蛮声(ばんせい)
ヒ	卑	ヒ・(いやしい)・(いやしむ)・(いやしめる)	十 じゅう	いやしい・ひくい・へりくだる・ちかい	**熟語構成** 尊卑(そんぴ)(尊い↔卑しい) **漢字識別** 卑屈(ひくつ)・卑劣(ひれつ)・野卑(やひ)・卑近(ひきん) **対義語** 卑下(ひげ)―自慢
ヒ	碑	ヒ	石 いしへん	いしぶみ・石に字や文をきざんで建てるもの	**同音同訓** 石碑(せきひ)・歌碑(かひ)・記念碑(きねんひ) **漢字識別** 碑文(ひぶん)・墓碑(ぼひ)

漢字	泌	姫	漂	苗	赴	符	封
音訓	ヒツ (ヒ)	ひめ	ヒョウ ただよう	(ビョウ) なえ なわ	フ おもむく	フ	フウ ホウ
部首	氵 さんずい	女 おんなへん	氵 さんずい	艹 くさかんむり	走 そうにょう	⺮ たけかんむり	寸 すん
意味	にじむ・液体がしみでる	身分の高い人のむすめ・女の子の美称	ただよう・水にただよい流れる・さらす	なえ・子孫	おもむく・告げる	わりふ・しるし・神仏の守りふだ	領地を与える・境界・とじる
用例	漢字識別 書き取り 分泌(ぶんぴつ)	読み 姫君(ひめぎみ)	読み 漂着(ひょうちゃく)・漂泊(ひょうはく)・漂う(ただよう) 漢字識別 漂流(ひょうりゅう)・漂白(ひょうはく)	漢字識別 苗代(なわしろ(なえしろ))・早苗(さなえ)・苗木(なえぎ)・苗床(なえどこ)	読み 赴く(おもむく) 同音同訓 熟語構成 赴任(ふにん)(赴く←任地に)	漢字識別 符号(ふごう)・音符(おんぷ)・切符(きっぷ) 同音同訓 符合(ふごう)・終止符(しゅうしふ)	読み 密封(みっぷう)・封鎖(ふうさ)・完封(かんぷう)・素封家(そほうか) 熟語構成 厳封(げんぷう)(厳重に↓封をする) 漢字識別 封建的(ほうけんてき)

見出し	漢字	読み	部首	意味	用例
フ	伏	フク ふせる ふす	亻 にんべん	ふせる・かくす・したがう	**漢字識別** 屈伏・降伏・伏兵 **熟語構成** 起伏（盛り上がる↕低くなる） **読み** 伏線・潜伏
	覆	フク おおう （くつがえす） （くつがえる）	襾 おおいかんむり	おおいかぶせる・くつがえす・くり返す	**読み** 覆面・転覆・覆う **同音同訓** **書き取り** 覆水 **漢字識別** 反覆
	紛	フン まぎれる まぎらす まぎらわす まぎらわしい	糸 いとへん	まぎれる・みだれる	**読み** 内紛・紛れる **漢字識別** 紛争・紛失・紛議
	墳	フン	土 つちへん	土を高くもって作った墓・おか	**読み** **同音同訓** 墳墓・古墳 **漢字識別** 円墳
ヘ	癖	ヘキ くせ	疒 やまいだれ	人のくせ	**読み** 難癖・潔癖・習癖 **漢字識別** 放浪癖・口癖・寝癖
ホ	募	ボ つのる	力 ちから	つのる・広くもとめる	**読み** 募る・応募・急募 **同音同訓** **漢字識別** 募集・募金・公募
	慕	ボ したう	小 したごころ	なつかしく思う・恋しがる・尊敬して見習う	**読み** 敬慕・恋慕・慕う **漢字識別** 思慕・慕情 **同音同訓** 追慕

漢字	読み	部首	意味	用例
簿	ボ	⺮ たけかんむり	帳面・書き記すために紙をとじたもの	読み 帳簿(ちょうぼ)・名簿(めいぼ) 漢字識別 簿記(ぼき)・原簿(げんぼ)
芳	ホウ (かんばしい)	艹 くさかんむり	いいかおり・若い女性・他人のことの尊称	同音同訓 芳志(ほうし)・芳紀(ほうき)・芳名録(ほうめいろく) 読み 芳香(ほうこう)
邦	ホウ	阝 おおざと	くに・日本の	同音同訓 邦画(ほうが)・邦楽(ほうがく) 漢字識別 邦人(ほうじん)・連邦(れんぽう) 読み 本邦(ほんぽう)
奉	ホウ ブ (たてまつる)	大 だい	たてまつる・うけたまわる・おつかえする	漢字識別 奉行(ぶぎょう)・信奉(しんぽう)・奉公(ほうこう) 同音同訓 奉仕(ほうし) 読み 奉納(ほうのう)
胞	ホウ	月 にくづき	胎児を包む膜・胎内・生物体をなす原形質	同音同訓 胞子(ほうし)・同胞(どうほう) 書き取り 細胞(さいぼう)
倣	ホウ (ならう)	亻 にんべん	まねをする・ならう	読み 同音同訓 対義語 模倣(もほう)―創造
崩	ホウ くずれる くずす	山 やま	くずれ落ちる・天子がなくなること	読み 同音同訓 崩れる(くずれる)・崩壊(ほうかい)・崩落(ほうらく) 漢字識別 雪崩(なだれ)・崩御(ほうぎょ)

飽
ホウ　あきる　あかす
部首：飠　しょくへん
腹いっぱい食べる・あきる・十分である
同音同訓　(☺)飽食・飽和
読み　飽きる

縫
ホウ　ぬう
部首：糸　いとへん
ぬう・ぬい合わせる・とりつくろう
読み　縫合・裁縫
同音同訓　縫製
四字熟語　天衣無縫

乏 (☺)
ボウ　とぼしい
部首：ノ　のはらいぼう
とぼしい・たりない・まずしい
読み　乏しい
同音同訓　熟語構成　耐乏（耐える←乏しい状態を）・欠乏（どちらも「たりない」）

妨
ボウ　さまたげる
部首：女(☺)　おんなへん
さまたげる・じゃまをする
読み　(☺)妨げ
同音同訓　(☺)妨害

房
ボウ　ふさ
部首：戸(☺)　とだれ　とかんむり
へや・家・ふさ・ふさ状のもの
漢字識別　工房・文房具・乳房（ちぶさ）
読み　房・暖房

某
ボウ
部首：木(☺)　き
名や所などが不明または隠すときに用いる語
同音同訓　某国・某・某政治家・某誌

膨 (☺)
ボウ　ふくらむ　ふくれる
部首：月　にくづき
ふくれる・はれる・大きくなる
読み　同音同訓　膨大・膨張

漢字	読み	部首	意味	用例
謀	ボウ (ム) (はかる)	言 ごんべん	考えをめぐらす・くわだてる・たくらむ	漢字識別 陰謀(いんぼう)・謀略(ぼうりゃく)・共謀(きょうぼう)・参謀(さんぼう) 同音同訓 無謀(むぼう)・策謀(さくぼう)
墨	ボク すみ	土 つち	すみ・すみのように使う物・書画	読み 墨絵(すみえ)・墨守(ぼくしゅ) 書き取り 水墨画(すいぼくが)
没	ボツ	氵 さんずい	しずむ・熱中する・とりあげる・なくなる	漢字識別 没落(ぼつらく)・没収(ぼっしゅう)・日没(にちぼつ) 読み 埋没(まいぼつ)・没頭(ぼっとう) 熟語構成 出没(しゅつぼつ)(現れる↔隠れる) 四字熟語 神出鬼没(しんしゅつきぼつ)
翻	ホン (ひるがえる) (ひるがえす)	羽 はね	ひるがえる・他国の言葉に改める	読み 翻訳(ほんやく) 漢字識別 翻案(ほんあん) 熟語構成 翻意(ほんい)(ひるがえす↑意志を)

マ

漢字	読み	部首	意味	用例
魔	マ	鬼 おに	まもの・人に害をあたえるもの・あやしい術	熟語構成 魔法(まほう)(不思議な↓術)・魔術(まじゅつ)(心を惑わす↓術) 読み 病魔(びょうま)・邪魔(じゃま)
埋	マイ うめる うまる うもれる	土 つちへん	土の中へうめる・かくれひそむ	読み 漢字識別 埋没(まいぼつ)・埋蔵(まいぞう)・埋設(まいせつ) 同音同訓 埋(う)もれる
膜	マク	月 にくづき	体内の器官を包むうすい皮・物を包むうすい皮	漢字識別 鼓膜(こまく)・結膜炎(けつまくえん)・皮膜(ひまく)・網膜(もうまく) 読み 粘膜(ねんまく)・角膜(かくまく)

	マ	ミ	メ	メ	ユ	ユ	ユ
漢字	又	魅	滅	免	幽	誘	憂
読み	また	ミ	メツ ほろびる ほろぼす	メン （まぬかれる）	ユウ	ユウ さそう	ユウ うれえる うれい （うい）
部首	又 また	鬼 きにょう	氵 さんずい	儿 ひとあし にんにょう	幺 よう いとがしら	言 ごんべん	心 こころ
意味	さらに・同じく・その上に・あるいは	人の心をまどわしてひきつける・ばけもの	ほろびる・ほろぼす・なくす・きえる・死ぬ	まぬかれる・ゆるす・なくす・やめさせる	おくふかい・かくれる・とじこめる・あの世	さそう・みちびく・つれだす・ひきおこす	うれえる・心をいためる・悲しむ
用例	**読み** 又聞(またぎ)き・又(また)	**読み** **漢字識別** 魅了(みりょう)・魅惑(みわく)・魅力(みりょく)	**読み** 幻滅(げんめつ)・破滅(はめつ) **漢字識別** 点滅(てんめつ)・隠滅(いんめつ) **熟語構成** 滅亡(めつぼう)（どちらも「ほろびる」）・不滅(ふめつ)（滅びることがない）	**漢字識別** 免税(めんぜい)・放免(ほうめん)・赦免(しゃめん)・任免(にんめん) **読み** 免除(めんじょ) **熟語構成** 免職(めんしょく)（免じる←職を）	**読み** 幽谷(ゆうこく)・幽霊(ゆうれい)・幽玄(ゆうげん) **漢字識別** 幽閉(ゆうへい)・幽界(ゆうかい)	**読み** 勧誘(かんゆう)・誘発(ゆうはつ)・誘導(ゆうどう) **漢字識別** 誘致(ゆうち)・誘惑(ゆうわく)	**読み** 憂慮(ゆうりょ)・憂(うれ)い **漢字識別** 内憂(ないゆう)・憂国(ゆうこく)

音	漢字	読み	部首	意味	出題例
ヨ	揚	ヨウ あげる あがる	扌 てへん	あげる・盛んにする・ほめる	熟語構成 抑揚（抑える↔揚げる） 読み 漢字識別 浮揚・掲揚・高揚 四字熟語 意気揚揚
	揺	ヨウ ゆれる ゆる・ゆるぐ ゆらぐ ゆする ゆさぶる ゆすぶる	扌 てへん	ゆれる・ゆする・うごく	同音同訓 漢字識別 動揺 読み 揺すって・揺らぐ
	擁	ヨウ	扌 てへん	いだく・まもる・かばい助ける	読み 擁護・擁立 漢字識別 同音同訓 抱擁
	抑	ヨク おさえる	扌 てへん	おさえつける・とどめる・調子をおさえる	読み 抑揚・抑制・抑圧 漢字識別 抑留・抑止
ラ	裸	ラ はだか	衤 ころもへん	はだか・むきだしの	読み 裸・赤裸々・裸子 漢字識別 裸一貫・裸身 熟語構成 裸眼（裸の（眼鏡などを使わない）↓眼）
	濫	ラン	氵 さんずい	ひろがる・あふれる・むやみに	熟語構成 濫用（むやみに↓用いる） 読み 濫獲・濫伐・濫費・濫読
リ	吏	リ	口 くち	公務につく者・役人・公務員	読み 官吏・吏員 熟語構成 能吏（有能な↓役人）

リ

隆
リュウ
阝 こざとへん
もり上がる・たかい・勢いがよくなる
読み 隆起・隆替
漢字識別 隆盛・興隆

了
リョウ
亅 はねぼう
おわる・わかる・承知する
熟語構成 未了（まだ終わっていない）
漢字識別 **同音同訓** 了承・了解・完了
読み 魅了

猟
リョウ
犭 けものへん
かり・かる・広くさがす
読み 猟師・狩猟
漢字識別 密猟
同音同訓 猟犬・禁猟区

陵
リョウ
（みささぎ）
阝 こざとへん
大きなおか・天子の墓・しのぐ
読み **熟語構成** **書き取り** 丘陵（どちらも「おか」）
同音同訓 陵墓

糧
リョウ
（ロウ）
（かて）
米 こめへん
かて（旅やいくさに持ち歩く食料）・食品
同音同訓 食糧

厘
リン
厂 がんだれ
ごくわずかな数・おかねの単位
四字熟語 九分九厘

レ

励
レイ
はげむ
はげます
力 ちから
はげむ・つとめる・はげます
読み 激励・励ます
漢字識別 励行・精励・奮励
四字熟語 鼓舞激励

ロ

漢字	読み	部首	意味	用例
零	レイ	雨 あめかんむり	ゼロ・おちぶれる・わずか・小さい	読み 零細(れいさい)・零落(れいらく) 漢字識別 零下(れいか)・零点(れいてん)・零度(れいど)
霊	レイ (リョウ) (たま)	雨 あめかんむり	たましい・万物の精気・ふしぎな・神聖な	漢字識別 霊妙(れいみょう)・亡霊(ぼうれい)・霊魂(れいこん) 読み 霊峰(れいほう)・幽霊(ゆうれい) 熟語構成 慰霊(いれい)(慰める←霊を)
裂	レツ さく さける	衣 ころも	ばらばらにさける・さけめ	読み 破裂(はれつ)・決裂(けつれつ) 漢字識別 裂傷(れっしょう)・分裂(ぶんれつ)
廉	レン	广 まだれ	いさぎよい・けがれがない・価格が安い	漢字識別 廉価(れんか)・清廉(せいれん)・破廉恥(はれんち) 熟語構成 廉売(れんばい)(安く→売る)
錬	レン	金 かねへん	金属をきたえる・物事に熟達させる	読み 鍛錬(たんれん)・精錬(せいれん) 同音同訓 錬金術(れんきんじゅつ)
炉	ロ	火 ひへん	火をたくところ・いろり	読み 漢字識別 香炉(こうろ)・炉端(ろばた)・原子炉(げんしろ) 熟語構成 暖炉(だんろ)(暖める→炉)
浪	ロウ	氵 さんずい	大きいなみ・あてもなくさまよう・むだに	読み 同音同訓 浪費(ろうひ)・放浪(ほうろう) 熟語構成 波浪(はろう)(どちらも「なみ」)

	ロ			ワ
漢字	廊	楼	漏	湾
読み	ロウ	ロウ	ロウ もる もれる もらす	ワン
部首	广 まだれ	木 きへん	氵 さんずい	氵 さんずい
意味	ろうか・ひさしのある通路	高い建物・やぐら	もれる・外部に知れる・手ぬかり	いりえ・いりうみ・弓なりにまがる
用例	読み 廊下(ろうか)・画廊(がろう) 同音同訓 回廊(かいろう)	読み 同音同訓 漢字識別 楼閣(ろうかく)・鐘楼(しょうろう)・楼門(ろうもん) 四字熟語 空中楼閣(くうちゅうろうかく)	読み 漏電(ろうでん)・漏(も)れる 同音同訓 脱漏(だつろう)・漏水(ろうすい) 漢字識別 遺漏(いろう)・漏出(ろうしゅつ)	読み 湾曲(わんきょく) 漢字識別 港湾(こうわん)・湾岸(わんがん)

おもな特別な読み、熟字訓・当て字

ア

- 明日　あす
- 小豆　あずき
- 意気地　いくじ
- 田舎　いなか
- 海原　うなばら
- 乳母　うば
- 浮つく　うわつく
- 笑顔　えがお
- 大人　おとな
- 乙女　おとめ
- お巡りさん　おまわりさん

カ

- 母さん　かあさん
- 風邪　かぜ
- 仮名　かな
- 為替　かわせ
- 河原・川原　かわら
- 昨日　きのう
- 今日　きょう
- 果物　くだもの
- 今朝　けさ
- 景色　けしき
- 心地　ここち
- 今年　ことし

サ

- 早乙女　さおとめ
- 差し支える　さしつかえる
- 五月　さつき
- 早苗　さなえ
- 五月雨　さみだれ
- 時雨　しぐれ
- 竹刀　しない
- 老舗　しにせ
- 芝生　しばふ
- 清水　しみず
- 三味線　しゃみせん
- 砂利　じゃり
- 上手　じょうず
- 白髪　しらが

タ

- 太刀　たち
- 立ち退く　たちのく
- 七夕　たなばた

足袋	たび
一日	ついたち
梅雨	つゆ
手伝う	てつだう
父さん	とうさん
時計	とけい
友達	ともだち

ナ

名残	なごり
雪崩	なだれ
兄さん	にいさん
姉さん	ねえさん

ハ

博士	はかせ
二十・二十歳	はたち
二十日	はつか
波止場	はとば
一人	ひとり
日和	ひより
二人	ふたり
二日	ふつか
吹雪	ふぶき
下手	へた
部屋	へや

マ

迷子	まいご
真面目	まじめ
真っ赤	まっか
真っ青	まっさお
土産	みやげ
息子	むすこ
眼鏡	めがね
紅葉	もみじ
木綿	もめん
最寄り	もより

ヤ

八百屋	やおや
大和	やまと
行方	ゆくえ

ワ

若人	わこうど

中学校で習う読み（教育漢字）

211字

衣 ころも 羽衣(はごろも)・衣替(ころもが)え

遺 ユイ 遺言(ゆいごん)

羽 ウ 羽化(うか)・羽毛(うもう)

映 はえる 夕日(ゆうひ)に映(は)える

媛 エン 才媛(さいえん)

園 その 花園(はなぞの)

音 イン 母音(ぼいん)・子音(しいん)

下 もと 足下(あしもと)

化 ケ 化身(けしん)

仮 ケ 仮病(けびょう)

何 カ 幾何(きか)

夏 ゲ 夏至(げし)

荷 カ 荷重(かじゅう)・入荷(にゅうか)

我 ガ わ 自我(じが)・我(わ)が国(くに)

灰 カイ 石灰(せっかい)

外 ゲ 外科医(げかい)

●小学校で習う教育漢字で、中学校で新たに習う読みを一覧にしました。
●音読みをカタカナで、訓読みをひらがなで、送り仮名を細字で表しています。

衣 ◀漢字
ころも ◀読み
羽衣(はごろも)・衣替(ころもが)え ◀用例

街　カイ　街道（かいどう）

革　かわ　革製品（かわせいひん）

割　カツ・さく　分割（ぶんかつ）・時間（じかん）を割（さ）く

干　ひる　干物（ひもの）

眼　まなこ　ねぼけ眼（まなこ）

危　あやうい・あやぶむ　命（いのち）が危（あや）うい・成長（せいちょう）を危（あや）ぶむ

机　キ　机下（きか）・机上（きじょう）

岐　キ　岐路（きろ）・分岐（ぶんき）

基　もと　資料（しりょう）を基（もと）にする

貴　たっとい・とうとい・たっとぶ・とうとぶ　貴（たっと）い体験（たいけん）・神（かみ）を貴（とうと）ぶ

器　うつわ　器（うつわ）に盛（も）る

機　はた　機織（はたお）り

技　わざ　高度（こうど）な技（わざ）

客　カク　客死（かくし）・主客（しゅかく）

弓　キュウ　弓道（きゅうどう）・洋弓（ようきゅう）

究　きわめる　学問（がくもん）を究（きわ）める

泣　キュウ　感泣（かんきゅう）・号泣（ごうきゅう）

宮　グウ　宮司（ぐうじ）・神宮（じんぐう）

京　ケイ　京浜（けいひん）

胸　むな　胸板（むないた）・胸先（むなさき）

強　ゴウ・しいる　強引（ごういん）・無理（むり）を強（し）いる

郷　ゴウ　郷士（ごうし）・近郷（きんごう）

境　ケイ　境内（けいだい）

競　きそう　技（わざ）を競（きそ）う

業　わざ　仕業（しわざ）・早業（はやわざ）

極　ゴク・きわめる・きわまる・きわみ　極意（ごくい）・至極（しごく）・困難（こんなん）を極（きわ）める

兄　ケイ　実兄（じっけい）・父兄（ふけい）

経　キョウ　経典（きょうてん）・写経（しゃきょう）

軽　かろやか　軽（かろ）やかな身（み）のこなし

穴　ケツ　穴居（けっきょ）・洞穴（どうけつ）

結	ゆう ゆわえる	髪(かみ)を結(ゆ)う
研	とぐ	刀(かたな)を研(と)ぐ
健	すこやか	健(すこ)やかに育(そだ)つ
厳	おごそか	厳(おごそ)かな態度(たいど)
己	キ おのれ	知己(ちき)・己(おのれ)を知(し)る
故	ゆえ	故(ゆえ)あること
後	おくれる	人(ひと)に後(おく)れる
公	おおやけ	公(おおやけ)にする
交	かう かわす	飛(と)び交(か)う・言葉(ことば)を交(か)わす
幸	さち	海(うみ)の幸(さち)

厚	コウ	厚顔(こうがん)・温厚(おんこう)
紅	ク くれない	真紅(しんく)・紅(くれない)の花(はな)
香	コウ	香水(こうすい)・線香(せんこう)
黄	コウ こ	黄土(こうど)・黄金(こがね)
鋼	はがね	鋼(はがね)のような体(からだ)
谷	コク	峡谷(きょうこく)・幽谷(ゆうこく)
今	キン	今上(きんじょう)
砂	シャ	土砂(どしゃ)・白砂(はくしゃ)
座	すわる	いすに座(すわ)る
災	わざわい	災(わざわ)い転(てん)じて福(ふく)となす

裁	たつ	布(ぬの)を裁(た)つ
財	サイ	財布(さいふ)
氏	うじ	氏神(うじがみ)・氏子(うじこ)
姉	シ	姉妹(しまい)・実姉(じっし)
試	ためす	力量(りきりょう)を試(ため)す
示	シ	図示(ずし)
字	あざ	大字(おおあざ)・小字(こあざ)
次	シ	次第(しだい)
耳	ジ	耳鼻科(じびか)
似	ジ	近似(きんじ)・類似(るいじ)

児 ニ 小児科（しょうにか）

辞 やめる 会社を辞める（かいしゃをやめる）

滋 ジ 滋味（じみ）・滋養（じよう）

室 むろ 室町時代（むろまちじだい）・氷室（ひむろ）

質 シチ 質屋（しちや）・人質（ひとじち）

謝 あやまる 無礼を謝る（ぶれいをあやまる）

若 ジャク 若年（じゃくねん）・若干（じゃっかん）

手 た 手綱（たづな）

守 もり お守り（おもり）

授 さずける さずかる 秘伝を授ける（ひでんをさずける）

州 す 三角州（さんかくす）・中州（なかす）

宗 ソウ 宗家（そうけ）・宗主（そうしゅ）

拾 シュウ ジュウ 収拾（しゅうしゅう）・拾得（しゅうとく）・拾円（じゅうえん）

修 シュ 修行（しゅぎょう）

就 つく つける 教職に就く（きょうしょくにつく）

集 つどう 皆が集う（みながつどう）

熟 うれる 果実が熟れる（かじつがうれる）

出 スイ 出納係（すいとうがかり）

初 そめる 花が咲き初める（はながさきそめる）

女 ニョ め 天女（てんにょ）・女神（めがみ）

助 すけ 助太刀（すけだち）

除 ジ 掃除（そうじ）

承 うけたまわる ご意見を承る（ごいけんをうけたまわる）

笑 ショウ えむ 失笑（しっしょう）・ほほ笑み（ほほえみ）

商 あきなう 日用品を商う（にちようひんをあきなう）

勝 まさる 聞きしに勝る（ききしにまさる）

焼 ショウ 焼失（しょうしつ）・燃焼（ねんしょう）

傷 いたむ いためる 屋根が傷む（やねがいたむ）

上 のぼせる のぼす 話題に上せる（わだいにのぼせる）

蒸 むす むれる むらす タオルを蒸す（タオルをむす）

縄 ジョウ　縄文時代（じょうもんじだい）

申 シン　申告（しんこく）・上申（じょうしん）

神 かん　神主（かんぬし）

仁 ニ　仁王（におう）

図 はかる　計画（けいかく）を図（はか）る

推 おす　委員長（いいんちょう）に推（お）す

井 ショウ　天井（てんじょう）

生 おう　き　生（お）い立（た）ち・生糸（きいと）

声 こわ　声色（こわいろ）・声高（こわだか）

性 ショウ　気性（きしょう）・性分（しょうぶん）

星 ショウ　明星（みょうじょう）

省 かえりみる　自（みずか）らを省（かえり）みる

盛 セイ　さかる　さかん　盛大（せいだい）・花（はな）の盛（さか）り

誠 まこと　誠（まこと）の話（はなし）

精 ショウ　精進（しょうじん）・無精（ぶしょう）

静 ジョウ　静脈（じょうみゃく）

夕 セキ　一朝一夕（いっちょういっせき）

石 コク　石高（こくだか）・百万石（ひゃくまんごく）

昔 シャク　今昔（こんじゃく）

切 サイ　一切合切（いっさいがっさい）（財）

舌 ゼツ　舌戦（ぜっせん）・筆舌（ひつぜつ）

川 セン　河川（かせん）

専 もっぱら　専（もっぱ）らの評判（ひょうばん）

浅 セン　浅学（せんがく）・浅薄（せんぱく）

染 セン　染料（せんりょう）・感染（かんせん）

戦 いくさ　負（ま）け戦（いくさ）

銭 ぜに　小銭（こぜに）・身銭（みぜに）

素 ス　素顔（すがお）・素直（すなお）

早 サッ　早急（さっきゅう）・早速（さっそく）

相 ショウ　首相（しゅしょう）

装	ショウ	衣装(いしょう)・装束(しょうぞく)
操	あやつる	操(あやつ)り人形(にんぎょう)
蔵	くら	蔵元(くらもと)・蔵出(くらだ)し
速	すみやか	速(すみ)やかに動(うご)く
率	ソツ	引率(いんそつ)・率先(そっせん)
損	そこなう そこねる	きげんを損(そこ)なう
対	ツイ	一対(いっつい)
体	テイ	体裁(ていさい)・風体(ふうてい)
貸	タイ	貸借(たいしゃく)・貸与(たいよ)
代	しろ	代物(しろもの)

探	さぐる	動機(どうき)を探(さぐ)る
断	たつ	退路(たいろ)を断(た)つ
値	あたい	値(あたい)を求(もと)める
茶	サ	茶道(さどう)・茶話(さわ)
仲	チュウ	仲介(ちゅうかい)・仲裁(ちゅうさい)
著	あらわす いちじるしい	小説(しょうせつ)を著(あらわ)す・変化(へんか)が著(いちじる)しい
丁	テイ	丁重(ていちょう)・装丁(そうてい)
調	ととのう ととのえる	味(あじ)を調(ととの)える
弟	テイ デ	高弟(こうてい)・子弟(してい)・弟子(でし)
提	さげる	かばんを提(さ)げる

程	ほど	身(み)の程(ほど)を知(し)る
敵	かたき	敵(かたき)を討(う)つ
度	タク たび	支度(したく)・この度(たび)
討	うつ	討(う)ち入(い)り
頭	かしら	目頭(めがしら)
童	わらべ	童歌(わらべうた)
得	うる	なし得(う)る能力(のうりょく)
内	ダイ	内裏(だいり)・境内(けいだい)
乳	ち	乳兄弟(ちきょうだい)・乳首(ちくび)
認	ニン	認識(にんしき)・認定(にんてい)

納 ナッ トウ 納得（なっとく）・出納（すいとう）

背 そむく そむける 主君（しゅくん）に背（そむ）く・顔（かお）を背（そむ）ける

麦 バク 麦芽（ばくが）・麦秋（ばくしゅう）

発 ホツ 発心（ほっしん）・発端（ほったん）

反 タン 反物（たんもの）・一反（いったん）

犯 おかす 罪（つみ）を犯（おか）す

阪 ハン 京阪神（けいはんしん）

秘 ひめる 胸（むね）に秘（ひ）める

費 ついやす ついえる 時間（じかん）を費（つい）やす

鼻 ビ 鼻炎（びえん）

病 やむ 胸（むね）を病（や）む

貧 ヒン 貧民（ひんみん）・貧困（ひんこん）

夫 フウ 夫婦（ふうふ）

文 ふみ 恋文（こいぶみ）

並 ヘイ 並行（へいこう）・並列（へいれつ）

閉 とざす 門（もん）を閉（と）ざす

片 ヘン 断片（だんぺん）・破片（はへん）

歩 ブ 歩合（ぶあい）

暮 ボ 薄暮（はくぼ）・野暮（やぼ）

訪 おとずれる 春（はる）が訪（おとず）れる

報 むくいる 恩（おん）に報（むく）いる

忘 ボウ 備忘録（びぼうろく）・忘却（ぼうきゃく）

望 モウ 所望（しょもう）・本望（ほんもう）

暴 バク 暴露（ばくろ）

牧 まき 牧場（まきば）

妹 マイ 姉妹（しまい）・弟妹（ていまい）

万 バン 万国（ばんこく）・万事（ばんじ）

民 たみ 民（たみ）の声（こえ）

命 ミョウ 寿命（じゅみょう）

迷 メイ 迷走（めいそう）・迷路（めいろ）

面　おも　おもて
面影(おもかげ)・細面(ほそおもて)

目　ボク
面目(めんぼく)

門　かど
門出(かどで)・門松(かどまつ)

役　エキ
使役(しえき)・労役(ろうえき)

有　ウ
有為(うい)・有無(うむ)

優　やさしい　すぐれる
優(やさ)しい人(ひと)・優(すぐ)れた成績(せいせき)

要　いる
力(ちから)が要(い)る

欲　ほしい
欲(ほ)しい品物(しなもの)

来　きたる　きたす
待(ま)ち人来(びときた)る

卵　ラン
卵白(らんぱく)・産卵(さんらん)

裏　リ
脳裏(のうり)・表裏(ひょうり)

臨　のぞむ
海(うみ)に臨(のぞ)む家(いえ)

朗　ほがらか
朗(ほが)らかな人(ひと)

和　やわらぐ　やわらげる　なごむ　なごやか
寒(さむ)さが和(やわ)らぐ・心(こころ)が和(なご)む

部首一覧

1画

一	いち
丨	ぼう・たてぼう
丶	てん
丿	の・はらいぼう
乙	おつ
乚	おつ
亅	はねぼう

2画

二	に
亠	なべぶた・けいさんかんむり
人	ひと
亻	にんべん
𠆢	ひとやね
入	いる
儿	ひとあし・にんにょう
八	はち
八	は
冂	どうがまえ・けいがまえ・まきがまえ
冖	わかんむり
冫	にすい
几	つくえ
凵	うけばこ
刀	かたな
刂	りっとう
力	ちから
勹	つつみがまえ
匕	ひ
匚	はこがまえ
匸	かくしがまえ
十	じゅう
卜	と・うらない
卩	わりふ・ふしづくり
㔾	わりふ・ふしづくり
厂	がんだれ
厶	む
又	また

3画

口	くち
口	くちへん
囗	くにがまえ
土	つち
土	つちへん
士	さむらい
夂	すいにょう・ふゆがしら
夕	た・ゆうべ
大	だい
女	おんな
女	おんなへん
子	こ
子	こへん
宀	うかんむり
寸	すん
小	しょう
⺌	しょう
尢	だいのまげあし
尸	かばね・しかばね
屮	てつ
山	やま
山	やまへん
川	かわ
巛	かわ
工	え・たくみ
工	たくみへん
己	おのれ
巾	はば
巾	はばへん・きんべん
干	かん・いちじゅう
幺	よう・いとがしら
广	まだれ
廴	えんにょう
廾	こまぬき・にじゅうあし
弋	しきがまえ
弓	ゆみ
弓	ゆみへん
彡	さんづくり
彳	ぎょうにんべん
⺍	つかんむり
忄	りっしんべん
扌	てへん
氵	さんずい
犭	けものへん
艹	くさかんむり
辶	しんにょう・しんにゅう
阝	おおざと
阝	こざとへん

4画

心	こころ
⺗	したごころ
戈	ほこづくり・ほこがまえ
戸	と
戸	とだれ・とかんむり
手	て
支	し
攵	のぶん・ぼくづくり
文	ぶん
斗	とます
斤	きん
斤	おのづくり
方	ほう
方	ほうへん・かたへん
日	ひ
日	ひへん
曰	ひらび・いわく
月	つき
月	つきへん
木	き
木	きへん
欠	あくび・かける
止	とめる
歹	かばねへん・いちたへん・がつへん
殳	るまた・ほこづくり
母	なかれ
比	ならびひ・くらべる
毛	け
氏	うじ
气	きがまえ
水	みず
火	ひ
火	ひへん
灬	れんが・れっか
爫	つめかんむり・つめがしら
父	ちち
片	かた
片	かたへん
牛	うし

牛	うしへん
犬	いぬ
王	おう
王	おうへん たまへん
礻	しめすへん
耂	おいかんむり おいがしら
月	にくづき
5画	
玄	げん
玉	たま
瓦	かわら
甘	かん あまい
生	うまれる
用	もちいる
田	た
田	たへん
疋	ひき
𤴔	ひきへん
疒	やまいだれ
癶	はつがしら
白	しろ
皮	けがわ
皿	さら
目	め
目	めへん
矛	ほこ
矢	や
矢	やへん
旡	なし ぶ すでのつくり
石	いし
石	いしへん
示	しめす
禾	のぎ
禾	のぎへん
穴	あな
穴	あなかんむり
立	たつ
立	たつへん
氺	したみず
罒	あみがしら あみめ よこめ
衤	ころもへん
6画	
竹	たけ
⺮	たけかんむり
米	こめ
米	こめへん
糸	いと
糸	いとへん
缶	ほとぎ
羊	ひつじ
羽	はね
而	しかして しこうして
耒	すきへん らいすき
耳	みみ
耳	みみへん
聿	ふでづくり
肉	にく
自	みずから
至	いたる
臼	うす
舌	した
舟	ふね
舟	ふねへん
艮	ねづくり こんづくり
色	いろ
虍	とらがしら とらかんむり
虫	むし
虫	むしへん
血	ち
行	ぎょう
行	ぎょうがまえ ゆきがまえ
衣	ころも
西	にし
覀	おおいかんむり
7画	
見	みる
臣	しん
角	かく つの
角	つのへん
言	げん
言	ごんべん
谷	たに
豆	まめ
豕	ぶた いのこ
貝	かい こがい
貝	かいへん
赤	あか
走	はしる
走	そうにょう
足	あし
足	あしへん
身	み
車	くるま
車	くるまへん
辛	からい
辰	しんのたつ
酉	ひよみのとり
酉	とりへん
釆	のごめへん
里	さと
里	さとへん
舛	まいあし
麦	むぎ
8画	
金	かね
金	かねへん
長	ながい
門	もん
門	もんがまえ
阜	おか
隶	れいづくり
隹	ふるとり
雨	あめ
雨	あめかんむり
青	あお
非	あらず ひ
斉	せい
食	しょくへん
9画	
面	めん
革	かくのかわ つくりがわ
革	かわへん
音	おと
頁	おおがい
風	かぜ
飛	とぶ
食	しょく
首	くび
香	か かおり
10画	
馬	うま
馬	うまへん
骨	ほね
骨	ほねへん
高	たかい
髟	かみがしら
鬼	おに
鬼	きにょう
竜	りゅう
11画	
魚	うお
魚	うおへん
鳥	とり
鹿	しか
麻	あさ
黄	き
黒	くろ
12画	
歯	は
歯	はへん
13画	
鼓	つづみ
14画	
鼻	はな

Obunsha